関口剣舞

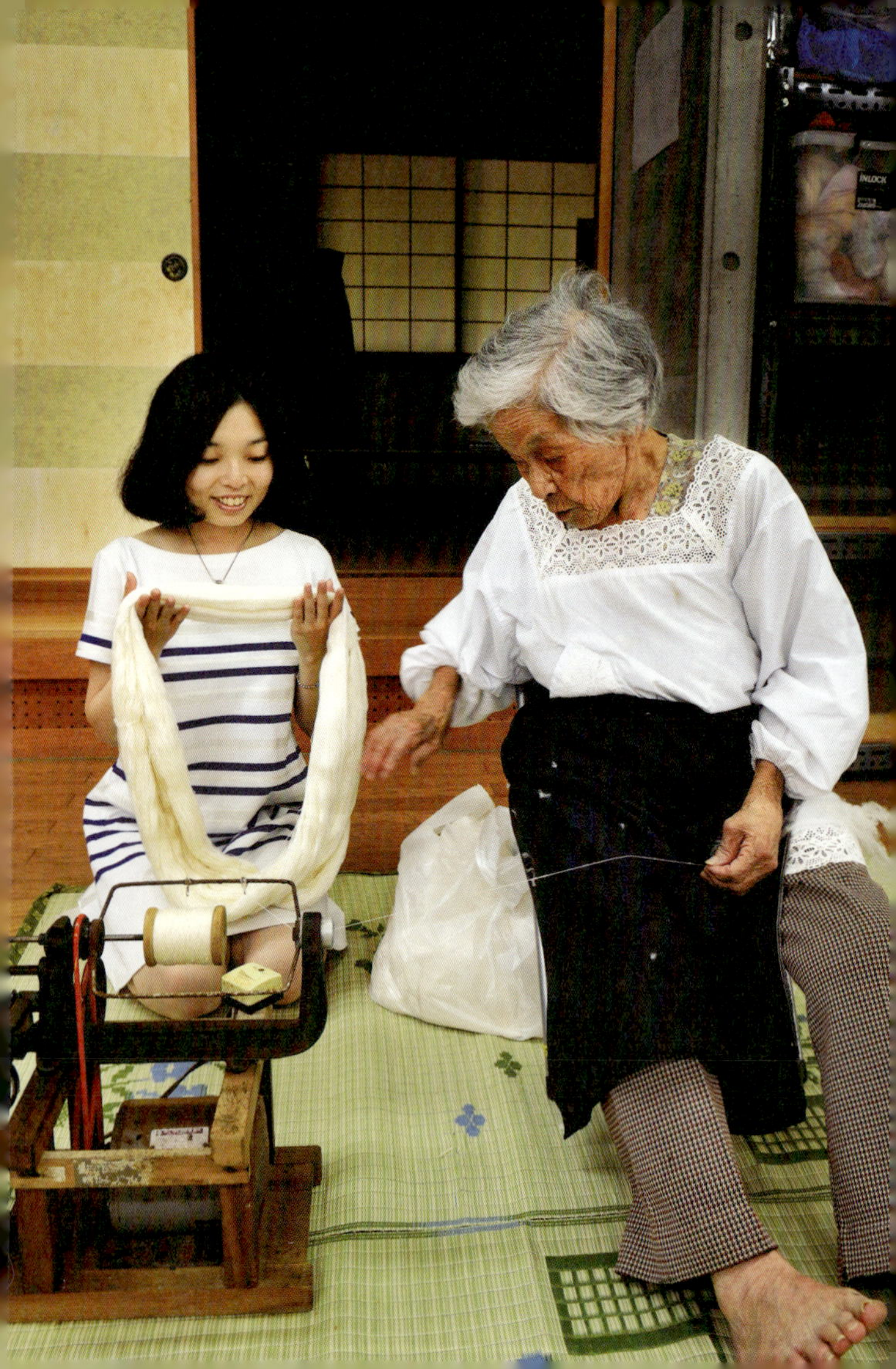
INLOCK

小学館文庫

日本美のこころ

彬子女王

小学館

Japanese Art:

Untold Stories

Princess Akiko of Mikasa

日本美のこころ目次

はじめに　26
神宮の御神宝　28
皇居の盆栽、600年の〝生きた芸術〟　34
皇室が育んだ、ボンボニエール　40
正倉院宝物が紡ぐ物語　47
世界中が感嘆した幕末・明治の工芸　53
世界で唯一の芸術、日本の竹工芸　60
文人趣味を色濃く残す、煎茶　67
外国人が遺してくれた浮世絵　74
大英博物館の日本コレクション　80
陶芸家バーナード・リーチと民藝　87
王侯貴族を魅了した日本磁器　94
冷泉家の表具で知る京の公家文化　101

石清水八幡宮の「御花神饌」 108
神の国・出雲に継がれた和紙 115
神々のふるさと、出雲へ 122
天孫降臨の地、高千穂、霧島を巡る 128
福島の祭りを伝える相馬の野馬追 134
神に捧げる岩手・山田町の舞 141
植物染めで日本の色を染める 146
日本文化の記憶の種を蒔く 152
太宰府天満宮は「生きている」 159
古代宮中の女性の嗜み、京繡 164
熊野古道、祈りの道を歩く 171
鞠の精と人間が戯れ遊ぶ蹴鞠 178
縄文の土偶に思いを馳せて 185
日本の珈琲文化を考える 192
銀閣寺・東求堂同仁斎の書院飾り 199
王朝人が愛した桂離宮、月の宮へ 206
大徳寺真珠庵の庭を愛でる 212

最後の職人ものがたり目次

はじめに 220
烏帽子 四津谷敬一 222
杼 長谷川淳一 229
蒔絵筆 村田重行 237
京瓦 浅田晶久 244
長崎刺繡 嘉勢照太 251
京弓 柴田勘十郎 260
本藍染 森 義男 267
烏梅 中西喜久 274
からむし 昭和村からむし生産技術保存協会 281
琵琶 四世石田不識 290
金具 横山金具工房 297

キリコ　工藤庄悦　304
撥鏤　守田　蔵　312
和鏡　山本晃久　320
丹後和紙　田中敏弘　327
金唐紙　上田　尚　334
久米島紬　久米島紬事業協同組合　342
御簾　豊田　勇　350
加賀水引　津田　宏　355
漆掻き道具　中畑文利　362
駿河炭　木戸口武夫　370
熊本城復元事業　熊本城総合事務所　377
金平糖　清水誠一・泰博　386
コロタイプ印刷　便利堂　393
文化財修理　美術院 国宝修理所　400
あとがきに代えて　408
カラー口絵写真解説　414
デザイン／齊藤広介（齊藤デザイン事務所）
文庫版編集／高橋亜弥子、高木史郎
撮影／三浦憲治、永田忠彦、伊藤信、小野祐次、三浦哲也、中野晴生、阿部浩、三好和義

Japanese
Art:
Untold Stories
日本美のこころ

はじめに

「日本美のこころとはなんですか？」と聞かれても、私は答えることができない。あのときも、今も、そしてこれからも。

それは、きっと日本文化そのものであり、日本人の生活の中に生き続けてきた多種多様な日本文化それぞれが、それぞれの「日本美のこころ」を持っているからであり、またそれを受容する人によっても異なってくるものだからである。

私にとっての「日本美のこころ」と、あなたにとっての「日本美のこころ」は、全く違うものであるかもしれない。でも、それでいいのだと思う。それこそが、ひとつとして同じものがない日本文化の多様性を示すことになるのだろう。

これは、6年間の英国留学の中で、外から日本を客観的に見つめなおすという経験をした私が、日本に帰国し、自分の知らなかった日本のこころを探す旅である。旅の終わりに見えたものはなんだったのだろうか。もしかしたら、まだ旅は終わっていないのかもしれないけれど……。

神宮の御神宝

「伊勢《いせ》神宮」というのは実は通称で、正式には「神宮《じんぐう》」という。

神宮に初めて参拝させて頂いたのは、初等科生の頃。あのときの玉砂利《たまじゃり》を踏みしめた感覚や、神宮の杜《もり》のぴんと張りつめた空気感は、何もわからない子どもながらに強く印象に残っている。

神宮は、皇室の御祖神《みおやがみ》である天照大御神《あまてらすおおみかみ》をお祀りしたお社。かつて皇族は外国への渡航前後に、必ずご報告のための参拝をするのが通例であった。時代も変わり、外国への渡航が頻繁になってきた今日では、毎回伊勢までうかがうのは大変だということで、神宮と同じく、天照大神をお祀りした皇居内にある賢所《かしこどころ》に参拝することでそれに代えるということになっている。

私は今まで二度海外留学をしたが、留学という大きな節目になるので、二度とも出発前と帰国後に、賢所に加え、神宮と明治・大正・昭和天皇陵《りょう》と皇后陵に参拝させて頂いた。初めての神宮参拝から約10年後の参拝。あのときの感覚が昨日のことのように色鮮やかによみがえってきて、自然と背筋が伸び、全身が上から下まで清められるような清らかな力を感じた。以来神宮は、私にとって忘れることのできない特別な場所になっている。

神宮は平成25（2013）年、62回目の式年遷宮《しきねんせんぐう》の年を迎えた。20年に一度、神様のお住まいになる社殿と神様のお召しになる御装束・神宝を造り替え、新しい社殿に御遷座頂くという式年遷宮は、戦乱や財政難で中断したことはあったものの、持統天皇《じとうてんのう》の御代から約1300年の長きに亙《わた》り連綿と続いてきた。これだけの長い間、御遷宮を支えてきた力とは一体何なのだろう。

今日、式年遷宮というと、神宮のすべての建物を造り替えることだと思っておられる方が多いと思う。実際私も最近までそう信じていた。

律令《りつりょう》の施行細目を定めた延喜式《えんぎしき》という書物には、式年遷宮について、神様のお鎮まりになる正殿《しょうでん》、お供えした御神宝や幣帛《へいはく》を納める宝殿と外幣殿《げへいでん》という、神様に直接関係のある御垣内《みかきうち》の3つの建物を、新材を使って20年に一度造り替えるよう決められている。つまり、「すべての建物を新材で造り替える」とはされていないのだ。

時代と共に、より鄭重《ていちょう》にすべきという考え方から、御垣《みかき》の外の鳥居や別宮も新しくするようになったものの、すべての建物を新材で造り替えることになったのは、昭和4（1929）年の御遷宮からなのだそうだ。大日本帝国が一番力を持っていたときに、国力を揚げて行った事業だったため、前例とは違う大規模造営となった。このときの事例が踏襲《とうしゅう》されて現代に至っているので、明治・江戸、それより前の御遷宮はどうであったのかをきちんと調べ直し、本来の御遷宮の形を復興しようという動きもあると聞いた。

さて、御遷宮では建物だけではなく、全部で714種、1576点を数える御装束・神宝（以下御神宝と略す）も新調される。でも、御神宝の存在はあまり知られていない。神様がお使いになったものを我々人間が目にするのは畏《おそ》れ多いことであり、20年間の役目を終えた後は、燃えるものに関しては燃やされ、燃えない金属などは地中に埋められていたからである。しかし、現在では撤下《てっか》された後の御神宝は保存し、神宮の徴古館《ちょうこかん》で一部展示されるようになっている。

私の知り合いに、御神宝の調製にかかわっている方が何人かおられる。その方々が口を揃えて言われるのは、技術伝承の限界である。戦前までは国家事業であった御遷宮も、現在は一宗教法人の行事でしかなく、その費用はすべて民間からの募財《ぼざい》。神宮が支援できることにもおのずと限界があり、材料難や後継者不足、更には費用の問題で、次の調製の実現が危ぶまれている御神宝が少なくないのだという。

御神宝の調製には当代一流の名工たちが携《たずさ》わっている。中には多くの重要無形文化財保持者、いわゆる人間国宝も含まれている。でも、拝見した御神宝はどれも一般的な美術作品にはない不思議な力を帯びているように感じるのである。

御神宝が持つ力というのは、様々な複合要素で生まれるのではないかと私は思う。御鏡一つとってみても、漆《うるし》・錦《にしき》・和鏡《わきょう》・組紐など、様々な専門家が手を携えなければ造り上げることはできない。御神宝の製作時は、潔斎《けっさい》をし、白い装束に身を包む。高名な作家であっても個性を出すことは禁じられ、図面と寸分違《たが》わぬものを造り上げることだけが要求される。小さな疵《きず》や織りの乱れ、その模様には1ミリのずれも許されない。一振の太刀《たち》を仕上げるために、何度も造り直しを行うこともあると聞いた。しかし彼らは御神宝の調製に携われたことを、有難いことだと晴れ晴れとした顔で言われるのだ。

そうして出来上がった御神宝には魂が吹き込まれ、御神宝としての力を持つ。この力の源は、調製に携わったすべての人々から込められた「思い」なのだと思う。この「思い」の力はなぜこうも強く感じられるのだろう。その答えを私はある神職の方から頂いた。

その方に私は「神道とは何でしょうか」という問いを投げかけたことがある。

その方は一言、「今ここに生かされていることを神様に感謝することです」とお答えくださった。私はこの言葉に積年の胸のつかえがすーっと溶けたように感じ、御遷宮の意味をも理解できたような気がした。御神宝から感じることのできる「思い」とは、人々から神様への感謝の気持ちなのである。

御遷宮とはまさにこの神様への感謝の気持ちの具現化であり、神道の心そのものなのかもしれない。神様に何かしてほしいから御遷宮をするのではない。そこには神様と人間の純真な心のやりとりがあるだけ。１３００年に亙る人々の感謝の気持ちの鎖が、御遷宮を支えてきた。これこそが、神宮の持つ圧倒的な力の原点であり、人々を惹《ひ》きつけてやまない所以《ゆえん》なのだろう。

忘れてはいけない感謝の心。神宮でまた大切なことを教わった。

【P.33】平成22（２０１０）年2月、留学先の英国から帰国した直後に、神宮に正式参拝されたときの様子。一般参拝者は立ち入ることのできない五重の垣根に囲まれた内宮御正宮《ないくうごしょうぐう》の内を正礼装の彬子女王殿下が歩かれる。

皇居の盆栽、600年の〝生きた芸術〟

日本に生まれ育ち、日本美術に関わる仕事をしている私も、あらゆる日本の文化を理解できているという訳ではない。私にも苦手なものはある。長い間、その苦手の筆頭が「盆栽」だった。

盆栽というとしかめ面をしながら黙々と作業するお年寄りの姿が脳裏に浮かぶ。「若者にはわからない」というイメージである。そして、大きく育つはずの樹木を小さな植木鉢に閉じ込め、人間の好きなように枝や幹を針金などで固定して屈曲させたりする。何だか植物をいじめているようであまり好きにはなれなかったのだ。

そういった思いが災いして、皇居に盆栽を集めた大道庭園《おおみちていえん》があることは知りつつも、長い間足を運ぼうと思ったことはなかったのである。

数年前の春のこと。友人と皇居を訪れる機会があり、時間があったので何の気なしに大道庭園をルートに含めることにした。そこで初めて目にした数百鉢の盆栽。食わず嫌いをしていた無知な自分を一瞬で恥じるほどに、それは美と生命力に満ち満ちたものだった。まず目を奪われたのは、老木「真柏《しんぱく》」。大道庭園で一番古い盆栽で樹齢は600年を超える。その幹は既に枯れて灰色になり、生きているのは表皮のみ。しかし、今も青々とした葉をたたえている。一つの鉢の中に生と死が同居し、幽玄の美を形成していた。

大道庭園にある盆栽の多くは江戸時代のものである。しかし、庭園の歴史はというと、実は多くの盆栽よりも遥《はる》かに短い。庭園創立のきっかけとなったのは、明治21（1888）年に造営された明治宮殿。椅子やシャンデリアを配し、贅を尽くした内装が施されたことで知られるけれど、内部の構造が複雑でわかりにくかったのだとか。そこで、要所要所に目印として盆栽を置くことにした。それが皇室の盆栽コレクションの始まりなのだそうだ。

以来、購入や寄贈によってその数は徐々に増えていった。中には「三代将軍」という名を持つ徳川家光遺愛の松のように、個人で持つには畏れ多いからと皇室にもたらされた歴史的な鉢もある。

盆栽というと松が一般的だけれど、他にも多種多様な植物が栽培されている。杉、真柏、檜《ひのき》などの常緑針葉樹を楽しむ「松柏《しょうはく》盆栽」、もみじ、欅《けやき》など、四季折々の樹木の変化を楽しむ「葉もの盆栽」、さるすべり、藤など、花の咲いた樹の姿を楽しむ「花もの盆栽」、ぐみ、かりんなど実をつける樹木を楽しむ「実もの盆栽」などがあり、今はその数600鉢（取材当時）を超える。

毎日の水やり、剪定《せんてい》や植え替えなどの手入れは、宮内庁庭園課の職員が行っている。戦時中も盆栽たちは疎開せず、命がけで手入れが続けられたのだという。今も台風の際などは、職員総出で主要な盆栽鉢を避難小屋の中に退避させる。このように、盆栽は人の手を離れるとたちまち死んでしまう。まさに「生きる芸術」なのだ。

でも、盆栽と他の芸術とが決定的に違うことが一つある。それは、その美が完成することは決してないということ。木は生きているので毎日その表情を変化させるということだけではない。きちんと手入れをすれば何百年も生き続けるために、初めて木を鉢に植えた人は、その木がどのように成長し、どのような美を生み出すかを最後まで見届けることはできないのである。自分の手からその鉢が離れた後に、どのような人に世話され、どのような人に鑑賞されるかもわからない。盆栽を世話する人々は見えない未来の鑑賞者のために、木を植え、育み、次の世代に手渡すのである。

現在は宮中行事が大道庭園の盆栽の専らの仕事場。行事に合わせて枯れた葉を取り除き、剪定をして、土の部分に苔を張り、会場に配される。しかし、宮中行事と言ってもその種類は様々。新年の祝賀や天長節など毎年決まった日に行われるものもあるけれど、国賓《こくひん》の歓迎行事など突発的に開催されるものや、園遊会のように日程が毎年変わるものもある。松のような常緑樹であればよいが、四季によって変化する樹木であれば、その見ごろは一年のうちのほんの数日間。来賓の訪問に見ごろが重なる確率は限りなく低い。中にはその最高のひと時を逃し続けて、何年も来日に触れる機会を逸している鉢もあるそうだ。

「陛下のご在位20年記念の慶祝行事に合わせて東御苑で盆栽を展示した時、時期が難しいもみじが本当に綺麗《きれい》に色づいたんです。うれしかったですね」と、盆栽鉢を見ながら仰《おつしや》っていた庭園課長の誇らしげな顔はとても印象的だった。

数百年間、一日も欠かさず手入れされてきた生きた古木を最高の状態にして来賓をお出迎えする。その盆栽をこれまで育んできた生きた人々が、現代に生きる我々をもてなしてくれているのだ。以来、公務の際に宮殿に飾られた盆栽を見ると、その盆栽が生きてきた悠久の時間と、その背後にあったであろう物語に思いを馳《は》せずにはいられないのである。

【P.39】皇居の吹上御苑東側にある大道庭園にて盆栽をご覧になる彬子女王殿下。向かって左にあるのは、皇居に相応《ふさわ》しい大型盆栽、樹高150㎝の銘「鹿島《かしま》」。一般に黒松といわれる樹種で、樹齢は約400年。昭和45（1970）年の大阪万博に出品されて、数百年を生き抜いた生命力みなぎる大樹の風格に、国内外の人々が驚嘆した。

皇室が育んだ、ボンボニエール

三笠宮東邸《みかさのみやひがしてい》の大応接室には、色とりどりのボンボニエールが並んでいる。子どもの頃、お客様が来られないときに大応接に忍び込み、「これはおじいちゃまの古希のお祝い」「これは従妹《いとこ》が生まれたとき」と、蓋をひとつひとつ開けては中に入っている由緒書を見るのが好きだった。当時の私にとって、宮様方のお印《しるし》や吉祥《きっしょう》の模様などがデザインされた銀や磁器製の小箱の数々は、わくわくする夢の詰まった魔法の箱だった。

ボンボニエール（bonbonnière）とは、フランス語でボンボン（砂糖菓子）を入れる容器のことをいう。皇室では天皇の即位や立太子、お子様のご誕生や成年式、結婚式などの御慶事を記念して、意匠を凝らしたボンボニエールを制作し、引き出物としてお配りするという習慣がある。

私にまつわるボンボニエールはこれまでにふたつ。生まれたときと成年になったときのものだ。成年になったときのボンボニエールのことは今もよく覚えている。私のお印である雪の結晶をデザインし、あれこれとお願いして作ってもらった。完成したものを初めて手にしたときは、昔から大好きだったあのボンボニエールの中に私のものが仲間入りすると、誇らしく思ったものである。

もともとは西洋から伝わったボンボニエール。明治維新後に近代化の波が日本に押し寄せ、西洋のさまざまな生活様式が取り入れられていった。日本では古くから慶事の際に、引き出物として特別に誂《あつら》えた記念の品を贈ることが行われてきた。他方、西洋では子どもの誕生祝いや結婚式などで、幸福をもたらす砂糖菓子を配るという習慣があった。その日本と西洋それぞれの習慣が結びつき、ひとつとなって、宮中でボンボニエールを配るという文化につながっていったのではないかといわれている。

西洋から学んだボンボニエールのアイディアは日本で姿を変え、独自の形でこれまで変化し続けてきた。例えば、テーブルウェアとしての意味合いが強い西洋のボンボニエールは大ぶりだが、記念品としての性格が強い日本では、掌《てのひら》におさまるサイズが一般的となった。

更に興味深いのは、そのデザインに西洋的なものが少ないこと。現存しているボンボニエールの多くが、宮中の伝統意匠や有職《ゆうそく》、吉祥など日本文化に特徴的な意匠を採用している。海外の文化を取り入れ、自国の文化として生まれ変わらせるという、古来行われてきた外国からの文化受容の典型例なのである。

文献上からわかる初期の例といわれているのが、明治27（1894）年、明治天皇大婚25年記念の祝宴のために制作された鶴亀をあしらったふたつのボンボニエール。祝宴後の歓談の席において「白銀製巌上に丹頂の鶴立ち二尾の亀遊べる菓子器」が、別殿で行われた舞楽が終わった後には「白銀製香入れ形菓子器蓋に鶴亀を刻せる」器が招待客に下賜《かし》された（4月25日付『東京日日新聞』）。こうして明治時代の中頃から、皇族の誕生や成年式はもとより、外遊の記念や海外からの賓客を招いての午餐など、さまざまな場でボンボニエールは人々の目を楽しませてきたのである。

学習院大学史料館には、明治・大正・昭和初期に調製されたボンボニエールの数々が大切に保管されている。戦前のものには鳥籠、檜扇《ひおうぎ》、地球儀、釣燈籠など意匠を凝らしたものが多い。特に飛行機の形をしたボンボニエールには驚くばかり。その精巧な作りもさることながら、プロペラ部分をはずすと、そこには小さな金平糖《こんぺいとう》ちょうど一つが入るスペースが現れる。お作りになられた宮様の遊び心が伝わってくるようだ。

ボンボニエールと聞いて、故秩父宮《ちちぶのみや》妃殿下の御著書『銀のボンボニエール』（1991年）を久しぶりに手に取ってみた。書名の由来となったのが、貞明《ていめい》皇后が御婚儀の決まられたお二方のために催された内宴の折、御自らお二方に手渡された鼓形のボンボニエールである。そのボンボニエールについて、妃殿下が詳細にご説明なさっている。

皇太后さま［貞明皇后］御自らデザインあそばしたとのこと。全長六センチくらいで、鼓の形というのも珍しく、締めひもと呼ばれる調緒《しらべお》はローズピンク、胴の部分には宮さまのお印の若松の模様と星の模様が、小さく幾つも浮き彫りにされております。ローズ色は英国の国の色であり、星は星条旗、つまり米国を意味しているのです。英国で勉強あそばした宮さまと、米国でいくらか勉強いたしました私とが、それぞれご縁のある英国と米国との親善に一生努めるようにという、皇太后さまの非常に深いおぼしめしが込められているのでした。

外交官令嬢から皇族妃となられ、戦争、殿下のご病気という苦難の時代を生き抜いてこられた妃殿下。慣れない皇室での生活の中で、このボンボニエールが妃殿下のお心を慰め、安らぎとなっていたことが綴《つづ》られている。

このボンボニエールにまつわる物語は、妃殿下の歩んでこられた道のりはもとより、皇室の歴史とあり方をも象徴しているような気がする。皇室によって生まれ、育まれてきたボンボニエールという伝統。この唯一無二の文化を、皇室の一端を担う者として、私も次世代へつないでいきたい。さて、次はどのようなデザインのものを作ろうか。

【P.45、46】学習院大学史料館が所蔵する皇族ゆかりのボンボニエール。昭和3(1928)年、昭和天皇御即位の際の昭和大礼大饗《たいれいだいきょう》第2日の記念の品としてつくられたもの(山階《やましな》家所用)など、明治から昭和にかけての皇室にまつわる歴史が垣間見られる。

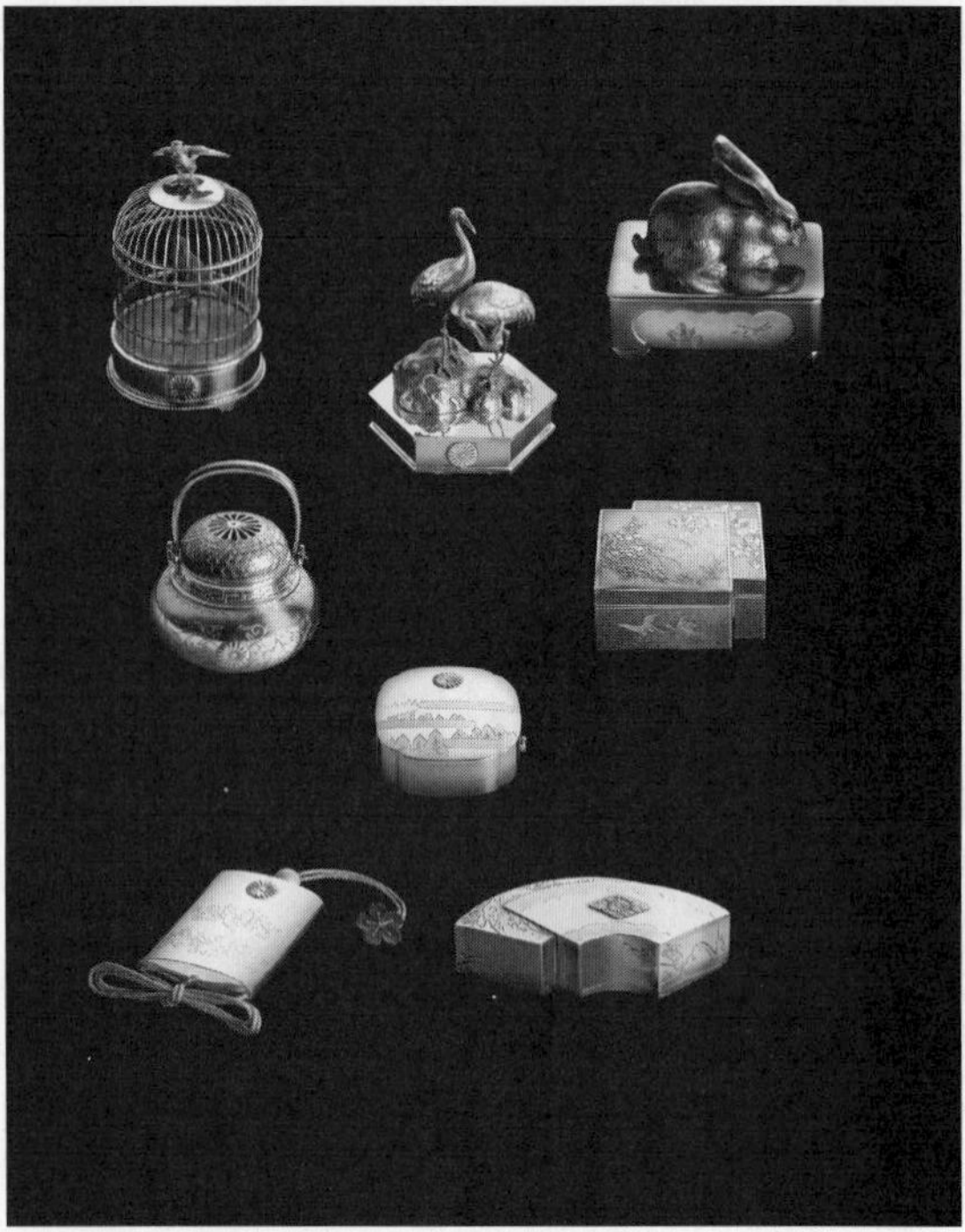

正倉院宝物が紡ぐ物語

正倉院。

言わずと知れた日本で一番有名な御倉である。奈良の東大寺の大仏殿の北西に建造された、北倉《ほくそう》、中倉《ちゅうそう》、南倉《なんそう》の3つから成る高床式の木造の大倉庫。東大寺の建立やご本尊の盧舎那仏《るしゃなぶつ》の造営に力を注がれた聖武《しょうむ》天皇の菩提《ぼだい》を弔うために光明《こうみょう》皇后が納められた、聖武天皇遺愛の御物《ぎょぶつ》を始め、東大寺の文書や寺宝など９００余点が保存された建物である。

日本美術を専攻しているとはいっても、専門とする時代は19世紀から20世紀の私にとって、7~8世紀の東洋文化の粋を結集させたともいうべき正倉院の品々はなかなかに縁遠い。毎年秋に開催される正倉院展でその素晴らしい作品たちを目にすることはあっても、接点は今までほとんどなかった。

しかし、意外な接点があったことが判明したのである。今年（2013年）、宮内庁正倉院事務所を見学させて頂いたときのこと。模造品制作の調査のために表に出ていた、五絃《ごげん》の琵琶《びわ》を拝見させて頂くことができた。誰もが教科書などで必ず見たことがあるはずの、世界で一つだけ、正倉院にしか伝わっていないあの《螺鈿紫檀《らでんしたん》五絃琵琶》。部屋に入り、その威風堂々とした佇《たたず》まいが目に飛び込んできた瞬間に、私は思わず息をのみ、吸い込まれるように琵琶のもとへと向かっていた。

黒々とした紫檀のボディ、今ではなかなか目にする機会のないウミガメの甲羅《こうら》の細工、巧緻《こうち》を極めた螺鈿の装飾……何を見ても目を見張るばかりの、ただただ感嘆の一言の逸品である。この作品を現代の素材と技術を使って再現するというプロジェクトが現在進められているのだとか。でも、作品を破壊することはできないので、内部の造りなどを詳細に再現するには、かなり綿密な調査が必要なのだそうだ。数年前の調査では、螺鈿の細工にかなり深い切込みがあることから、現代では使われない両方に刃のある糸鋸《いとのこ》のような工具が使われたであろうことがわかったのだという。模造品はどのような方法と工具で作られることになるのだろうか。そんなことを想像していると、今からとてもわくわくしてしまうのである。

ほぼ完璧なフォルムの琵琶を見ているうちに、ふとした疑問がわき、聞いてみた。「この琵琶は修復されたことはないのですか？」と。その答えに驚いた。明治の頃に直されて以来、修復されたことはないのだそうだ。しかも、何とこの琵琶、その明治の修復の時はばらばらの部品に分かれていたのだという。世にいう明治5（1872）年の壬申検査《じんしんけんさ》。日本で初めて行われた文化財調査の時に五絃の琵琶は劇的に発見された。

明治維新が起こり、廃仏毀釈《はいぶつきしゃく》や大名家の解体の影響で、日本古来の品々が顧みられない状態になり、そのうちの多くが海を渡ることになった。これを受け、日本の文化財保護のために、奈良や京都を中心とする関西の古社寺や華族の所蔵する宝物の調査が政府主導で行われた。これを壬申検査という。文部省（当時）の職員を中心に、画師や写真家も同行して様々な角度から宝物の調査・記録がなされた。この時に中核となった人物が蜷川式胤《にながわのりたね》である。

蜷川式胤は文部省や内務省（当時）に勤務した官僚で、日本における博物館の創設に多大な尽力をした人物である。この人は私の博士論文の中でかなり重要な役割を果たしたキーパーソンともいえる存在で、もちろん彼の携わった壬申検査についても論文の中でさらりと触れている。とはいえ、実際彼がその時にどこに行き、何を見たのかについては、本論とは関係ないこともあり、調べるまでに至らなかった。

しかし今回、私の研究していた蜷川が、今自分の目の前にある、東洋の工芸技術の結晶体ともいうべき五絃の琵琶の発見に関わっていたことを知り、パズルのピースがはまるようにすべての事象がつながって、一気に大興奮。ご説明してくださっていた専門員の方を思わず質問攻めにしてしまったのだった。勅使《ちょくし》を伴い、正倉院の勅封《ちょくふう》を解くという歴史的な瞬間に立ち会い、ばらばらになった琵琶に対面した蜷川は何を思い、何を感じたのだろうか。彼が目にした琵琶を見た今、また改めて、この時のことをいろいろ調べてみたくなった。

ばらばらになっていた琵琶。それに、絃を結び取り付ける部分は発見時に失われてしまっていた。でも、明治の修復時に「こういう形であっただろう」という形で想像復元されたのだそうだ。そして、割れてしまっていた螺鈿細工には、あえてオリジナルとは少し色の違う白っぽい貝を埋め込んで修復し、オリジナルと修復の違いをわかるようにしてある。明治の工芸の技術レベルの高さを改めて思い知ったのだった。

実はこの絃を取り付ける部品、割と平らにつけられている。もう少し立てて取り付けた方が、音が綺麗に響くということが調査の結果わかり、模造品を作るときは、音がよく響く角度で取り付けるということが決まっているのだそうだ。天平時代の人たちが聞いていた悠久の音色。いつか私にも聞く機会が訪れるだろうか。

こうして、正倉院事務所では、日々宝物の調査・修復作業が行われている。一つ一つの作品から、その作品が歩んできた歴史を解き明かし、物語を紡ぎ出すお仕事。その歴史と向き合う作業室の中は、不思議と時の流れが外とは違うようだった。これは、きっと携わっている人たち一人一人が、作品を介して古《いにしえ》の人々と対話をしているからなのかもしれない。

【P.52】正倉院の唐櫃《からびつ》にはいまだ多くの宝物の残欠があり、それらを仕分けするのも正倉院事務所職員の重要な仕事。

世界中が感嘆した幕末・明治の工芸

「帝室は政治社会の外に立《たち》て高尚なる学問の中心となり、兼《かね》て又諸藝術を保存して其衰頽《そのすいたい》を救はせ給《たま》ふ可《べ》きものなり。」〈福沢諭吉『帝室論』明治15（1882）年より抜粋〉

福沢諭吉は日本の帝室（現在の皇室）の役割は、政治よりも、学問や文化芸術の振興を通して国民の「心」を育むことにより、日本国を支えることであると言う。そして、この『帝室論』から8年後の明治23（1890）年、優れた画家や工芸家たちを帝室が顕彰《けんしょう》・保護する「帝室技芸員制度」が創設された。

近年特に注目されるようになった重要無形文化財保持者、いわゆる「人間国宝」や、日本芸術院会員の制度などが、実はこの帝室技芸員制度を基にしていることを知る人は少ないのかもしれない。

帝室技芸員の作品に私が初めて触れたのは大英博物館だった。英国留学中の5

年間、大英博物館でヴォランティアの仕事をしていたが、ある日陶磁器倉庫の作品整理をお手伝いすることになった。その時、明治の京焼を並べた棚で目にしたある作品に、一瞬で心奪われた。

それは陶芸家として初めて帝室技芸員に任命された三代清風與平《せいふうよへい》作の《太白磁《たいはくじ》貝殻文花瓶《かいがらもんかびん》》。象牙色の磁器の全面に、波間に漂う繊細な貝殻の模様が敷き詰められている、そんな作品だった。私はこの作品に出会うまで、磁器が持つ冷たい感じがあまり好きではなかった。でも、緻密《ちみつ》で一筋の乱れもない波と貝殻模様とが醸《かも》し出す雰囲気は、なぜかとても温かく、その象牙色は、今まで出会ったどんな磁器作品にもない気品のある美しい色だった。実際に手に取り間近で観察すると、その技術と完成度の高さに感激し、今まで持っていた明治時代のやきものに対するイメージががらりと変わってしまったのだ。

三《さん》の丸尚蔵館《まるしょうぞうかん》所蔵の三代清風與平作《旭彩山桜図花瓶《きょくさいやまざくらずかびん》》も、大英博物館の作品と同じように、浮彫で表現された山桜が、匂い立つような桜色の空気の中で浮かび上がってくるとても幻想的な作品である。

さて、帝室技芸員とは一体どのような役割を背負った人々なのだろうか。

当時の技芸員任命にあたっての命令書の第一条には、日本美術を奨励《しょうれい》するため、温故知新《おんこちしん》の精神を持ち、工芸技術を研鑽《けんさん》し、後進を指導すること、とある。つまり、現在の「人間国宝」のように、伝統的な技術を保存し、次の世代に受け継いでいくことをその最たる目的としていたのである。また、志は高潔に、体面を損じるようなことをしてはならない、とも書き添えられている。優れた技術を持った芸術家であるばかりではなく、人格的にも優れていることが要求されたようだ。このようにそれぞれの分野で名実ともに日本を代表する芸術家であることを帝室が認定する制度、それが「帝室技芸員制度」だった。

帝室技芸員は多くの作品を帝室や宮内省（当時）に納めており、それらは当時の宮殿や各宮家の公邸を彩っていたことだろう。東宮御所として明治42（1909）年に建設された現在の迎賓館には、今も帝室技芸員たちの作品が調度品として飾られているという。

明治23（1890）年から昭和19（1944）年までの55年間で、任命された帝室技芸員は絵画・彫刻・金工・陶磁器など様々な分野から79名。多いように感じるかもしれないけれど、例えば陶芸分野の帝室技芸員は55年間でたった5人。個人で認定された陶芸分野の人間国宝は57年間で34人であり、同分野での日本芸術院会員は61年間で12人（編集部調べ）。つまり合わせれば46人を数える。帝室技芸員がいかに狭き門であったかがわかる。もちろん、彼らの作品の素晴らしさは言わずもがなである。

清水三年坂美術館所蔵の作品は帝室技芸員の実力を如実にあらわしている。四季の花々が全面に描きこまれており、内面の装飾に至るまで全く隙《すき》がない。これほどたくさんの花を描こうとすると、ともすれば華美で品が無くなってしまうところだけれど、すっきりとした仕上がりになっているのは「さすが」の一言。

帝室技芸員の作品に共通することは、その卓越した技術の力だ。少々残念なことではあるが、現代の作家が「明治の工芸家の技術にはとてもかなわない」と言うのをしばしば耳にする。でも、それほどまでに評価されているのにもかかわらず、どうして誰も「知らない」のだろう。これは日本美術史が長い間明治を境に分断されてきたことと関係している。

例えば日本の国立博物館の作品蒐集の対象は江戸時代末期まで。一方、近代美術館の蒐集対象は大正時代以降が中心。近年多くの研究者の努力により、ようやく再評価され始めてはいるものの、明治時代の美術は研究対象としてちょうど狭間にあり、影が薄い。結果として帝室技芸員の存在も、その作品の「凄さ」も長い間忘れられてきたのである。

今回紹介することができたのは、79名を数える帝室技芸員の作品のほんの一部。でも、作品の完成度、そして、それらが持つ力は、帝室技芸員の実力を垣間見るには十分のように思う。日本の工芸史において技術的水準が最高潮に達した時代が明治時代であり、その中心にいたのは帝室技芸員だったのである。

【P.58、59】宮内省の注文で多くの御下賜用の作品をつくったことで知られる赤塚《あかつか》自得《じとく》の傑作『四季草花図蒔絵提簞笥』高さ22・5×幅24・3㎝×奥行15・9㎝（清水三年坂美術館所蔵）

世界で唯一の芸術、日本の竹工芸

竹は古来、吉祥文《きっしょうもん》として日本では広く親しまれてきた。『論語』の「歳寒三《さいかんさん》友《ゆう》」という言葉に由来し、厳しい冬の間でも美しい緑色をたたえる松と竹、花を咲かせる梅が、高潔・節操などの象徴として好まれ、後におめでたい植物として尊ばれるものとなった。天に向かって真っすぐにすくすくと伸びる青竹は、神が宿る神聖な植物として神道儀式などで用いられることも多い。邪悪なものを遠ざけ、歳神《としがみ》さまを迎える依代《よりしろ》となる門松に竹が用いられるのも、こういった由来があってのことだろう。

同時に竹は日本人にとって最も身近にある植物のひとつ。工芸品の素材としての竹は、ザルやカゴといった「生活雑器」に用いられることが多い。古来、生活に密着してきた素材であり、現代人にとっては竹工芸を高級な美術品とするには少しばかりの勇気が必要なのかもしれない。

驚かれるかもしれないけれど、明治から昭和初期にかけては、よい竹籠一つで家が一軒買えるといわれるほど竹工芸は高価なものだった。大阪ではお嫁入り道具として作家ものの竹籠を持たせることが家柄の良さを表すしるしだったそうだ。でも、今日の日本人の生活空間で、よい竹の作品に出会うことはほとんどなくなってしまった。床の間のある家に住む人が少なくなった日本で需要が減ってしまった竹籠。日本美術を専門とする立場でも、美術館で目にすることはごくわずか。お茶の席や、骨董店の店先などでたまに見かけるくらいだろうか。

このような日本の状況とは逆行するかのように、古作・新作にかかわらず、多くの竹籠の優品が次々と国外に出て行ってしまっている。実は日本の竹工芸は品質・技術ともに世界一の評価を得ているのだ。ロンドンのアートフェアでもよく目にする代表的な日本の工芸品である。竹はアジア一帯に生息する植物だが、美術工芸品としての地位を持つのは日本だけ。そのため、竹籠を「日本固有の美術品」として好む人が海外には多いのだそうだ。

数年前、アメリカ西海岸に3か月間ほど滞在したことがあった。サンフランシスコを訪れた際に、外資系企業の元日本駐在員で、日本贔屓《びいき》なご夫妻のお宅に招かれた。郊外の高台に、ご夫妻がこだわり抜いて設計した白を基調にしたモダンな邸内。リビングルームに飾られていたのは、空間を彩る主役として配された日本の竹籠だった。

大きなガラスの窓際で、真っ白な壁に様々に変化する影を映し出す竹籠。いつまでも見ていたくなるほど美しかった。私が興味をもったことに気付くと「竹の作品はかさばるから保管場所に困るよ」といいながら、ご自慢の竹籠コレクションを次から次へと見せて下さった。竹籠を見ているときの慈愛に満ちたご夫妻の表情がとても印象的だった。

竹籠に対する外国人の美意識は、その評価の観点が日本人とは違う。日本人にとって竹籠とは、花を生けて日本家屋に飾られるものであり、そのかたちも用途を想定して作られている。でも欧米の方々は、実際に使うというよりは、純粋にそのかたちの美しさに心惹かれるようだ。何十、何百本というしなやかな竹ひごを編んで作られた、繊細でありながら強靱な構造の美しさ、光を浴びて生まれる影こそがその魅力なのだ。

私はそんな竹籠の美は、竹という素材の柔軟性から生み出されるものだと思う。柔軟かつ丈夫な竹は様々な形に姿を変えることができる。そして完成した竹籠自体も、鑑賞する人の気持ちの持ち方で雰囲気が柔軟に変化するような気がする。私が一目惚れしてしまった飯塚琅玕齋《いいづかろうかんさい》作の《花籃《はなかご》》も、見るたびにその印象が変わる。初めてのときは、その卓越した技術力を見せつけるような、いわばよそ行きの顔だったけれど、何回も手に取り眺めた今では、やわらかな表情をも見せてくれる。同じ作品であるのに置く場所や光の色、生ける花によって、別の作品に見えるのだ。

日本での需要が減る一方、海外で評価をされたことで、竹工芸がその寿命を長らえることができたのは幸運であったといえるかもしれない。でも、産業としても美術の一分野としても、竹工芸界の苦しい現状に変わりはなく、世界に誇る日本の竹工芸の存続は危ぶまれるばかり。竹ひごを準備し、編み上げ、仕上げに染色したり漆をかけたりと、一つの作品にかかりきりで制作しても、完成まで何か月もかかることもあると聞く。でも、その労力に正直に値段をつけようとすると、「竹なのにこんなに高い」と驚かれる。結果として作品制作だけで生活できる作家は本当に一握りなのだそうだ。これでは優秀な若手を育成する余裕は生まれるはずもなく、竹工芸界に明るい将来は見えようもない。他の多くの工芸品と同じように、日本の竹籠は存亡の岐路に立っている。日本の文化に育まれてきた素晴らしい美術を生かし続ける力となるのは、いつなくなるかわからない外国からの需要ではなく、日本人であってほしい。そう願うばかりだ。

【P.65】飯塚琅玕齋作《花籃》高さ31×幅31㎝　粗く編んだ底部と繊細な上部とが見事に調和した作品。

【P.66】小菅小竹堂《こすげしょうちくどう》作《盛籃》高さ4・5×長さ38×奥行28㎝　煤竹で編んだ本体に、根曲竹を編み、織物のように文様を入れ、2色の竹のコントラストを綺麗に浮かび上がらせた作品。

文人趣味を色濃く残す、煎茶

安政4（1857）年2月24日、下田《しもだ》であるアメリカ人が食事に招かれ、食後にお茶が供された。招待したのは下田奉行の井上清直《いのうえきよなお》。そして、招かれたのは初代駐日米国公使のタウンゼント・ハリス。ハリスの日記にはその時の様子が記されている。

「信濃守［井上］は、私が今まで見た中で最も可愛らしいおもちゃのティーセットを持ちだした。美しく簡素な木製の入れ物に入っており、それを開けて披露されたのは、湯を沸かす小さな炉、ティーポットと2つのティーカップ、小壺に入った茶、ティーポットとティーカップを置くための台、お茶用のスプーン、そして、水に入れる前のお茶を火の上で温めるための不思議な道具だった。」

よほど興味をもったのか、ハリスは井上自らの手でふるまわれたこのお茶について詳細に書き記している。そして、この茶会から1年後の安政5（1858）年6月、二人は日米両国の代表として日米修好通商条約調印に立ち会った。この茶席で使われた道具は、友好の証《あかし》としてその場でハリスに贈られたが、それが近年、米国マサチューセッツ州のピーボディ・エセックス博物館で発見された。そこで、ハリスに供されたのは、日本式の茶の湯ではなく、中国式の煎茶《せんちゃ》であったことが証明されたのである。

江戸末期、開国直前の日本で、外国の要人接待に中国式のお茶が用いられたということを不思議に感じる人は多いのではないだろうか。お茶の一種としての煎茶は現在も広く愛飲されている。しかし、ここでいう煎茶とはいわゆる「煎茶道」のこと。江戸時代中頃から大流行し、ハリスがもてなされた時期は、まさに日本における煎茶道の最盛期だったのだ。

急須で淹《い》れる中国式のお茶が日本に持ち込まれたのは江戸時代初期。黄檗宗萬《おうばくしゅうまん》福寺《ぷくじ》の隠元《いんげん》和尚の手によるといわれている。幕府の方針により国外への渡航が困難だった時代、多くの日本人にとって中国は興味と憧れの対象だった。中国で士《し》大夫《たいふ》という支配階級にありながら、世俗を離れて隠遁《いんとん》生活をし、琴棋書画《きんきしょが》といった余技に耽るという文人の姿。それを自分たちの世界でも実践しようと、日本では独自の文人文化が形成されていった。

中国式の飲茶法である煎茶も、文人文化の広がりとともに広まっていく。武家のたしなみとして存在した茶の湯とは違い、市井の文化人たちに愛された煎茶。だからこそ、その中心は江戸ではなく、京・大坂にあった。彼らは時に集い、煎茶を喫し、詩文や書画の制作に興じながら、「知のサロン」を形成していった。江戸時代であれば頼山陽《らいさんよう》や田能村竹田《たのむらちくでん》、近代では富岡鉄斎《とみおかてっさい》など、文人文化との関係なしでは語れない著名人も数多い。

私と煎茶との出会いは学習院大学の学部生だった頃のこと。ある時先輩に「勉強になるから」と、美術倶楽部の正札会に連れていって頂いたことがある。そこで「絶対びっくりしますよ」と案内されたのが美術倶楽部で毎年呈される煎茶席だった。「はて、煎茶席とはなんぞや」と、そのなんたるかも知らなかった私に供された一碗の茶。口にしてみると、まるでお吸い物のように濃厚な液体が舌の上を転がり、あっという間に喉の奥に吸い込まれていった。鼻に抜ける香りも心地よい。「甘露《かんろ》」とはまさにこのことを言うのだと思った。

あの衝撃から約7年、ようやく煎茶会に参加する機会を得た。大阪で文人趣味を色濃く残す流派として知られる一茶菴《いっさあん》。初めて足を踏み入れた板張りのお茶室は、入った瞬間に不思議な空気感を感じた。なんだかぽっと異空間に迷い込んだような感覚。私はその理由を後に知ることになる。そのときにかけられていたお羽箒《はぼうき》は水鳥の羽根。お茶室の軸は湖畔の町。お茶碗の底には魚の絵。お箸は鼈甲《べっこう》。お茶室に配されたお道具、文房具、お菓子、……そのすべてが、現代の大阪の中心部にある小さなお茶室に、古の中国の湖畔の町を現出するため選ばれていたのだ。

煎茶会とは、会の亭主の自己表現の場であり、「作品」なのだという。同じような趣味をもつ友人たちが集まって、同じ急須から注がれた煎茶を味わい、亭主のしつらえの意図を探りながら、時間を分かち合う。なるほど、これが煎茶の醍醐味なのだろう。

さらに私が驚かされたのは、これまで美術館で鑑賞していたような中国の美術品が席のそこかしこで使われていたこと。例えば、明《みん》代末期の璋州窯《しょうしゅうよう》の大皿。白地に藍色で松と鹿が描かれた立派な皿に載って一匹の鱸《すずき》が供された。馥郁《ふくいく》とした香りのお料理もさることながら、その大皿は美術館で見るよりも、生き生きと輝いて見えた。

現在我々が美術館や博物館で鑑賞する作品の多くは、元々は機能をもった道具だった。小さなお茶碗は煎茶を味わうためにあり、大皿や鉢は料理やお菓子を盛り付けるという用途があった。でも、美術館のガラスの展示ケースに入ってしまうことで、本来の文脈から切り離され、その役割がかえって見え難くなってしまうことがある。道具というのは触れられ、愛でられることでその魅力を増していくもの。長年大切に伝えてきた人々の歴史を背負っている。この輝きをいつまでも後世に残していくために、道具は道具として使い続けていくこと、そしてまた、その道具を育んできた文化を残し続けることの大切さを感じたのである。

【P.72】煎茶の佃一輝《つくだいっき》宗匠の席で、髙橋竹年《たかはしちくねん》の掛け軸をご覧になる彬子女王殿下。【P.73】煎茶席で涼炉《りょうろ》に火をつぎ、炉扇《ろせん》という団扇《うちわ》で風を送り火を強くして、お茶を煮ているところ。

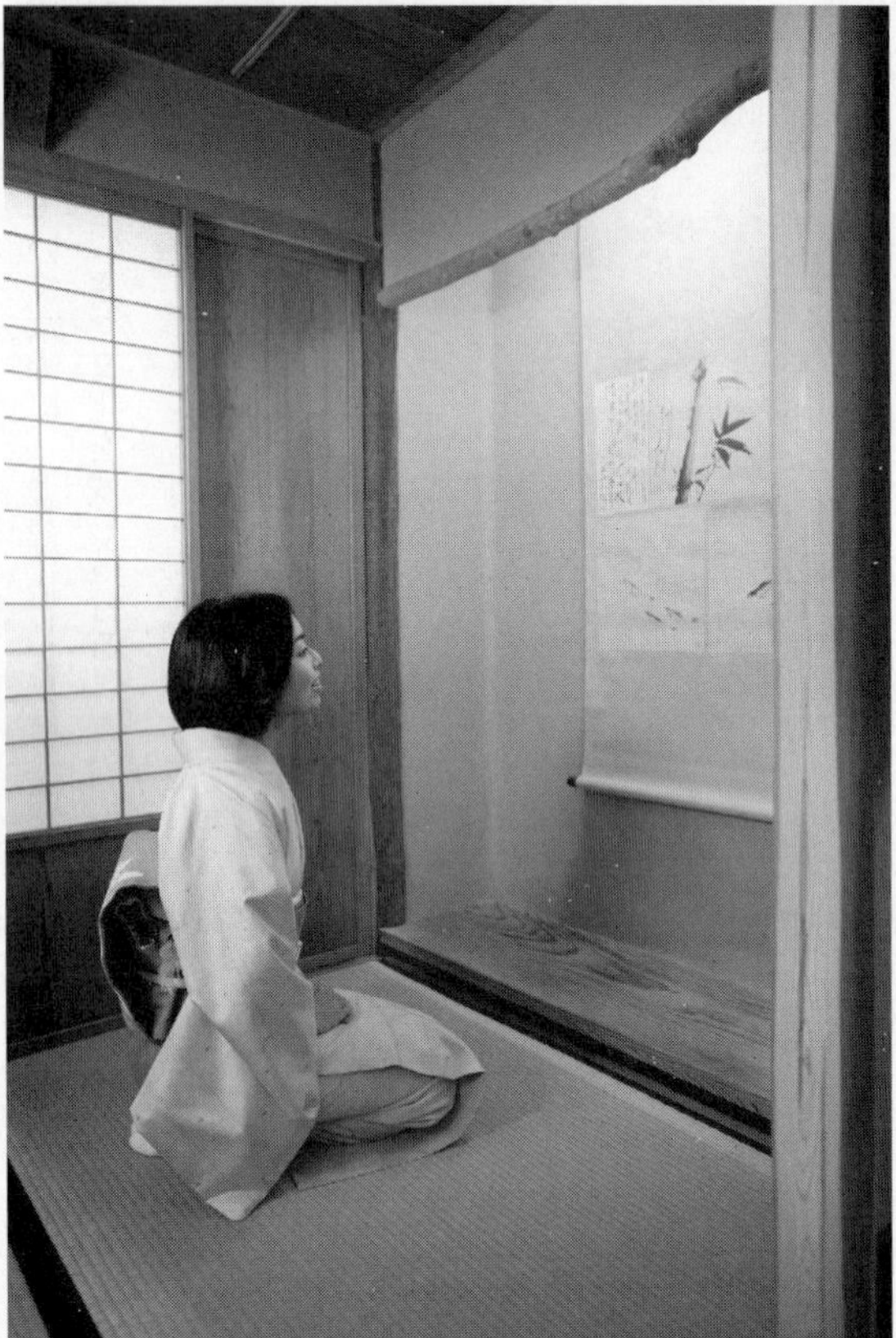

外国人が遺してくれた浮世絵

思えば、スコットランド史を専攻していた私が日本美術に転向するきっかけとなったのが浮世絵だった。

オックスフォード大学に留学していた20歳の頃、日本美術の授業を受講したことがあった。中国美術の大家である英国人の先生から繰り出される質問の数々は、私にとっては驚きの連続で、「浮世絵とはどのように鑑賞されていたものなのか」「屏風《びょうぶ》の役割とは」など今まで考えたこともない質問ばかり。この授業を受けたことで、日本美術を見る西洋人と日本人との視点が異なっていることを実感し、西洋における日本美術への関心がどのように形成されたかに興味を持つようになった。そして、この授業で私に与えられた課題のひとつが「フランク・ロイド・ライトと日本美術」だった。

旧帝国ホテルを設計した米国人の建築家フランク・ロイド・ライトは、実は浮世絵を始めとする多くの日本美術品を蒐集したことでも知られている。ライトについて調べるうちに一枚の写真に出会った。ライトの自宅であり、工房であり、そして建築学校でもあったタリアセンの居間の写真。暖炉の上に、額装した日本の仏画がはめ込まれていた。

当然のことながら、作品は煙や煤《すす》によってかなり傷んでしまっているように見えた。最初は「やはり西洋人に日本美術を理解してもらうのは難しいのかな」と残念に思ったのだけれど、ライトの考えを知るにつれ、私が間違っていたことに気付かされた。西洋では、よい絵を飾ることは自身の富と権威を示す象徴であり、中でも暖炉の上に飾られるのは、多くの場合主人が一番気に入っている作品となる。つまり、暖炉の上に飾ることは、その作品に対するライトの敬意を象徴しているわけで、彼は日本美術を西洋美術と同じ「アート」とみなしていたはずだと思うようになったのである。

そのライトが情熱的に蒐集したのが浮世絵だった。1893年のシカゴ万博で浮世絵に出会ったライトは、非常に複雑な技法を用いて生み出される表現の簡潔さにすっかり魅了され、それ以来「自然を全く異なった視点で見るようになった」そうだ。彼の自叙伝によると、彼の建築に見られる日本の影響は、日本建築からではなく、浮世絵に由来するものであるらしい。

浮世絵との会遇《かいぐう》以来、1905年の初来日を皮きりに浮世絵蒐集に力を注いだライトは、日本でもその名をとどろかせる浮世絵コレクターとなる。昭和49（1974）年に出版された『浮世絵事典』には「ライト」の項が設けられ、「鋭い鑑賞眼の卓抜さによっての蒐集は、浮世絵界にライト旋風を巻き起こしたといわれる」と書かれたほど。

ライトのコレクションは散逸してしまったものが多いが、彼が蒐集を手助けしたコレクションが米国ボストン美術館に保存されている。6600点を超える浮世絵版画と73点の絵本、絵入り本で構成されたウィリアム&ジョン・スポルディング兄弟の浮世絵コレクションがそれだ。製糖業を営む父から巨額の遺産を相続したスポルディング兄弟は、ライトの浮世絵鑑定眼を信頼し、日本での蒐集活動を自分たちに代わって行うことを要請した。ライトは兄弟から預かった浮世絵購入資金を手に日本全国を巡り、最上級の浮世絵を探してスポルディング兄弟に送り続けた。既に多くの浮世絵を所有していたボストン美術館は、品質を追求したスポルディング・コレクションの受け入れにより、質量ともに世界一の浮世絵コレクションを持つ美術館として名声を得ることになったのである。

実はこのコレクションは極めて特異な境遇に置かれていることで知られている。スポルディング兄弟と美術館との契約により、作品の状態保全のために、寄贈を受けたボストン美術館内でさえも展示することが許されないのである。作品は特別に許可を得た専門家以外の目に触れることはなく、名実ともに「秘蔵」されているのだ。現在では全作品のデジタル画像が美術館のホームページ上で公開されているが、その質の高さや美しい色づかいには目をみはるばかり。これら上質の浮世絵が半永久的に厳重な管理下で保管され続けることから、ボストン美術館はいわば「浮世絵の正倉院」と呼んでもよいかもしれない。

そして、ボストン美術館はこれだけのコレクションを秘蔵していても、それ以外の所蔵品だけで素晴らしい浮世絵展を開催することができる。海外で浮世絵に芸術的価値を見出し、蒐集・保管してくれた人々に敬意を表さずにはいられない。

よく「日本美術が大量に海外に流出してしまって残念だ」という意見を聞く。浮世絵はその代表格で、日本よりも外国にある作品の方が多いくらいかもしれない。でも私は、海外の美術館で日本の作品を見たとき、嬉しい気持ちこそすれ、「これは日本にあるべきものなのに」と憤りを感じたことはない。流出したといっても、そのほとんどは略奪されたものではなく、正規の手段で国外に持ち出されたもの。その作品に心をとめた人々によって蒐集されたものであり、過去に日本美術を愛した人が海外にこれだけいたのかと思うと、とても心温かくなるのだ。

【P.78〜79】名古屋ボストン美術館（現在は閉館）で、ボストン美術館でコレクションされた浮世絵をご覧になる彬子女王殿下。

大英博物館の日本コレクション

〝Home〟というのは「帰る場所」という意味だと思う。

嬉しいことに私にはHomeがたくさんある。東京、京都、オックスフォード……そして大英博物館も私が帰ることのできる大切な場所の一つだ。オックスフォード大学留学中、大英博物館で過ごした5年間はかけがえのないものだった。ここでの出会いと経験の数々が、私の研究者としての礎を築いてくれたといってもよいかもしれない。

大英博物館は年間約600万人の来場者を誇る世界最大の博物館のひとつ。英国を訪れたときに足を運ばれた方も多いに違いない。ロゼッタストーン、イースター島のモアイ像、パルテノン神殿の大理石のレリーフ、エジプトのミイラなど見所は多く、1日ではとても回りきることはできない充実度。5年間大英博物館に通い詰めた私も、実はすべての展示室を見たことはないのではないかと思う。

そんな大英博物館のよいところは、特別展を除けば入場は無料。好きなときにふらりと入館できること。作業や論文執筆に疲れたときには、イスラム美術や世界の古時計の展示など、普段は見に行かないようなギャラリーに立ち入っては気分転換をしたものだ。

1753年に創設された大英博物館は、設立当時から日本由来の作品を所有していた。創設のきっかけとなった7万点にも及ぶ医師ハンス・スローンのコレクション。その中に、日本の陶磁器や民俗学的遺物が数点含まれていたのだ。スローンは長崎出島のオランダ商館で医師をしていたエンゲルベルト・ケンペルが持ち帰ったものを手に入れたらしい。現在この作品の一部は、博物館創設当時の展示を再現した「エンライトメント・ギャラリー」に展示されている。

スローンが活躍した18世紀のヨーロッパは、啓蒙時代（The Age of Enlightenment）と呼ばれる。人々が従来のキリスト教的世界観から離れ、自らが「知る」「学ぶ」という行為によって地球上の様々な事象を理解し始めた時代だった。日本という極東の小国の文物を集めたのも、世界中の文化や歴史を知ろうとする意欲によるもの。ギャラリーには、スローンのコレクションを始めとする多くの考古学遺物、自然科学標本、アジア・アフリカ・オセアニアなど、世界中から蒐集されたものが所狭しと展示されており、この時代の人々が大英博物館で何を見て、何を感じていたのかが思い起こされる。

設立から約260年。初めは数点しかなかった大英博物館の日本コレクションは徐々に拡大し、現在その数は約3万点。その一部は博物館北側5階の三菱商事日本ギャラリーで見ることができる。

日本ギャラリーに足を踏み入れると、入り口で最初に迎えてくれるのが法隆寺《ほうりゅうじ》の百済観音《くだらかんのん》。日本の国宝がこんな所で何をしているのかとびっくりされる方も多いようだ。実はこの百済観音、1930年代に造られた精巧な模造である。博物館の東洋部長であったローレンス・ビニョンが日本を訪れた際、日本美術史の中での仏教美術の重要性に気付き、大英博物館の仏教美術コレクションを充実させようと造らせたものだ。制作の依頼を受けたのは、彫刻家で仏像修理の第一人者であった新納忠之介《にいろちゅうのすけ》。当初は乗り気でなかった新納も、ビニョンの熱意に負け、新納の郷里、鹿児島の島津家の裏山から樹齢300年の樟《くすのき》を切り倒し、約1年かけて二体の複製を彫り上げた。一体は大英博物館に、そしてもう一体は帝室博物館（現東京国立博物館）に納められたのである。

当時百済観音を大英博物館が購入したというニュースは、新聞などで取り上げられた上に、英国国教会の実質的な最高権力者であったカンタベリー大主教が貴族院でのスピーチで言及したというのだから、この複製事業に対する宗教的、歴史的注目度の高さがわかる。漢字で「新納忠之介作」との解説が付された百済観音。展示だけではなく絵葉書まで販売されて、多くの人々の関心を集めたらしい。

このように、海外に残る日本美術には、変わった経歴をもつ作品が少なくない。残る資料を探ってみると、時にその作品に関わった人々の思いや、作品が辿ってきた道程が鮮明に浮かび上がってくる。その多くは、英国人の日本に対する思いの結晶であり、日英間の絶え間ない文化交流の軌跡を映す鏡でもある。そして、この鏡が映す大英博物館の「日本」は現在でも研究者同士の交流や情報の発信によって日本美術界に刺激を与え続けている。

2009年、大英博物館独自の企画として縄文時代の土偶を集めた特別展が開催された。土偶に特化した美術展は日本を含めても史上初のこと。国宝や重要文化財に指定された有名な土偶たちが日本各地から集められ、大英博物館で一堂に会した。その後、土偶展は東京国立博物館で里帰り展が開催された。つまり、土偶と日本人との邂逅《かいこう》を大英博物館が演出するという結果になったのだ。また、現在大英博物館で2013年に開催が予定されている展覧会に「春画《しゅんが》展」がある。日本では未だ衆目に触れることの少ない春画だが、海外では美術品として非常に評価が高い。大英博物館からの発信であれば日本での展覧会が成功するかもしれない。

世界に日本文化を発信しているのは我々日本人だけではない。海外の美術館・博物館が日本文化の発信に果たしている役割は計り知れない。世界における日本文化発信の拠点とも呼ぶべき大英博物館。そこにいつまでも私は帰り続けたいと思っている。

【P.85】彬子女王殿下の博士論文。論文のテーマは「19〜20世紀に大英博物館が蒐集した日本の美術品とその展示の事例にみる、英国人の日本美術観の変化について」。全文英語で320ページ。大英博物館に通われながら2年かけて書き上げられた力作。【P.86】1930年代、彫刻家で仏像修理の第一人者であった新納忠之介により造られた百済観音の模造。

DO NOT TOUCH

陶芸家バーナード・リーチと民藝

平成23（2011）年の夏、ストックホルムの東アジア博物館に日本美術コレクションの調査に訪れた。日本の常設展示の目玉として展示されていたのが、民藝運動の中心人物として知られる濱田庄司《はまだしょうじ》の大皿。そこでふと思った。これまで欧米の様々な美術館・博物館で調査をしてきたけれど、各地で必ずといっていいほどお目にかかるのが濱田の作品。そして、いつも学芸員さんは、「当館にはこんな濱田の作品があるんです」と誇らしげに言われるのである。

Mingeiという言葉は、Ukiyo-eと同じく、翻訳せずとも欧米人が理解してくれる数少ない言葉のひとつかもしれない。アメリカのサンディエゴにはMingei International Museum（民藝国際美術館）まである。それほどに欧米における民藝の人気は高いが、この人気はいったい何に由来するものなのだろうか。その鍵となっているのが一人の英国人と二人の日本人、そして英国の田舎町、セント・アイヴスである。

濱田庄司は昭和30（1955）年に第一回の重要無形文化財保持者に認定されたことで知られている。東京高等工業学校で窯業を学んだ濱田は、京都陶磁器試験場に就職。その頃、日本の陶芸に魅せられた英国人、バーナード・リーチに出会った。そして、大正9（1920）年、濱田は英国に帰国するリーチに誘われ、渡英することになる。その目的は、セント・アイヴスに日本式の登り窯をそなえた陶磁器工房を創ることだった。

セント・アイヴスはグレートブリテン島の西端に位置し、現在でもロンドンから電車で6時間近くかかる。濱田の回顧録『窯にまかせて』には、この地に移り住み、薪《まき》を調達し、粘土や釉薬《ゆうやく》の準備から始めなければならなかった苦労が綴られている。窯は無事完成し、工房はリーチ・ポタリーと名付けられた。かくして日本から遠く離れた英国の地に、西洋と東洋の美を融合させた陶磁器が生産され、20世紀に世界を席巻することになる陶芸運動が始まったのである。

そのリーチ・ポタリーに転機が訪れたのが1923年のこと。順調に作品を生産し続けていた窯が崩壊してしまったのである。そんな中、濱田は関東大震災で家族が罹災し、日本に帰国せざるを得なくなる。そこで白羽の矢が立ったのがもう一人の日本人。陶磁器試験場での濱田の教え子で、当時英国留学中であった宇治の朝日《あさひ》焼の陶工、松林《まつばやし》靏之助《つるのすけ》だった。

日本各地の窯業地を調査し、窯構造の理論を陶磁器試験場の卒業研究とした松林は、陶磁器窯の築窯にかけては日本有数の技術者だったといわれている。依頼を快諾した松林は、リーチのためにセント・アイヴスに新しい窯を建て、リーチやリーチの弟子たちに、製陶技術や陶磁器理論の指導を熱心に行ったのである。松林が建造した窯は、1970年代初頭まで使用され、リーチの黄金期の作品の数々がこの窯から生まれた。その本来の役目を終えた今も、リーチ・ポタリーの行く末を見守るように静かに佇んでいる。

英国から帰国した濱田は、「英国の三年間で私は、珍しいものとか難しいものとかをつくるより、ただいいものを作りたい、それだけの気持ちが固まっていた」という。その経験は、濱田の人生に大きな影響を与えたようだ。各地の古い教会や民家の建物、織物や彫刻の職人との出会いによって、東京で生まれ育った濱田は、日本でも関東の田舎町、益子《ましこ》に暮らして作陶をする決意をする。英国で学んだスリップウェアなどの技法を応用しながら、柳宗悦《やなぎむねよし》や河井寛次郎《かわいかんじろう》らと共に日本の美術工芸界を推し進める中心的存在であり続けた。一方、リーチの弟子であったマイケル・カーデューが「ヨーロッパ人よりも優れた陶磁器技術と知識を持っていた」と評した松林。九州の有田において磁器生産の近代化に尽力したが、志半ばで夭逝している。

リーチらが活動を開始した20世紀初頭の英国。ウェッジウッドに代表されるような、大規模工場における大量生産が当然の時代において、リーチが確立した小規模の工房主体とする活動をスタジオ・ポタリー運動と呼ぶ。日本の製陶技術をその起源とし、民衆の工芸品の美を追求するリーチ・ポタリーの技術や理念は、20世紀における陶芸界の一大ムーヴメントとなった。リーチ・ポタリーの成功は、世界中の個人陶芸家のモデルとなり、ヨーロッパはもちろんのこと、アメリカ、カナダ、オーストラリア、そしてアフリカにまでも広がっていったのだ。

この壮大な物語は、英国の小さな田舎町に日本人陶芸家が訪れ、日本式の製陶技術を伝えたことから始まっている。現在のセント・アイヴスには、陶磁器やガラス、織物など多くの芸術家が集まり、工房を設けて創作活動を行っている。国立の近代美術館であるテート・セント・アイヴスが1993年に創設されたのも、リーチ・ポタリーがこの地に開かれたことと無関係ではないだろう。二人の日本人陶工が日本からもたらした種が、リーチ・ポタリーで芽生え、大輪の花を咲かせたのである。

現在も活動を続けるリーチ・ポタリーで造り続けられているやきものたち。適度な重みと共に、手にしっとりとなじむそれらには、濱田と松林が伝えた日本の粋が今も息づいている。そして、日本の民藝運動にも、リーチ・ポタリーで生まれた英国の粋がしっかりとしみこんでいる。この異文化交流の結晶は、それぞれの国で形を変えながらこれからも生き続けていくに違いない。

【P.92】バーナード・リーチらと語らう濱田庄司（左端）、松林靍之助（右から2人目）。【P.93】1950年頃、ワークショップで一般の人に陶芸を教えるバーナード・リーチ。ルーシー・リー、バイロン・テンプル、レン・キャッスル、ウォレン・マッケンジーなど、世界中の錚々《そうそう》たる陶芸家がリーチ・ポタリーにやってきてリーチに弟子入りし、その様式と信念を世界に広げた。そのうちのひとり、マイケル・カーデューは、松林靍之助に技術的な指導を受けたという。

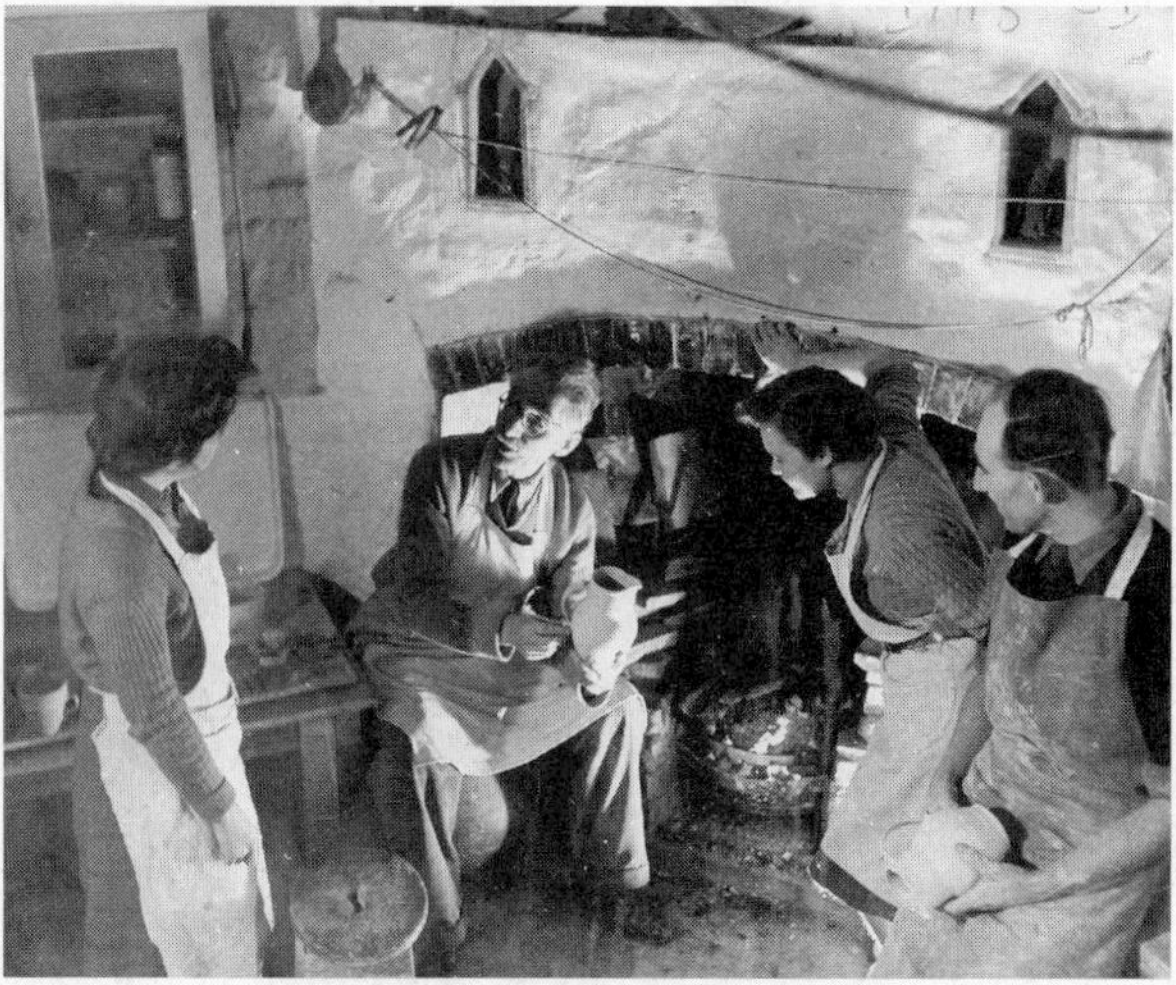

王侯貴族を魅了した日本磁器

ヨーロッパの城や貴族の邸宅で必ずといっていいほど目にする日本の美術品がある。古伊万里や柿右衛門と呼ばれる日本の磁器である。絢爛《けんらん》豪華な大広間の中にありながら不思議と存在感を生む。日本美術の長い歴史においても、海外でこれほどに評価され、珍重されたものは、浮世絵の他にはこの色絵磁器くらいのものだろう。

現在の佐賀県の有田町やその周辺。九州北部の山あいの集落で作られたやきものは、17世紀から18世紀にかけてヨーロッパ貴族の垂涎《すいぜん》の品だった。

17世紀中頃といえばお隣の中国では丁度明朝から清朝《しん》へと変わる動乱の時代。1656年に「海禁令」が布《し》かれたため、中国磁器のヨーロッパへの輸出が止まってしまった。そこでオランダ商人が目を付けたのが日本磁器。中国磁器とは異なる色使いやデザインは、ヨーロッパに輸入されるやいなや、大変な人気を博し、大成功をおさめた。18世紀後半までに長崎出島から輸出された磁器は、オランダ東インド会社の記録に残るだけでも約123万個に上るという。

この時に輸出された日本磁器の最大のコレクションは、旧東ドイツ、ザクセン州の州都ドレスデンにある。その立役者は、ザクセン選帝侯兼ポーランド-リトアニア共和国国王であったアウグスト王（1670-1733）。芸術分野のパトロンや蒐集家として知られたこの王の治世下において、ドレスデンは芸術の都「エルベのフィレンツェ」と呼ばれるほどに発展した。

その王が特に熱心に蒐集したのが、遥か東洋からもたらされる磁器だった。当時の磁器は「ホワイト・ゴールド」と呼ばれるほどの高級品だったが、そのコレクションは日本の磁器だけで1万点を超えたと考えられている。

王の東洋磁器への並々ならぬ思いを伝える逸話が残っている。隣国のプロイセン王が所持している中国磁器が欲しいがために、自国の600人の兵士と龍文がほどこされた大壺18個を交換したというのだ。さらに1717年、王は作品の蒐集だけでは飽き足らず、宮殿を自らの所有する東洋磁器のコレクションで満たしたいと考えた。市内エルベ川北岸に立つ宮殿を購入し、「Japanisches Palais（日本宮殿）」と命名して、東洋磁器のコレクションを展示するために改装したのである。残念ながら王はその完成を見ることなく世を去ったが、今でも日本宮殿は当時の王の思いを偲《しの》ぶように、同じ場所にひっそりとその姿を留めている。

ヨーロッパの王侯貴族を駆り立てた磁器の魅力とは一体何だったのだろう。

17世紀はルネッサンス様式からバロック様式への転換期。装飾を重んじるバロック様式に、流行を始めていたシノワズリ（中国趣味）が融合し、装飾品として東洋の陶磁器が注目されるようになった。アウグスト王が狩猟に出る際の居城であったモーリッツブルグ城には、王が蒐集した大型の古伊万里の壺や鉢が展示されている。王はどのような思いでこの磁器たちを愛でていたのだろう。重厚なヨーロッパ建築の中にあって、鮮やかな色彩の古伊万里や柿右衛門は不思議とよくなじむのである。

理由はそれだけではない。1708年にマイセンでヨーロッパ初の磁器が作られるようになるまで、磁器はアジアでしか作ることのできないものだった。実は磁器は、当時の科学技術の最先端を駆使した工業製品という性格も持っていたのである。アウグスト王は鑑賞用としての蒐集の他に、地域の産業振興のために磁器の開発を進めた。硬質で美しい日本磁器の特色を再現すべく、職人を囲い込んで研究にあたらせ、その結果生まれたのがマイセンの磁器である。

1708年に磁器が完成し、1720年代に上絵付の技術が導入されたマイセンで最初に作られたのが柿右衛門の複製だった。今ではドイツが世界に誇る高級磁器として知られるマイセンが、創設当初に目指したのは日本の磁器だったのである。九州の陶工たちは、遠い異国の王様が、自分たちが作ったやきものにそこまでの憧れを持っていたとは夢にも思わなかったに違いない。

第二次世界大戦末期の1945年2月、ドレスデンは連合国軍からの激しい爆撃を受けて壊滅した。郊外の城に疎開していたため、破壊を免れたアウグスト王の磁器コレクション。しかし敗戦後は、そのほとんどをソビエト連邦に接収された。1962年にその一部が返還されたが、その作品だけで今の規模である。戦前のコレクションの姿に思いを馳せずにはいられない。

アウグスト王が造営したツヴィンガー宮殿も爆撃による破壊を受けたが、現在は修復され、その一角は磁器の美術館となっている。壁一面に装飾された伊万里のお皿や壺。当時の様子を再現するかのように、大きなスペースをとって展示されており、ザクセン州が世界に誇る世界的な磁器であるマイセンの源流が、中国と日本にあるということが、はっきりとわかるような構成になっている。日本から学んだことを隠すことなく高く評価してくれている。そんな展示を見て、ドイツ人の懐の深さ、アウグスト王の日本磁器への愛をあらためて感じ、宮殿を後にしたのだった。

【P.99】アウグスト王が造営したツヴィンガー宮殿の美術館で、ドレスデンでしか見ることのできない極めて貴重な作品をご覧になる彬子女王殿下。日本からヨーロッパへ輸出された染付牡丹唐草文雉《きじ》籠象耳付花瓶（高さ53㎝）。象の形の耳が付いた磁器の花瓶側面には、金属でつくられた鳥籠が付いており、中には松を背景に磁器製のつがいの雉が入っている。マイセンでも複製された歴史的な逸品。【P.１００】色絵花《か》卉《き》貼付ティーポット（高さ11・５㎝）。制作は１７２０年ごろ、江戸時代の日本でつくられたとは信じがたいデザイン。オランダからの注文を受けて、日本では絵付けせずに輸出され、オランダで絵付けされたと考えられる。（ツヴィンガー宮殿の磁器美術館収蔵）

冷泉家の表具で知る京の公家文化

明るい黄色地に緋色《ひいろ》の薔薇《ばら》。冷泉家《れいぜいけ》十八代為則《ためのり》に賜った光格《こうかく》天皇のご宸翰《しんかん》が纏《まと》う織物である。江戸後期、おそらく当時の世界最先端の技術で織られたリヨン製のジャカード織で、本来はドレスに用いられる生地ではないかといわれている。

このご宸翰は京都の冷泉家時雨亭文庫《しぐれていぶんこ》所蔵の一品。御所の北側、明治時代に創設された同志社大学の洋風建築と対比するようにたたずむ冷泉家。平安時代の歌人藤原俊成《としなり》や定家《さだいえ》の流れを汲む公家《くげ》の一家である。明治維新に伴い、多くの公家が東京に居を移した後も京都にとどまったために戦災を免れ、当時のままに現在も公家文化を継承されている。天皇家とは特に和歌を介して密接な関係にあり、歴代天皇からご拝領の書などを表具して代々伝えてこられた。このご宸翰もそのひとつだが、当時最高級品の舶来の生地と合わせ、唯一無二の軸に仕立てたところが京のお公家さんの美的感覚の妙である。

表具は仏教伝来に伴い、経典や仏画などを鑑賞保存のために巻物や掛け軸に作り直したことがその嚆矢《こうし》とされている。表具と一口に言っても、茶の湯の席で使われる茶人好みの茶掛《ちゃがけ》をはじめ、文人表具、公家表具など、使う人々の好みや用途によってその様式は様々である。

表具はいわば本紙（作品）に着せる衣装のようなもの。本紙の格に見合う裂《きれ》を選び、ふさわしい様式に仕立てなければならない。公家の表具は錦や唐縫《からぬい》、金襴《きんらん》緞子《どんす》を使うのが一般的だが、時雨亭文庫には既存の枠にあてはまらない特別な表具を施された作品が多く現存している。

冷泉為理《ためただ》が詠んだ折句「はちうへの菊」の表具は、紫色の地に、金と銀で菱形の不思議な模様が施された裂。掛け軸の裏には、剣璽之間《けんじのま》の御帳《みちょう》の裂を拝領して仕立てた、と記されている。御帳の裂を新調される際に、古い方をご下賜になったようだ。

剣璽之間というのは、三種の神器である天叢雲剣《あまのむらくものつるぎ》の形代《かたしろ》と八尺瓊勾玉《やさかにのまがたま》が安置された部屋のこと。現在の御所における剣璽之間は、陛下の御寝所の隣に位置する特別な場所にあり、両陛下たりともご覧になる機会はほとんどないのだとか。これほどまでに貴重なご下賜品を、しまい込むのではなく表具として使用すること。それは裂を下げ渡して下さった御所に対する最大限の感謝と敬意の表れなのだろう。そして、そのおかげで我々は一生目にすることのない御所の最も荘厳な空間の一部分を目にすることができる。まさに時空を超えた贈り物、といえるかもしれない。

特別な裂を用いて仕立てられた冷泉家の表具。初見では「奇抜すぎるのでは?」と感じるものもあるけれど、冷泉家の重厚な床の間に掛けられると雰囲気ががらりと変わり、空間が華やかに彩られる。逆に派手と感じるくらいの存在感がなければ沈んでしまう。冷泉家の床の間にあってこそ輝くように作られているのだ。江戸時代の京の公家文化の奥深さを思い知らされた。

実は表具も、今や存続が危ぶまれる日本文化の一分野。仕事柄、美術修復の専門家とお話をする機会が少なくないのだけれど、表具に対する需要が低下することにより、よい材料が手に入らなくなってきているという。裂はもちろんのこと、表具を仕立てるには、紙や軸先《じくさき》、紐《ひも》や金具などの材料が不可欠。そのすべてが手作りのため、表具師がいても、その材料を作ることのできる職人がいなくなれば昔ながらの表具は続けられなくなってしまう。技術をもつ職人を支え続けるためには、美術品修復からの需要だけでは不充分なのだという。

書や絵画が好きな人は多い。しかし、額屋さんで額を選んだことはあっても、表具を仕立てたことのある人は少ないのではないだろうか。額ならば素材を選べば大体出来上がりが見えてくるけれど、表具は、どんな裂を使うか、軸の素材は何にするかなど、その組み合わせは無限大。それだけに表具屋さんには足を踏み入れにくいと感じる人も少なくないのだろう。そこで、ある作品をお軸に仕立ててみることにした。

三笠宮同妃両殿下の俳句の師であった星野立子《ほしのたつこ》氏の短冊。終戦後、立子氏を囲んで定期的に行われる句会に参加されていた殿下の思い出の品である。墨仙堂《ぼくせんどう》の御主人にお見せすると、すぐに「いくつかお持ちします」と工房から何種類かの裂を持って来てくださった。御主人がお勧めとおっしゃる裂の上に短冊を置いてみると、作品がふわっと輝きを増した。まるで短冊が魔法にかけられたかのようだった。白の地紋の入った紗《しゃ》の裂を青と茶の染料でさっと染め分け、その上に短冊を配すると、まさに句の世界と同じ「瀧の前」。これが熟練の職人の技というものなのだろう。

表具は、本紙と自分とをつなぐ唯一のコミュニケーションツールだと思う。たとえ自分とは直接関わりのない人の作品であっても、自分で選んだ表具を施すことによって、何だか本紙の作者と対話をできたような気持ちになるのだ。日本絵画の展覧会に出かけると、本紙はもちろんのこと、表具にどうしても目が行ってしまう。本紙の主題にまつわる模様が織り込まれた裂がさりげなく使われていたり、斬新な裂が取り合わされていたり。表具師と所有者との知恵比べをしているようでとても楽しい。しかし、展覧会の図録では、素晴らしい表具が施されていても本紙の写真だけしか掲載されないことがほとんど。読者の皆様が展覧会に足を運ばれるときは、様々な人の思いの詰まった表具にもこれからは是非目を向けて頂ければと思う。

【P.106、107】「今朝のこと遠き思ひや瀧の前」という短冊は、三笠宮同妃両殿下の俳句の師であった星野立子氏（高浜虚子の次女）が詠まれたもの。表具師の関《せき》地《ち》久《ひさ》治《じ》氏により美しい掛け軸に仕立てられた。

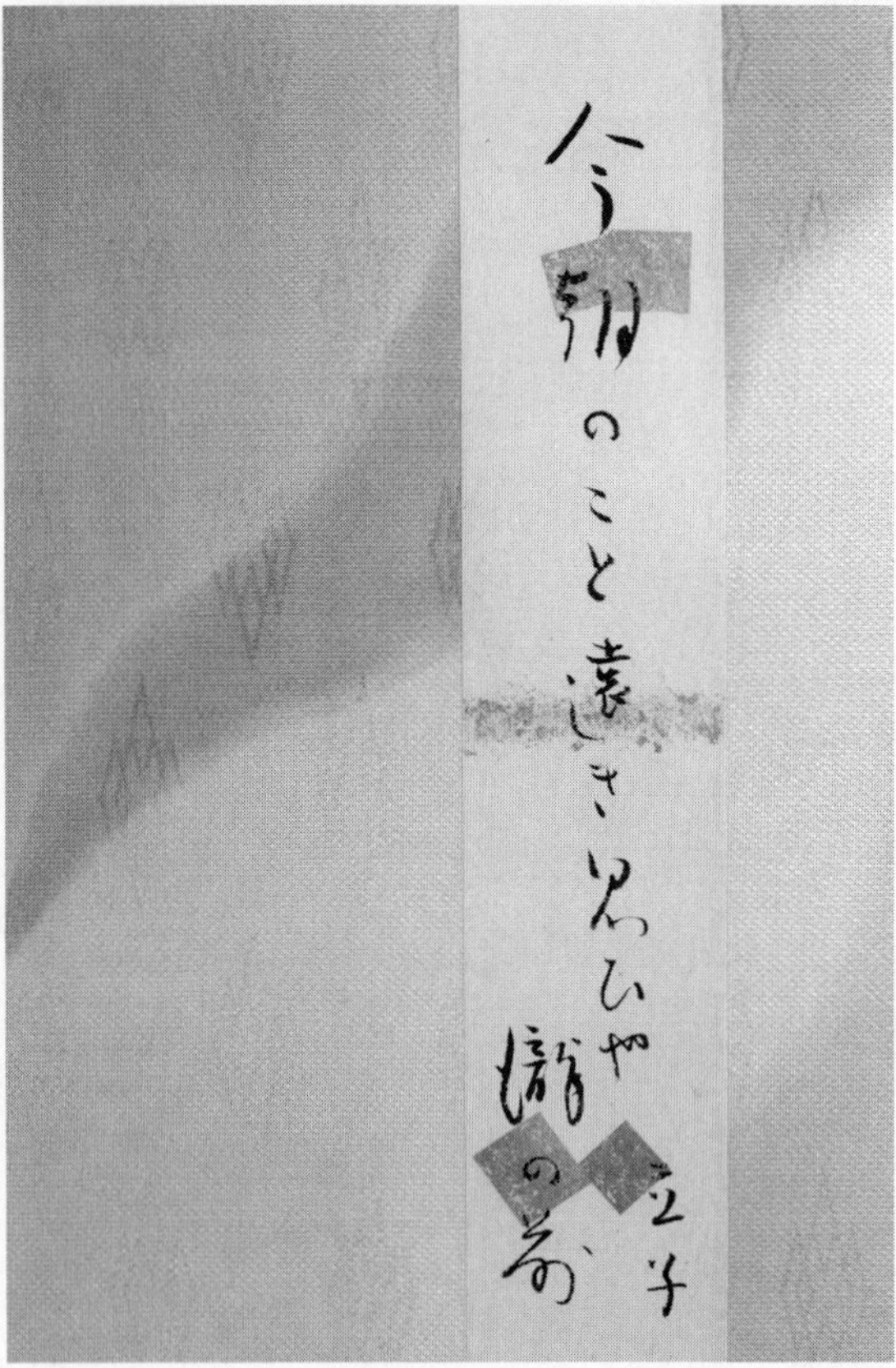

石清水八幡宮の「御花神饌」

それは、幾重にも重なる偶然から始まった。

春先のある日、仕事の打ち合わせで、京都伏見の染司《そめのつかさ》よしおかの工房を訪れたときのこと。いつものように工房を案内して下さる吉岡幸雄《さちお》先生について染め場にいくと、紫と白に染め分けられた不思議な和紙が物干し竿に所狭しとかかっていた。「これは何ですか？」とうかがうと、「あぁ、これ石清水《いわしみず》八幡宮のオハナシンセンやねん」と先生。「オハナシンセン」が漢字変換できず、戸惑う私。すると、植物染めの和紙などで四季を表した12台の花の台を作り、石清水八幡宮で9月に挙行される石清水祭《さい》のときに、御神前にお供えするのだということを教えて下さった。細かい作業は大好きである。「彬子さんも作ってみるか？」の言葉に、「ぜひお手伝いさせて下さい」とお願いをした。

このオハナシンセンを漢字にすると「御花神饌」となる。時に供花神饌《きょうかしんせん》とも呼ばれるこの造花は、石清水八幡宮の「石清水祭」で、神様のお食事である神饌と共に、御神前にお供えされる。神様の御心をお慰めするためのものだけれど、他の神社ではほとんど例を見ない特殊な神饌。

石清水祭はもと石清水放生会《ほうじょうえ》と称し、平安時代から続く由緒あるお祭り。その目的は石清水の御祭神でもある八幡大神の託宣《たくせん》により、生きとし生けるものを野川に放ち、合戦の間に犯した殺生の罪を滅することにある。

神事の場で重要な役割を果たす供花神饌の台には、松、竹、牡丹《ぼたん》、桜、杜若《かきつばた》といった美しい花が配され、それぞれ鳳凰《ほうおう》、蝶《ちょう》、鶯《うぐいす》、鹿、蜻蛉《とんぼ》などの動物や昆虫が顔をのぞかせる。ほとんどの花は男山から本物の竹や椿の枝を切り出し、化学的な材料をなるべく使わずに古式ゆかしい方法で造られる。動物たちも粘土で形を作った上に、和紙を貼り付け、自然染料で色付けするというとても手間暇かかる作業だ。

8月のお盆の頃、再びよしおか工房を訪ねた。私の担当は、橘《たちばな》の台の下草となる「庚申《こうしん》薔薇《ばら》」。使うのは黄・赤・緑に染められた和紙。あの日に工房で一枚一枚干されていたものだ。和紙というのは乾いているときは強いが、濡れているととても弱く、染料に浸して染めることは難しい。時間をかけて何度も刷毛《はけ》で染料を塗り、少しずつ濃い色に染めていくのだとか。針金の芯に細く切った緑色の和紙を巻いて茎を作り、そこに黄色のめしべ、赤と白の花弁、緑の葉を、潰《つぶ》したご飯と水とを混ぜて作った糊で丁寧につけていく。教えて下さる方を見ていると簡単そうな作業なのに、いざやってみるととても難しい。ようやくコツをつかんだと思った頃には、その作業はもう終わり。工程がいくつもあるため時間内にできあがらず、家に持ち帰ってコツコツと作業。ようやく担当分を作り上げて、工房にお届けしたのは数日後のことだった。

それから1か月。自分が作った庚申薔薇がどのように橘の台に飾られたのかを知らされないまま、9月15日の石清水祭の日を迎えた。

夜中の2時に神様が御鳳輦《ごほうれん》にお遷《うつ》りになり、山麓《さんろく》にある頓宮《とんぐう》に向かわれる神幸の儀でお祭りは幕を開ける。神様がお乗りになった3基の御鳳輦が本殿の外に姿を現すと、お宮の空気が厳粛さを増す。大勢に担がれた御鳳輦が厳めしくゆっくりと進み、参道の人たちが御鳳輦に向かってやおら頭を垂れる。それは神様が今そこにおられるのだと皆が感じているが故の無意識の行動。教えられたわけではない。日本人なら自ずと持っている、神様に対する畏敬の念を目の当たりにした気がした。あの光景を目にした時の全身が沸き立つような感覚は今でも忘れることができない。

絹屋殿《きぬやでん》の儀、奉幣《ほうべい》の儀とお祭りは進み、朝型人間の私の眠気がピークに差し掛かりつつあった午前7時頃。ついに供花神饌が御神前に奉られた。美しいお花の台が次々と並べられていく様子に眠気は一気に吹き飛んだ。木造で簡素な造りの頓宮殿が、見る見るうちに華やかに彩られていく。12台の供花神饌それぞれの持つ力が観衆にも伝わっているようだった。

お祭りが終わり、間近で供花神饌を拝見させて頂いた。自分の作った庚申薔薇との久しぶりの再会に、思わず目を疑った。自分の手元にあったとき、それはただの紙で作った造花だった。しかし、橘の台の下草として配置されていたそれは、私の知る造花ではなかった。それほど神々しく見えたのだ。工房の方がきれいに飾りつけて下さったことも要因のひとつであるとは思う。でも、あれは「人間が作った紙のお花」が神事を経て、「神様のお花」になったからこその輝きだったように思う。

元来、石清水八幡宮の供花神饌は天皇家からの特別な御供え物であったらしい。私がお手伝いしたことをお聞きになった宮司《ぐうじ》様は「昔の形に戻ったようだ」と本当に喜んで下さった。そして、それが橘の台だとお伝えすると、一瞬息を呑まれて、「橘は石清水八幡宮の社紋です」と。

すべてが本当に偶然だった。たまたま染司よしおかを訪れた日に、たまたま供花神饌用の和紙が染められていて、たまたまお手伝いすることになり、それがたまたま橘の台の下草だったのだ。これは石清水の神様のお導きだったのだろうか。

そんなことを思いながら、私は今年も染司よしおかに供花神饌作りにでかけるのである。

【P.113】御花神饌・梅の制作風景。ひとつひとつすべて手作業でつくられる。【P.114】石清水八幡宮南総門よりご本殿を望む。大神様の正面を通るのは失礼とされるため、南総門と参道は正面ではなく東寄りに造られている。

神の国・出雲に継がれた和紙

生まれて初めて出雲《いずも》を訪れた去年（2011年）1月。飛行機が降下を始め、窓から眼下に広がる景色を眺めた。日本海特有の荒れる波に悠然と堪える大岩、なだらかな稜線を描きながら静かに佇む山々、山裾《すそ》をたなびく霞のような雲。「あぁ、神さんがいはる」と感じた。

出雲神話をご存じだろうか。

天照大御神《あまてらすおおみかみ》の弟である須佐之男命《すさのおのみこと》は、神々の世界を混乱させたことから高天原《たかまがはら》を追われることとなる。天から下って行きついた先が出雲国斐伊川《ひいかわ》の上流。須佐之男命はそこで人々を困らせていた八岐大蛇《やまたのおろち》を退治して、出雲を治めることになった。後に国土を平定し『出雲国風土記《いずものくにふどき》』で「天の下造らしし大神」として讃えられている大国主大神《おおくにぬしのおおかみ》は、この須佐之男命の裔《えい》である。しかし、天孫降臨《てんそんこうりん》を前に、国土を奉れという天照大御神からの命に応じ、大国主大神は国土を譲って隠退。

その隠遁《いんとん》の地に創建されたのが大国主大神を祀った天日隅宮《あめのひすみのみや》、現在の出雲大社なのである。天照大御神は第二子である天穂日命《あめのほひのみこと》にここでの祭祀《さいし》を司《つかさど》らせ、代々その子孫が出雲の国の首長としての称号出雲国造《いずもこくそう》と名乗り、祭祀の長としての出雲大社の宮司《ぐうじ》職を担うことになっている。

皇室と同様に天照大御神の血をひく人々によって代々守られ、神様と共に歩んできた土地、出雲。ここでは生活の中に神様が自然と息づいている。神様のお名前を「大国主さん」などと、愛情込めてお友達のように呼ばれる方が多く、神社で奉納神楽が行われるときは、別に屋台が出ているわけでもないのに近所の子どもたちが自然と集まってくる。保育園や幼稚園のお遊戯会では神楽と同じスタイルで八岐大蛇伝説の劇が行われている。日本人が忘れつつあるものが生きている場所だ。

2度目の出雲訪問。まず見せていただいたのはたたら製鉄。奥出雲地方で盛んに行われてきた製鉄法である。『もののけ姫』に登場したことからご存じの方も多いかもしれない。そこに従事する人々は、金屋子神《かなやごかみ》という女神を信仰するが、この神様はやきもち焼きとして知られている。人間の女性を嫌うことから、製鉄作業が行われる4日の間、女性はたたら場に足を踏み入れることができないのだそうだ。

次に訪れたのは須佐之男命に縁《ゆかり》の斐伊川の中流で、昔ながらの製法で和紙を漉《す》く斐伊川和紙。ふと見上げると紙漉き場の入口の上の方に神棚がある。祀られているのは出雲大社の祭神である大国主大神、ご近所の氏神様、そして紙の神様だそうだ。

日本に製紙技術が伝わったのは推古天皇18（610）年。「曇徴五経《どんちょうごきょう》を知り、且《ま》た能《よ》く彩色および紙墨《しぼく》を造り」と『日本書紀』に記述があり、高句麗《こうくり》の僧曇徴が紙漉きの技法を伝えたとされている。伝来から100年ほどが経った頃、日本でも中国の技法を発展させた独自の紙漉き技術が根付き始める。主原料が麻であった中国紙に対し、日本では繊維が長く、絡み合って強固になる楮《こうぞ》を主体に雁皮《がんぴ》を加えた。そうして、より粘り強くて美しい紙を作ることに成功したのである。出雲での和紙の歴史もちょうどその頃始まったようで、正倉院文書には天平9（737）年には出雲で紙漉きが行われているという記述が見受けられる。

それから1200年以上の時を経た今でも、出雲で和紙は作り続けられている。斐伊川和紙が工房を構える奥出雲一帯は、古くから紙漉きの里として栄えた。豊かな水脈と、良質な材料、楮や三椏《みつまた》が採れるなど、まさに紙漉きのために選ばれたような場所である。

紙漉きに適した季節は冬。きーんと冷たい里山の空気の中で、紙を漉く音だけが響く。その音は規則的で心地よい。紙漉きの名手として知られた先々代のご当主は、紙を漉く音を遠くから聞くだけでよい紙が漉けたか否かがわかったそうだ。

そして音と同じように大事なのがトロロアオイの分量。トロロアオイと呼ばれる植物の根を洗って潰し、水に一昼夜浸《つ》けておく。そうすると粘り成分が出て、その名の通り「とろとろ」の液が出来上がる。この液には和紙の繊維をむらなく分散させるという重要な役割があるのだが、扱いがとても難しい。保存がきかず、夏場だとすぐに腐ってしまう。量が多すぎたら紙から風合いが失われ、少なすぎたら紙の繊維が上手く広がらない。頼れるのは木の棒で白く濁った和紙の原液を混ぜるときの手の感覚のみ。1200年間、出雲と共に歩み、支えられてきた経験の蓄積、いわば歴史そのものである。

　この斐伊川和紙は出雲大社の重要な神事にも使われている。出雲の人々の心のよりどころとも言うべき出雲国造職。その代替わりの際、朝廷に伺候して、天皇に神賀詞《かんよごと》（祝詞《のりと》の一種）を奏上する儀式が行われていた。ご当代の代替わりにあたって、宮中に参内のうえ奉呈された神賀詞も、特別に漉かれた斐伊川和紙だったのだという。1200年前からある出雲大社の歴史ある重要な神事に、1200年前から脈々と出雲の地で作られてきた和紙が使われたのだ。何だか歴史の必然を感じずにはいられない。

出雲の文化は神々と共にあり、これからもこうして生き続けていくのだろう。風の冷たくなってきた夕暮れ時に立ち寄った小さなお宮。ふと目をやると、境内で遊んでいた子どもが、鳥居の前でぺこりとお辞儀をして帰っていった。その光景が出雲のすべてを語っているような気がした。

【P.120〜121】出雲大社の重要な神事にも使われる斐伊川和紙の工房を訪問された彬子女王殿下。

神々のふるさと、出雲へ

出雲という土地が私はとても好きである。初めて訪れたときから、なぜか「懐かしい」気がした。それも何と言ったらよいのだろうか、DNAレベルで懐かしい。なんだか遠い昔にこの場所に来たことがあるような、そんな気がするのだ。以来何度も出雲を訪れるごとにその思いは強くなる。私には田舎と呼べる場所がないけれど、田舎のおばあちゃんのうちに帰るというのはこんな感覚なのかもしれないなと思ったりもする。

出雲大社は平成25（2013）年、60年ぶりの御遷宮《ごせんぐう》の年を迎えた。御遷宮とは、神社などで一定の年数を定めて社殿を修理・造営し、新しい社殿に御神体をお遷《うつ》しすることをいう。伊勢《いせ》の神宮の20年に一度の式年遷宮《しきねんせんぐう》がよく知られているが、出雲大社などの大きな神社から村の小さなお宮まで、同じように行われる重要な行事である。

御遷宮が行われる理由ははっきりとはわかっていない。木造建築である神社の社殿が一定期間を過ぎると耐久力を失うので、ある程度の年限を設け、改築・修理を行う必要があるためであるとか、遷宮に従事する技術者の確保・育成のために20年が最も適した期間であるとか、いつも清浄で新しいものをよしとする神道の常若《とこわか》の思想から、時期を定めて社殿を新しくして、清々しい場所に神様にお遷りいただく、など様々な説がある。

縁結びの神様としても知られる大国主大神《おおくにぬしのおおかみ》に結んでいただいたご神縁なのだろうか。初めての出雲訪問以来、すっかり出雲に魅せられてしまった私は、この1年半ほどの間に里帰りよろしく4回も出雲に出かけてしまった。そのたびに伺わせていただいていたのが、御遷宮にあたり現在修造中の御本殿である。

高さおよそ24メートルの御本殿すべてを覆う素屋根が架けられ、檜皮《ひわだ》の葺き替えや、屋根の上の千木《ちぎ》や勝男木《かつおぎ》の取り換えが行われていた。作業にあたり、屋根の上にはキャットウォークが設置されている。自分の足の下に屋根があるという不思議な感覚。高所恐怖症の人は腰が抜けてしまいそうな高さである。

破風《はふ》に掲げられた御神紋の前から参道を望む。神様が普段ご覧になっている景色よりもさらに上。約60年に一度、そして私はもう二度と見ることはできないであろう景色にただただ感動し、しばらくその場から動けなかった。

感動はさらに続く。約２７０年前に造替《ぞうたい》された御本殿のクロマツの桁木《けたぎ》から今も滴る松脂《まつやに》である。足場が組まれていた時は離れたところから眺めるだけだった桁木。素屋根が外れた4回目の訪問の時に、床に上がって間近で見ることができた。ご案内をしてくださっていた権宮司《ごんぐうじ》さんが、何気なく床から何か拾ってひょいっと私の手のひらに乗せてくださった。それは琥珀《こはく》のようにきらきらと美しい松脂だった。270年前に切られた木が今も生きている。植物の生命力の強さなのか、それとも出雲大社という場所の不思議なのか、それはわからないけれど、小さな松脂のカケラからなんだか大きな大きな力を感じた。270年前、それよりももっと昔。御本殿の御遷宮に携わった人々の思いが今も生きている。それをあふれ出る松脂が伝えてくれているような気がした。こんなことを感じさせてくれるのも、普段入ることのできない神様のお住まいに足を踏み入れる機会を頂ける御遷宮のおかげだと思う。

何度訪れても、そこには新しい発見がある。使える材は残し、腐ったり、老朽化したりした材だけを取り替える。以前の御遷宮に携わった人と、現在の御遷宮に携わった人の思いがそこでつながると言うのはなんだか素敵なことだと思う。取り替えのために取り外された板に描かれていたのは、大黒様（大国主大神）と因幡《いなば》の白兎。江戸時代の落書きだろうか。福々しいお顔に思わず笑みがこぼれてしまう。描いた人はいたずら心でしたのではないはずだ。絵から伝わってくるのは大神様への愛情である。こうして何百年も前の人の思いに触れて心が温かくなる。そしてもちろん現在の人の思いにも触れるのである。

毎回私をご案内下さるのは、出雲の人たちから「国造《こくそう》さん」と親しまれる出雲大社の千家尊祐《たかまさ》宮司さま。古代、出雲国を治めた地方官である出雲国造の称号を出雲大社の宮司は代々受け継がれ、当代で84代目である。その国造さんが、御本殿を見上げながらぽつりと言われたことがある。「前回の御遷宮の時、子どもだった私は、大人たちに次の御遷宮の時にお前は生きていないだろうねと言われたのですが、実際は古稀《こき》を迎え、こうしてお勤めすることができました」と。そのときの国造さんの、愛おしそうに御本殿を見つめる慈愛に満ちた表情が今も脳裏に焼き付いている。

御遷宮をする理由は様々いわれているけれど、御遷宮は原点回帰でもあると私は思う。人間というのは慣れてしまう生き物である。そこに何かがあることを当たり前に思い、誰かが何かをしてくれることをいつしか当たり前に思ってしまうようになる。でも、当たり前であることに慣れてしまうと、人間はどんどん怠惰《たいだ》になっていく。御遷宮というのは、もう一度原点に立ち返り、今まで神様が生かしてくださったこと、今までしてくださったことに対する感謝の気持ちを思い出し、お伝えすることなのではないかと思うのである。そうすることで、当たり前であることにどのような意味があるのか、もう一度考える機会を我々人間は頂いているのではないだろうか。

あのときの国造さんの表情は、大神様に対する60年分の感謝のお気持ちが自然と表れていたのかもしれない。国造さんのいつも優しいお顔を思い出しながら、今ふとそう思うのである。

【P.127】出雲大社の神楽殿の前で、日本最大級の大しめ縄を見上げられる彬子女王殿下。この巨大なしめ縄は、長さ13・5m、胴回り9m、重さ6t（取材当時）もあり、一般の神社とは左右逆向きに掛けられている。

天孫降臨の地、高千穂、霧島を巡る

「故《か》れ爾《ここ》に天津日子番能邇邇藝命《あまつひこほのににぎのみこと》、天之石位《あまのいわくら》を離れ、天之八重多那雲《あまのやえたなぐも》を押し分けて、伊都能知和岐知和岐《いつのちわきちわき》て天の浮橋にうきじまりそりたたして、竺紫日向之高千《つくしのひむかのたかち》穂之久士布流多気《ほのくじふるたけ》に天降《あまくだ》り坐《ま》しき」

『古事記』に記された「天孫降臨説話《てんそんこうりんせつわ》」の一節。天照大御神《あまてらすおおみかみ》の孫にあたる邇邇藝命が、高天原《たかまがはら》を離れ、何重にもなる雲を押し分けて、天の浮橋から浮島に立ち、筑紫の日向《ひむか》の高千穂のくしふる岳に降りてこられたという一場面が描かれている。この流れるように美しい調べが伝えるのは、日本という国の始まりのこと。雨上がり、雲の切れ間から差し込む幾筋もの太陽の光。そんな空を眺めると、いつもこの「天孫降臨」の場面を思い出すのは心に残るこの一節のせいだろう。

初等科の頃、私は神話を読むのが好きだった。漫画や子ども向けに書かれた『古事記』や『日本書紀』にある因幡《いなば》の白兎《しろうさぎ》や海幸彦《うみさちひこ》と山幸彦《やまさちひこ》のお話は、挿絵の絵柄まではっきりと覚えている。しかし、神話で語られる場所が存在するなど夢にも思わず、全ては絵空事だと思っていた。遠い昔に作られたお伽噺《とぎばなし》だと。

その思いが揺らいだのが、父に連れられて訪れた伊勢でのこと。初めて目にした神宮のお宮から感じる清浄な空気と威風堂々とした佇《たたず》まい。そこには本当に神様がお住まいになっておられるように思えた。それ以来、神話の世界の出来事は絵空事ではなく、もしかしたら本当なのかもしれないと思うようになった。

それから20年近くの年月を経て訪れた出雲。八百万《やおよろず》の神様が一年に一度集われる地で、再び神話への思いを新たにした。天照大御神より国譲りの指令を受けた建御雷神《たけみかづちのかみ》が、大国主大神《おおくにぬしのおおかみ》と対面した場所である稲佐《いなさ》の浜や、国譲りをされた大国主大神が隠遁された出雲大社。過去、擦り切れるほど読んだ神話の世界が自分の目の前にあった。そして出雲大社の祭祀をつかさどるために遣わされた天照大御神の孫の末裔《まつえい》、出雲国造《いずもこくそう》さんにお目にかかる。いくつもの出雲での出来事が、神話と歴史の境目を更に曖昧《あいまい》にさせる。どこまでが真実でどこまでが虚構なのか、もしかして全てが本当にあったことなのだろうか。

出雲を経験した後に知りたくなったのが神話のその先、国譲りの後に行われた天孫降臨の舞台のこと。高天原からの神々が降り立った場所とされる九州の高千穂である。福岡から陸路で熊本、宮崎、鹿児島への旅。行くところ、行くところ、感じるのは大地に漲《みなぎ》る雄々しい気の力だ。神宮や出雲で感じる清廉な気配とは別物の、もっと原始的な荒々しいもの。同じ神話の故郷であっても、出雲とはまるで違う。出雲が水なら高千穂は火、出雲が風なら高千穂は土。出雲で感じる神様の気配は、今もそこにおられるという「現在進行形」だが、高千穂は、そこにおられたに違いないという「過去形」なのである。

神話にある高千穂に降り立った神々は、邇邇藝命を無事に送り届けた後、日本全国に旅立っていかれた。それを証明するように、この地にたくさんの神々がおられるような気配はあまり感じられない。ただ、日本という国の未来を背負って高天原から降りてこられた神々の残像、その強い強いエネルギーを受け止めた痕跡が、土地に染み込み、根付いている。

高千穂の人々は、集会などで乾杯をするとき、お酒を少し地面にこぼすのだそうだ。それは、自分が口をつけるより先に、まずは神様に召し上がって頂こうという気持ちの表れだという。この行為は、土地そのものに残る神様のかつての営みの痕跡を、人々が感じ、育み、現代にまで伝えている証拠である。

日本の国の始まりの物語をたどる今回の旅。天照大御神が隠れられた天岩戸《あまのいわと》と、八百万の神々が天照大御神に出て来て頂くための相談をされた天安河原《あまのやすかわら》を訪れた。そこは足を踏み入れるのがはばかられるような、強い大地の気に満ち満ちた場所。その場の持つ雰囲気は、今回訪れた幣立《へいたて》神宮、高千穂神社、霧島神宮など全ての場所に共通する。気があるからそこに神社ができるのか。神社があるからそこに大地の気が集うのか。

天孫降臨の場所がどこかという問題は、高千穂町と霧島連峰の高千穂峰と二説あり、未だに決着がついていないそうだ。天孫降臨とは本当にあったことなのか、その場所が本当はどこにあるのか、私にはわからない。ただ、高千穂も霧島も、長い間私の思い描いていたイメージにぴったりの場所。「天孫降臨」の風景がすっと重なる。子どもの頃に絵空事だと思っていた神話の世界、少なくともこの目と体がその一端に触れたことは事実なのである。

【P.133】高千穂神社の御神楽。神々への祈りを込めて受け継がれる神話の舞。稲刈りが終わり、11月中旬から2月上旬にかけて、収穫に感謝して五穀豊穣を祈願する祭りが各集落で行われる。神様をお迎えする準備として夜を徹して舞う「三十三番の神楽」から、神様を神社にお返しする儀式まで、すべてが「高千穂の夜神楽」として国の重要無形民俗文化財に指定されている。

福島の祭りを伝える相馬の野馬追

平成9（1997）年7月。母方の従兄《いとこ》が総大将として出陣する野馬追《のまおい》を見るために、家族で相馬を訪れた。麦わら帽子にビーチサンダルで、浜辺でバーベキューをした。そのとき見た景色が今はなかった。

初めて目にする被災地の光景は、想像以上にこたえるものだった。土台だけ残った家、人気《ひとけ》のない海岸、中央部分が流されてしまった海岸線の松林……自分が知っていた景色がなくなっていたことで、震災が起こったという事実が改めて心に刺さった。今は静かな静かな海を見ながら、しばし動くことができなかった。

野馬追の舞台となる相馬市と南相馬市は、東日本大震災で大きな被害を受けた。津波で流されてしまった馬や、助かっても精神的なケアが必要になった馬も多かったそうだ。小さな頃からともに遊んだ従兄の一族に縁のお祭り。このお祭りの行く末が気になって、15年ぶりに相馬を訪れた。

野馬追は旧相馬藩領にある相馬中村神社、相馬太田神社、相馬小高神社という三妙見《みょうけん》神社が合同で執り行う神事とお祭りである。その起源は1000年以上前にさかのぼる。相馬氏の祖先である平将門《たいらのまさかど》が、下総国《しもうさのくに》相馬郡小金原《こがねはら》に野生馬を放ち、捕らえるという軍事訓練を行い、その馬を御神前に奉納したことに由来するといわれている。鎌倉幕府成立後、こういった軍事訓練は取り締まられたが、野馬追はあくまでも神事として続けられ、今に至っている。

各神社で行われる出陣式で野馬追の幕は開く。総大将お迎えの儀式の後、騎馬武者たちは各神社の御祭神が乗られた御鳳輦《ごほうれん》に供奉《ぐぶ》して、雲雀ヶ原《ひばりがはら》祭場へと向かい、宵乗競馬《よいのりくらべうま》が行われる。翌日は三軍総勢500余騎で本陣のある雲雀ヶ原へと行列。甲冑《かっちゅう》競馬と神旗争奪戦が執り行われる。3日目は野馬懸《のまかけ》。裸馬を素手で捕らえ、神馬として奉納する。こうして戦国絵巻さながらの3日間が幕を閉じるのである。

久しぶりに相馬中村神社を訪れ、15年前に訪れたときの記憶が瞼《まぶた》の裏によみがえってきた。総大将を抱く相馬中村神社での出陣式は、殊更《ことさら》に厳《おごそ》かな雰囲気に包まれている。総大将を務める従兄が鎧兜《よろいかぶと》を身に着けた威風堂々とした姿で皆の前に現れる。軽口のひとつやふたつ叩こうと思っていたのに、思わず口をつぐんでしまった。そこにはいつもふざけあっている「従兄のお兄ちゃん」ではなく、いかめしい騎馬武者たちを束ねる「相馬の若殿」がいた。

螺役《かいやく》の吹く勇壮な法螺貝《ほらがい》の調べ。跪《ひざまず》いて総大将に報告する御使番。頷いて指示を出す総大将。目の前で繰り広げられる光景に、過去にタイムスリップしてしまったかのような感覚に襲われる。

このリアリティの源となっているのは、姿形ばかりでなく、中身まで真の侍である武者たちに他ならない。本当に戦いに出陣するような気概で臨む彼らの真剣さは、自《おの》ずと観客に伝わる。彼らの一挙手一投足に惹きこまれ、固唾《かたず》をのんで見守ってしまうのである。

彼らをそこまで駆り立てる野馬追の魅力とはなんなのか、初めて見たときからずっと考えていた。今回久々に訪れた相馬で、その答えが出たような気がしている。

それは、「自分自身」が野馬追に出場するということ。

野馬追では歴史上の武将の役を演じるのではなく、一人一人が肩に自分の名前と役職が書かれた布をつけて臨む。「総大将付軍者《ぐんじゃ》の村《むら》井《い》某《なにがし》」の役は自分以外では務められない。そのプライドと責任感こそが、彼らを真の侍にし、野馬追全体に流れる緊張感を生むのである。

そして、この侍魂ともいうべき心構えは、自然と次世代へ伝わっていくようだ。若い参加者の不足を嘆く地方のお祭りが増えてきた中で、野馬追は参加したいという若者が多いのだという。「父は父ですが、野馬追のときは尊敬すべき師匠であり上司です」とさわやかに語っていた若い女武者の笑顔はとても清々しかった。

野馬追に出場する武者たちは、野馬追が終わった瞬間から次の野馬追のことを考え始めるのだという。だからこそ、震災直後の平成23（2011）年7月、野馬追を開催するかしないかを決定するまで、大変な紆《う》余《よ》曲折《きょくせつ》があったそうだ。出場される方たちやご家族、馬たちが被災したのはもちろんのこと、野馬追が行われる地域自体が放射能の影響を受けた。結局は1000有余年の歴史を絶やしてはならないと、規模を縮小して開催された。亡くなられた方々の鎮魂と地域の復興を願い、武者たちはみな喪章を身に着け、「東日本大震災復興　相馬三社野馬追」と銘打たれた。賛否両論あったというその年の野馬追。それでも、出られてよかったと武者たちは言う。沿道からの「ありがとう」という言葉が何よりうれしかったと。まだまだ復興で大変な時期。「ありがとう」の言葉は、相馬の侍魂が被災者の方たちの心に届いたからに他ならない。この侍たちがいる限り、どんなことがあっても野馬追は次世代へ繋《つな》がっていくだろう。

「野馬追があったから頑張れた」その言葉が静かに心に沁みた。

【P.139】雲雀ヶ原で行われる熱気あふれる古式競馬。白鉢巻に野袴《のばかま》、陣羽織という出で立ちで馬にまたがる騎馬武者たちが1周1kmの馬場を走り抜ける。

八幡宮
八幡宮
八幡宮

神に捧げる岩手・山田町の舞

地方の多くの伝統芸能が存続の危機に瀕《ひん》している。若者が都会に出て行くことで、担《にな》い手がいなくなったり、特殊な祭りの道具などを作れる人がいなくなり、同じ形で祭りを存続することが難しくなったり。そんなことが原因で、姿を消しつつある伝統芸能は数多い。被災地となればそれは顕著である。

岩手県山田町は東日本大震災で大きな被害を受けた。津波で町が瓦礫《がれき》の山と化した上、町内で火の手があがった。ガスボンベなどに次々と引火し、爆発して、辺りは火の海になったそうだ。しかし、水道などが止まっていたため、消火活動はできない。高台にある町役場から、未だ荒涼とした町を見つめ、町の方がぽつりと言われた。「何よりも火事で町が燃えて行く様子を、成すすべもなく見守るしかなかったのが辛かった」と。かける言葉が見つからず、私も今の町の景色を見つめることしかできなかった。

毎年9月、勇ましい「あばれ神輿《みこし》」が出ることで知られる山田祭を斎行《さいこう》する神社である山田町の大杉《おおすぎ》神社は、津波が直撃し、鳥居だけを残し、社殿やお神輿、お祭りの道具が一網打尽に流されてしまった。山田町の人たちは、子どもの頃からお囃子《はやし》を聞き、お神輿を担ぐ大人たちを見て育っている。お盆に帰省しなくても、9月のお祭りの時期に合わせて帰る人が多いくらい、お祭り好きの町民なのだそうだ。彼らの心のよりどころとも言うべきお祭りが受けた打撃。それは同じように、彼らの心にも大きな打撃を与えた。

平成24（2012）年の9月、山田町を訪れた。着いた瞬間から、町全体が熱に浮かされたような高揚感に包まれていることがわかる。前年は出せなかったお神輿が今年は出せるということで、皆の気合の入り方が違うのだそうだ。山田八幡宮から神様をお乗せしたお神輿は、筋骨隆々の男たちに担がれ、大杉神社に止まった後、「あばれ神輿」の名前そのものに、時折暴れながら町内を練り歩く。その後を八幡大神楽《はちまんだいかぐら》、境田虎舞《さかいだとらまい》、関口剣舞《せきぐちけんばい》、八木節《やぎぶし》など、郷土芸能の団体がつき従い、要所要所で舞やお囃子《はやし》を披露する。とてもにぎやかな行列である。

驚かされたのは、参加している人たちの8割が若者だったこと。金髪にピアスの男の子、女の子たちが率先して太鼓《たいこ》を叩き、笛を吹き、踊っている。「お祭りに参加するなんてダサい」とか言いそうな世代の子たちである。その子たちが大人の言うことをしっかりと聞き、楽しそうにお祭りに参加していた。日本の未来も捨てたものではない。そう思わせてくれた。

もうひとつ感じたのは、宮司さまの人望の厚さ。山田八幡宮と大杉神社の宮司を兼ねる佐藤明徳《あきなり》宮司さまが町を歩くと、皆が姿勢を正して挨拶《あいさつ》をする。老若男女問わずだ。挨拶しない子どもは、横にいる大人にぺしっと叩かれている。皆が神社、そしてお祭りを本当に大切に思っているのがよくわかる。昔の村落共同体というのは、神社を支柱に、こうして全体がまとまっていたのだろう。古き良き日本の姿を目の当たりにし、とてもあたたかい気持ちになった。

陽が落ちると、それぞれの山車《だし》に電気が灯される。昼間町内を練り歩いたお神輿は、夜になると山田八幡宮の境内に戻ってくる。境内を人々が埋め尽くし、大漁旗がそこかしこに張り巡らされ、尋常ではない熱気に包まれている。夜8時ごろ。男たちに担がれたお神輿が急な石段を上がるとき、その熱気は最高潮に達する。無事鳥居をくぐり、ご本殿の中に還御《かんぎょ》されると、地面を揺らすような大きな拍手が沸き起こった。山田の人々のお祭りにかける情熱、勢い、そして興奮。すべてが混然一体となり、その場の空気そのものが本当に「熱い」のである。ただただ「すごい」の一言だった。

翌日。今度は大杉神社にお奉りされたお神輿の前で、神事と郷土芸能の奉納が行われる。剣舞だっただろうか。3歳くらいの男の子が、少し小さめの剣を使い、年嵩《としかさ》の子たちに交じって、踊っている姿を目にした。あんな小さな男の子が、いやいやではなくきちんと踊っている。山田のお祭りが楽しい証拠だ。数年後にはあの子が本格的な衣装を身につけて踊っているに違いない。山田祭の「継承」の縮図を見たような気がした。

未だ町民の多くが、仮設住宅などでの生活を余儀なくされている山田町。私がお会いしたあるおばあちゃまに聞いた話に胸がつまった。震災で足を怪我して、ヘリコプターで病院に運ばれるとき、眼下に広がる景色を見ながら、「二度と帰ってくるか」と思ったと。でも、退院し、県外のお嬢さんのお宅に身を寄せて1か月半が経った頃。こちらの生活の方が楽に決まっているけれど、どうしても山田町に帰りたいと思い、帰ってこられたのだそうだ。今は仮設住宅に一人で住んでおられる。

なんだかわからないけれど惹かれてしまうもの。背を向けても、蓋《ふた》をしようとしても、結局立ちかえってしまうもの。それが故郷というものなのだろう。そういう場所があることを、とてもうらやましいと思った。

震災はたくさんのものを奪った。しかし、そこに残る人々の思いや心までは奪えなかった。むしろより強く結び付けたのかもしれない。人々と町を結びつけている要因のひとつは、間違いなくお祭りだ。お祭りを一日でも早く元の形に戻すことで、町外に避難している町民が戻ってくることにつながると言っておられた宮司さま。そして、そのお祭りを多くの若者が担っていることに、山田町は絶対に「大丈夫」と確信した。

9月。今年もまた山田の熱いお祭りが帰ってくる。

【P.140】岩手県山田町にある山田八幡宮で平成24（2012）年9月16日に行われた山田祭。山田八幡宮の境内で夕方から始まる宵宮祭では、郷土芸能が奉納されたあと神輿が担がれ、境内は熱気の渦に。

植物染めで日本の色を染める

「なんでや！ なんで誰も気付かへんかったんや！」そんな吉岡幸雄先生の一言で始まった今回の取材。この発言に至る経緯からご説明したいと思う。

実家の古民家を改修することにした私の友人。家の中の一斉掃除をしたところ、おばあさまの部屋の簞笥《たんす》から正絹の白生地の反物が出てきた。昔は染める前の白い生地をお祝いなどに贈る風習があったらしいのだが、染められずに残っていたのだそうだ。自分が持っていても使わないのでよかったらと、着物好きの私にその反物をくれたのだけれど、さてどうしたものか。頂いたその真っ白い反物は、表面にやや経年変化とシミがあるが、とても品のよい柄で質もよさそうである。せっかくなので染めて仕立てられないだろうかと思い、植物染めで有名な吉岡先生の工房に持っていってご相談した。

反物をお見せすると、問題なく染められるとのこと。そして、「せっかくだから自分で染めてみるか？」と先生。自分で染めた着物ができるのは素敵だと思い、挑戦することにした。そして迎えた染色当日。すでに反物はお湯を通すなどの下処理が終えられており、染められるのを待つだけの状態。何色がいいかな、などと色のサンプル集をぱらぱらとめくりながらおしゃべりをしていると、工房のスタッフの方がおずおずと先生に声をかけた。

「先生、この反物、羽尺《はじゃく》です……」

これで冒頭の「なんでや！」発言につながるのである。なんと、我々全員が着《き》尺《じゃく》（着物に仕立てられる長さ）だと思っていた白生地の反物。羽織にしかできない長さだったのである。そもそも半年ほど前の号に掲載する予定だった今回のお話。羽織にするのであれば、秋冬号でなければ合わないし、そもそも羽織は武家のものであるとされ、皇族は着る習慣がない。別の白生地の着尺の反物を染めるか。でも、せっかくだから長い眠りから覚めた白生地を生かしたい。スタッフ一同頭をフル回転させながら何が最善の方法か考えた。吉岡先生は今までに見たことがないくらい焦っておられるし、事情もわからないまま連れてこられただけのカメラマンのイトウさんは所在無げにおろおろ。結局「羽織にするかどうかは別にして、とりあえず染めてみよう」ということになった。その決断が下された時のイトウさんのほっとした表情が忘れられない。

出だしからてんやわんやの染色体験。あれこれ悩んだ挙句、染める色は茜《あかね》と刈《かり》安《やす》を重ねた「曙色《あけぼのいろ》」にすることに決めた。染色の始まりは水通しから。反物をタライに入れた水につけて手前から前方へ送ってゆく。ひと通り終えると、今度はそれを手前に手繰り寄せる。この工程を2往復。一年中温度の変わらない地下水の程よい冷たさが心地よい。さて、いよいよ染めの工程。最初は黄色から。つまり今回の手順は刈安で黄色に染めた後に茜色を重ねるのだという。刈安を煮ると、煮汁がどんどん黄色く染まっていく。この黄色の染液を大きなステンレスの容器に入った40度〜50度くらいのお湯に注ぎ入れると、ふんわりとやわらかな黄色に染まる。お湯を使うのは染料を染み込みやすくするためだそうだ。

これで準備は完了。いよいよ緊張の一瞬。真っ白な反物をこの染液に投入して、反物の両端を持ち、水通しの時と同じように繰っていく。ずっと生地を動かしておかないと、色ムラが出るので気が抜けない。最後まで行ったら逆戻り。その工程を15分間繰り返す。

白い生地がゆっくりゆっくりと色を変えていく。そのペースは本当にわずかずつ。でも着実に生地が色付いていく様子に胸が高鳴る。1回目の染色の後、ほのかに黄色に染まった反物。水通しをして、余分な染料を洗い流す。次に、みょうばんと少量のお酢を混ぜた媒染液に浸して、これまでと同じように反物を液の中で繰る。媒染とは、染めた色を定着させるための工程である。15分後、媒染を終えた反物は、明らかにさっきよりも鮮やかな色をたたえている。学生時代、化学は苦手だった私だが、化学反応の素晴らしさに感動。そしてこの技術は、化学の知識など存在しなかった平安時代から変わらない技法であるのにも驚かされた。

さて、今回の染色体験。一反の反物を最初から最後まで、私が一人で染めるのは大変だということで、助っ人を頼んでいた。友人3人と、和樂の編集さんが2人。染めと媒染の工程が15分ずつあるので、一人ずつ交代でまわしましょうという話になっていた。1回目の染めを私がやり、水通しと媒染を友人。2回目の染めに順番が廻ってきたのが本連載の担当編集者、ニイさんである。とても器用そうに見えるのだが、反物を繰る手元がおぼつかない。「空気が生地と液の間に入ってしまうとムラになる」という先生の話が全員の脳裏をよぎる。2分くらいが経過した頃、ニイさんの「先生ー!!」という悲壮な声。自分のせいでこの企画が台無しになるのだけは避けなければと思ったらしい。結局先生にバトンタッチ。そしてその後から、染めの工程は着る私が責任を持って全部やり、媒染の工程を友人たちが交代でやってくれることになった。

初日は黄色を2回染めて、茜色を3回。翌日に茜色をもう2回染めて、ようやく私の曙色が仕上がった。でも、植物染めの反物は染め終えた時の色と、乾いて湯のしをした後の色とでは、かなり風合いが変わるのだそうだ。そして「何を仕立てるか」という問題については、検討の末、和装コートに仕立てて頂くこととなった。

古民家での反物発見から約2年。染色から半年が経過して、ようやく曙色が私の手元に戻ってきた。思わず陽の光の下で手を通してしまったそれは、落ち着いたやわらかな風合いのコートになっていた。初めての和装コート。今年の冬のお出かけが楽しみである。

【P.151】染料から抽出した液を入れた染浴の中で、地入れした布を繰りながら器用な手つきで染色される彬子女王殿下。傍らで吉岡幸雄さんがにこやかに監督。

日本文化の記憶の種を蒔く

「日本文化」とはなんだろうか、とふと考えるときがある。日本で古くから行われてきた手間暇かけた手仕事であったり、師匠から弟子へと脈々と受け継がれてきた芸であったり。でも、とかくこういったものは「素人には理解できないもの」と思われてしまい、現代の日本人の生活の中から離れてきてしまっているような気がする。

はたして、日本文化とはそんなに難しいものだろうか。もともと生活の中にあったものを、生活の中で生かしていく、それが日本文化だと私は思う。畳《たたみ》の上でごろごろして、いい匂いだなと思う。窓の外から聞こえてくる鈴虫の声に秋を感じる。白いご飯とお味噌汁にほっとする。こうした気持ちこそが日本文化の根底を担っていると思う。そしてそれを大切だと思う人がいる限り、日本文化は残っていくはずである。

ただ、残念なことに畳の匂いも鈴虫の声も経験したことのない子どもが今の時代にはたくさんいる。かろうじて私の世代くらいまでは、神社の境内で虫捕りをしたとか、おじいちゃんに歌舞伎に連れて行ってもらったとかいう思い出のある人たちがいると思う。でも今、そのような思い出を持つ子どもたちは本当に少なくなってしまった。鎮守《ちんじゅ》の杜の蟬《せみ》の声も、初めて歌舞伎を見たときの驚きも、その記憶がなければ思い出すことも、大切だと思うこともできない。日本の未来を担っていく子どもたちが大人になったときに芽が出ることを願いながら、日本文化の記憶の種を蒔いてあげることができないだろうか。その思いから始めたのが「心游舎《しんゆうしゃ》」という団体である。

心游舎は、かつて文化人が集い、文化の発信拠点であったお寺や神社を舞台に、様々な伝統芸能・文化や美術工芸の担い手たちを招いて、子どもたちに本物の日本文化を伝えていくための活動を行っている。目指すところは、いわゆる現代版の「寺子屋」だ。

右も左もわからない状態のまま始動した心游舎の最初の活動が、太宰府天満宮幼稚園における和菓子プロジェクトだった。

日本という国の素晴らしさを子どもたちが自ら感じ取る舞台を提供することが心游舎の一番の役割。その素材として最初に我々が選んだのが和菓子である。日本という国の風土を語るとき、一番の特徴ともいえるのが四季の移り変わりだ。

和菓子にはその四季の変化が色濃く反映されている。海外で長く生活をしたけれど、お菓子屋さんに並ぶケーキは一年中同じ。日本のように、夏の水羊羹やかき氷に涼感を覚え、栗や柿のお菓子が出てきたことで秋を感じるようなことはできない。和菓子は四季の美しさに根差した日本美の象徴ともいえるのかもしれない。

1回目のワークショップは、まず様々なお菓子を「和菓子」「洋菓子」「スナック菓子」に分けることから始めることにした。おまんじゅう、シュークリーム、ポテトチップス、大福にクッキーなど、普段から慣れ親しんだお菓子が子どもたちの目の前に並ぶ。最初は好き勝手に動いていた子どもたちが、和菓子博士（プロジェクトに協力してくださっている地元の和菓子店の社長さん）のヒントを聞くとみるみるうちに変化する。「これはあんこを使っているから和菓子」などと、きちんと考えて分類するようになるのである。最後の答え合わせの時には、もう何が和菓子で洋菓子か理解している子どもたちから自然に沸き起こった幼稚園の床を揺らすほどの和菓子コール！　教室の熱気と一体感にただただ感動。心游舎を始めたことの意義を初めて感じられた出来事だった。

翌日は和菓子の広がりを知ってもらうため、和菓子博士が梅、びわ、あじさい、紅葉《もみじ》などを和菓子に変身させた。博士の魔法に子どもたちは大興奮。自分たちの身近にある植物が和菓子になることや和菓子に込められた季節感に気付いてくれたようだった。

ひと月後には和菓子博士の和菓子工場を見学。そして秋祭りの時に天神様にご奉納する和菓子のアイディアを思い思いに粘土で子どもたちに作ってもらった。ここで驚かされたのは大人たちだった。粘土細工だったので、自分が好きなアニメのキャラクターなどを作る子がいるかなと私は何となく思っていた。でも、そんな子は誰ひとりとしていなかった。梅や朝顔、どら焼きに鮎など、本当に和菓子らしいものをみんなが作っていたのだ。

このワークショップを粘土作りのところから始めていたら、それこそキャラクターのものを作った子がいたかもしれない。でも、和菓子がどんなものかを知るところから始め、工場見学に行って和菓子がどのように作られるかをきちんと理解した子どもたちは違っていた。子どもたちは和菓子とは何かの本質をきちんと摑んでいたのだ。「子どもだからわからないだろう」と思うのは大人のエゴなのだと実感した。

そして、何よりうれしかったのは、こしあんと粒あんの違いもわからず、「和菓子はそんなに食べない」と言っていた子どもたちが、一連のワークショップが終わるころには、みんな和菓子好きになっていたこと。「あんみつが好き」「砂糖は嫌いだけど、和菓子に入っている砂糖は好き!」元気な子どもたちの言葉のひとつひとつが私には本当に大きな力になった。

「楽しい時間は早く過ぎる」

和菓子ワークショップに参加してくれたある園児が私にくれた言葉である。彼らが楽しいと思ってくれる限り、このプロジェクトの継続にはきっと意味があると信じたい。記憶の種が芽を出すか出さないか、それが5年後になるのか20年後になるのかは子どもたち自身に任せなければならないけれど、私たちはその記憶の種を蒔く作業をこれからも続けて行きたいと思っている。

【P.157】平安時代から続くという太宰府天満宮の神幸式大祭に、子どもたちが自らの手でつくった和菓子を奉納する様子。

太宰府天満宮は「生きている」

「伝統を守るということは100年後のスタンダードを作ることだ」

私が敬愛して止まない、太宰府天満宮の西高辻信良《にしたかつじのぶよし》宮司さま（取材当時）の言葉である。神社というのはとかく保守的な場所である。新しいことを始めようとすると、批判が出たりもする。でも、宮司さまは東大寺の大仏も、日光東照宮も当時の最先端の技術や材料を駆使して造られたもの。今の時代の最先端の取り組みで、今ある伝統を守っていくことが、100年後、500年後に残るものを生むと考えておられる。

だから、太宰府天満宮はいつも変化をし続ける。若手の神職さんたちが日夜会議を重ね、リニューアルしたホームページはわかりやすくておしゃれだし、お守りの授与所で頂ける紙袋は、街で持ち歩きたくなるくらいかわいい。宝物殿では、「太宰府天満宮アートプログラム」として、様々な現代アーティストを招き、彼らが太宰府に来て感じた心で作品を制作してもらい、展示するという活動も折々に行っている。

神社と現代アートという、ともすればミスマッチに思われがちなふたつ。でも、神社とアートのかかわりは深い。神社は日本で最初の美術館だと私は思うのである。

日本人が初めて公共の場で鑑賞できるようになった「アート」作品。それは絵《え》馬《ま》である。当代一流の画師《がし》たちが絵馬を描き、奉納する。それらを展示するために神社では絵馬堂が建てられ、たくさんの人たちが素晴らしい画師の作品を身近に鑑賞できるようになった。人々はそこで最新のアートに出会い、画師たちはそれぞれの技を競い、そこから最先端の文化が発信されていったのである。

神社はいつの時代も現代アートの展示施設であった。神社界では革新的といわれるアートプログラムも、江戸時代となんら変わりない、昔から神社で行われていることの延長線上なのだ。太宰府天満宮の絵馬堂には、江戸時代の絵馬と現代アーティストのマイケル・リンが奉納した絵馬が並んでいる。それらは何の違和感もなく、周囲の景色になじんでいる。文化というのは生活の中に息づいてこそ文化といえると私はよく言うのだけれど、これはまさに生きた文化そのもの。訪れるたびに私は、太宰府天満宮は「生きている」と感じるのである。

太宰府天満宮が「生きている」と思う理由がもう一つある。それは、太宰府の人たちと「天神さま」の距離の近さである。太宰府天満宮幼稚園の子どもたちは、毎朝御本殿の方向を向いてお参りをする。悪いことをすると、「天神さまが見ていらっしゃいますよ」と怒られる。すると子どもたちは決まって申し訳なさそうな顔をする。天神さまは子どもたちと共にある。いつもそう感じさせてくれるのだ。

そして、それは子どもだけではない。去年（2012年）、太宰府天満宮の秋のお祭り「神幸式大祭《しんこうしきたいさい》」に参列させて頂いた時のことである。神幸式大祭は太宰府天満宮の一番大きなお祭り。天神さまの御神霊をお慰めし、皇室の安泰と国家の平安を祈り、五穀豊穣《ほうじょう》を感謝するためのお祭りが5日間にわたって行われる。お祭りのハイライトは、御神霊を奉安した御神輿《みこし》が天満宮から道真公がお住まいになっていた榎社《えのきしゃ》までお渡りになり、一晩を過ごされた後、また天満宮にお戻りになる「お下りの儀」と「お上りの儀」。美しく装飾された御神輿に、宮司さまを始めとする500人余りの奉仕方が供奉《ぐぶ》し、太鼓と鐘の音に導かれながら厳かに沿道を進む。その様子は、思わずはっと口をつぐんでしまうほど、荘厳で気高い行列だった。通り過ぎられた後も、その後ろ姿をずっとずっと見つめてしまった。

ふと我に返ってあたりを見回す。すると、あることに気が付いた。天神さまの御神輿が前を通るとき、観光客らしい人は別にして、沿道の人たちがその場にしゃがんで頭を垂れるのである。誰かがそうしてくださいと言って回っているわけではない。皆が自然とその行動をとっている。日本全国いろいろなお祭りを見てきたけれど、こんな光景は今まで見たことがなかった。

沿道のお店や家々には「献燈」と書かれた提灯《ちょうちん》が吊るされ、家の人たちが集まって、玄関先で天神さまのお通りを待っている。子どもたちがお神輿を追いかけて走っていく。何か特別な歌や踊りはない。屋台が出ているわけでもなければ、花火があるわけでもない。ただ、太宰府の人たちは純粋に、1年に一度天神さまが天満宮を出られ、太宰府の街に下りてこられるのを楽しみにしてお迎えされているのである。生きた天神信仰を目の当たりにし、心の底から感動した。

宮司さまは、「100年前の人にも、100年後の人にも、同じ太宰府天満宮の景色を見てほしい」とよく言われる。太宰府天満宮には樹齢1500年を超えるという樟《くすのき》がある。樟は、天満宮が創建される前からその場所にあり、雨の日も風の日も天満宮の歴史を見守り続けている。天満宮を訪れる人たちは必ずこの樟を見る。楽しい思いで訪れる人ばかりではないはずだ。辛い悲しい思いを抱えた人もたくさんいるに違いない。でも、樟を見たら絶対にほっとする。それは、いつどんな思いでこの場所を訪れても、変わらない樟が迎えてくれるという安心感なのだろうと思う。

１００年後がどんな世界になっているのか想像もつかないけれど、太宰府天満宮は生きている。太宰府天満宮と天神さまを大切に思う人がいる限り。境内を見つめる樟と共に、50年後も、１００年後も、そしてきっと１０００年後も。宮司さまの夢は叶う。私はそう確信している。

【P.１５８】太宰府天満宮の境内にて、樹齢１５００年以上といわれる大樟を前に、西高辻信良宮司と語らわれる彬子女王殿下。

古代宮中の女性の嗜み、京繡

女性ならではの（もちろん男性で好きな方もたくさんおられるけれど）趣味の一つとして手芸を挙げる人は多いと思う。私も編み物は好きで、一時期はよくマフラーやセーター、帽子などを作っていたし、クロスステッチに凝っていた時もあったのだけれど、裁縫というのはどちらかといえば苦手なほうだ。こう見えて（？）意外と大雑把《おおざっぱ》で、えいやっ！といろいろなことを勢いでやってしまうタイプなので、「正確さ」と「繊細さ」を求められる仕事はあまり向いていないのである。中でも正確さと繊細さの最高峰ともいえるような刺繡の世界はとても縁遠いと思っていた。

京繡の伝統工芸士である長艸敏明《ながくさとしあき》先生と純恵《すみえ》先生に初めて出会ったのは、慈照寺《じしょうじ》の研修道場である。ご夫妻でお花を習いに来ておられ、慈照寺での仕事の際に着る着物を誂えさせて頂いたことからご縁ができ、折々にお話をさせて頂くようになった。先生が能衣装の制作や祇園祭《ぎおんまつり》の山鉾の懸装品《けそうひん》の修復に協力されたり、パリのエルメス本店のウィンドウ・ディスプレイなどを手掛けられたりして、世界的に評価されていることは以前から知っており、その作品をテレビや雑誌などで目にしては、すごいお仕事だなぁと思っていた。実際に工房に足を運び、作業を間近で拝見させて頂くようになって、その緻密な手仕事にさらに頭が下がるようになった。いつも飄々《ひょうひょう》として、随所でちくりちくりと刺す楽しいお話が魅力的な敏明先生が、針と糸を手にするといつもの笑顔が消え、厳しい職人の顔になる。一針一針作品に魂が込められていく様子は、まるで一篇のドラマのようで、いつしかその場にいたみながしーんと黙って、先生の作業に見入っていたのだった。

　現存する日本最古の刺繍作品は、推古天皇30（622）年に作られた《天寿国《てんじゅこく》繡帳《しゅうちょう》》である。聖徳太子の妃であった橘大郎女《たちばなのおおいらつめ》が太子の死を悼《いた》み、推古天皇《すいこてんのう》に願い出て、太子が往生した天寿国の様子を羅《ら》に刺繍させたもので、現在は奈良の中宮寺に伝えられている。刺繍は3世紀頃に日本に伝来したといわれており、古代の宮中の女性たちのたしなみの一つであったようだ。《天寿国繡帳》は、渡来人の職人たちが下絵を描いて監督をし、宮中に仕えた采女《うねめ》たちが刺繍したものだという。

　長艸先生は、この《天寿国繡帳》の復元を試みられている。これがなかなかの大仕事で、構想を始められたのは7年以上前。試行錯誤で羅の生地の復元に取り組むことから始め、刺繍の作業を開始できたのは3年ほどたってから。そして未だ完成してはいないのだとか。実際の《天寿国繍帳》は、5人ほどの采女たちによって1年くらいで完成したと考えられている。刺繍の専門家ではなく、一介の女官である采女たちがこれほどまでに細密な作品を作れるということは、当時の刺繍技術がいかに高く、広く浸透していたものであったかがうかがえる。

しかし、平安時代に入り、刺繍は日本の女性の生活習慣から離れていったようだ。ヨーロッパの貴族の婦人たちのたしなみとして、刺繍が近代に至るまで残っていたこととは対照的である。これは、平安時代、女性たちの衣装がだいぶ様変わりしたことと、東洋刺繍がより鑑賞的な方向へ、西洋刺繍がより実用的な方向へと分かれていったことによるものらしい。いわれてみると、十二単《じゅうにひとえ》に大規模な刺繍を施す必要はないし、ヨーロッパでは中世から近代まで、刺繍は貴族たちの衣装から日用品のハンカチに至るまで様々なところにあふれている。日本で刺繍が特別な贅沢品として、使用する個人ではなく、職人に作らせるものに変化していった理由に納得。そして貴族のたしなみとして刺繍が残らなかったことに、世が世なら絶対にたしなまざるを得なかったであろう私は、ほっと胸をなでおろしたりもするのである。

長艸先生にうかがったお話でもうひとつ印象的だったのは針の話。日本の刺繍針は、縫針や外国の刺繡針とは違い、糸を通す穴が針の直径よりも大きく、扁平《へんぺい》になっているのだそうだ。これは、針を刺す時に針の穴によって絹生地を押し広げ、針が通る時に生地が傷まないようにする工夫なのだという。そしてこの針を作れる職人さんはもう一人しかいなくなってしまったのだとか。

確かに普通の針で縫物をすると、針が生地を通り抜ける時に鈍い音がし、ほどいてやり直しをしたりすると、縫い跡に大きな穴が開き、生地がだいぶ傷んでいることがある（もしかしたら私の技術的な問題かもしれない）。それを日本刺繡の針ではある程度防ぐことができるのだそうだ。

大きな穴が開かなければ、より緻密で華麗な作品を作ることができる。鑑賞品として、より美しい作品を仕上げることが求められた日本刺繡。針もその目的のために変化していったのである。その変化の仕方というのも何だか日本らしくていいなと思う。職人の飽くなき探求心と向上心が日本刺繡を発展させ、世界に誇る日本の文化に押し上げた。その歴史そのものが長艸先生の生きざまにも重なって見え、やはり先生の天職はここにあるのだと改めて思った。

純恵先生には、「刺繡のお教室に通ってみませんか？」と度々に声をかけて頂いている。工房の皆さんのようにはとてもなれないし、絶対に向いていないだろうと思うのだけれど、この大雑把な性格が少しでも改善するのであればいいかもしれないな、と少し心揺れる今日この頃である。

【P.169】長艸敏明さんが愛用している刺繡用の様々な針。【P.170】彬子女王殿下が長艸繡巧房で誂えられた着物。白い帯には鮮明な色が冴えるお守り袋が刺繡で描かれている。

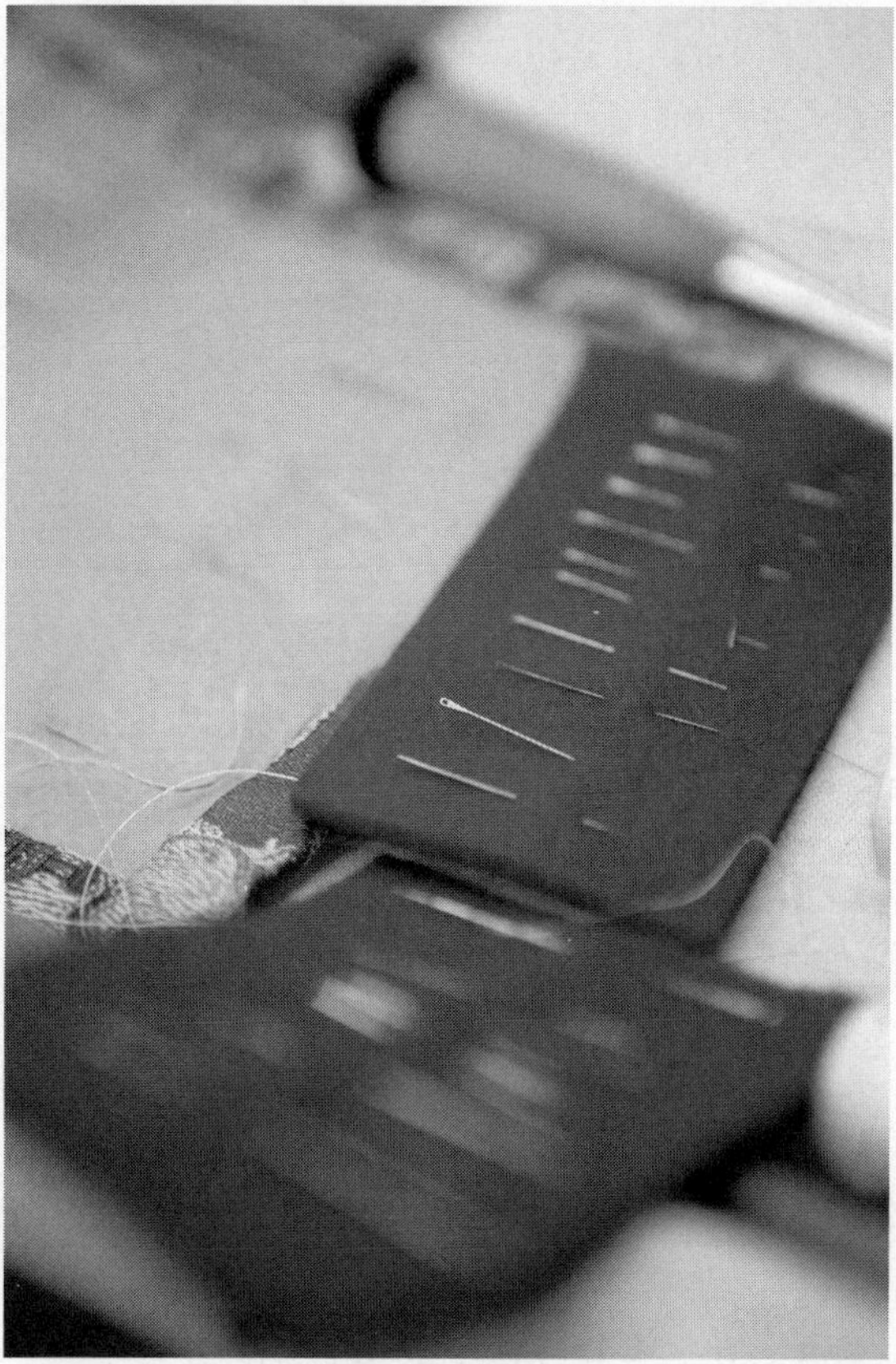

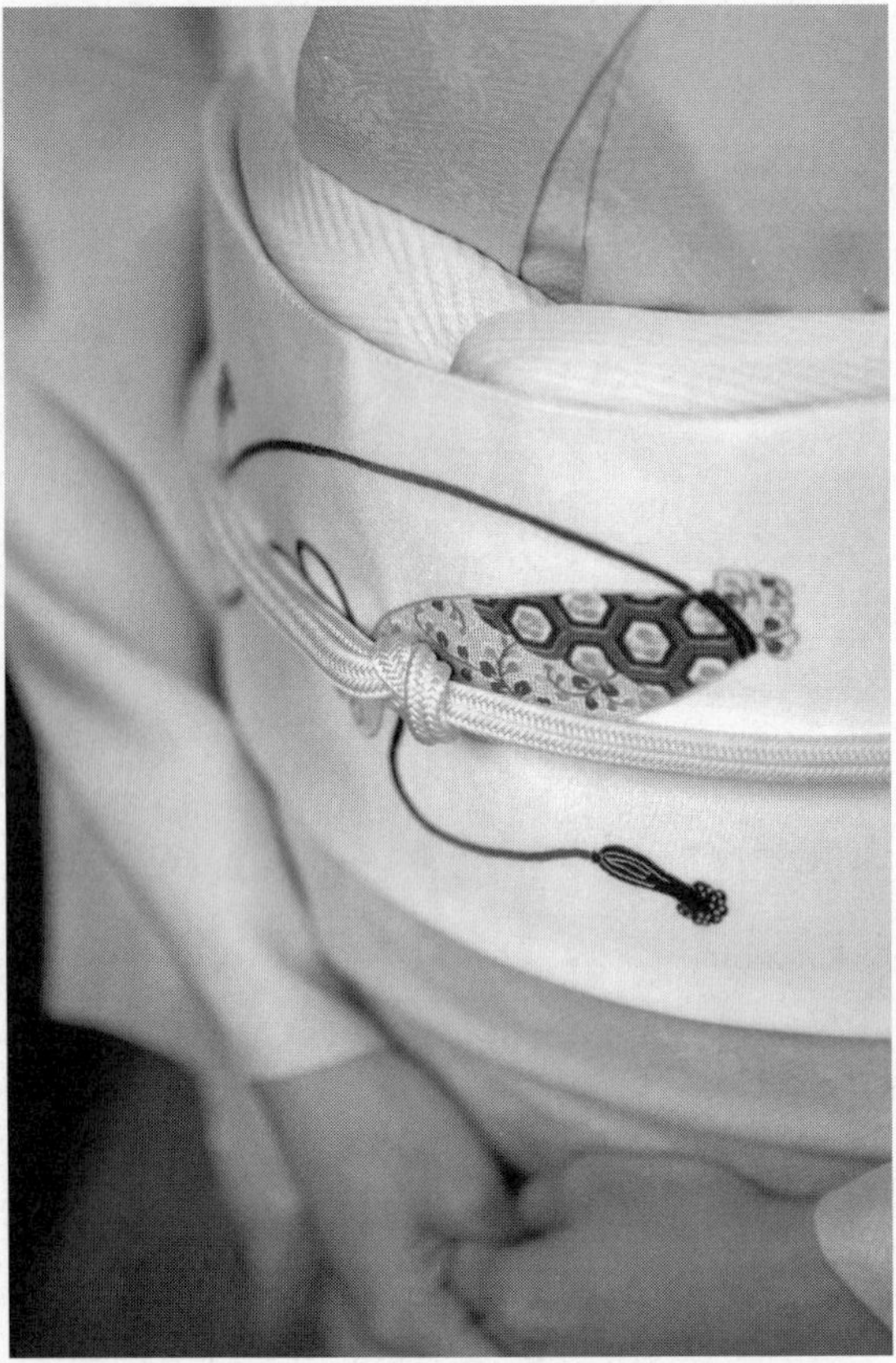

熊野古道、祈りの道を歩く

大英博物館のリーディングルームから二度追放された日本人がいる。

大英博物館の長い歴史を彩る珍事件の一つとして、よく知られた話である。その当事者の名前は南方熊楠《みなかたくまぐす》。和歌山県出身の博物学者である。原因は東洋人蔑視などによる閲覧者とのトラブルとされているが、黙々と書物を読みふける典型的な学究肌で、日本の宗教などについて学芸員にアドバイスを行うなど、館内では重宝がられていたようだ。南方熊楠顕彰館《けんしょうかん》に残されている、細かい字でびっしりと書き込まれたロンドン時代の抜書きを見ると、その神経質そうな人柄がうかがえる。私の博士論文にもたびたび登場した熊楠。蒐集されたおびただしい資料に初めて触れ、論文に書いたことがようやく実体化したような気がした。

その熊楠が帰国後尽力したのが、明治39（1906）年に布告された神社合祀《ごうし》令《れい》への反対運動である。土着の信仰や習俗が失われ、鎮守の杜の生態系が崩れることを憂えたのである。10年にも及ぶ熊楠の抵抗運動はついに実を結び、大正7（1918）年、神社合祀無益の決議が国会で採択された。以降熊楠は、貴重な自然の産物を天然記念物として保護することを働きかけるようになる。平成16（2004）年に世界遺産に登録された熊野古道には、樹齢800年を超える巨木が多数あるが、熊楠がいなければ伐採され、世界遺産登録もあり得なかったといわれている。

熊楠が守った熊野古道。それは、かつて多くの天皇・皇族・貴族がこぞって詣でたという祈りの道。後白河上皇《ごしらかわじょうこう》を34回も誘わせ、熊楠を執着させた熊野路の魅力とはいったい何なのだろうか。それが知りたくて、私も熊野の地を訪ねた。

足を踏み入れた瞬間、何だか「不思議」だと思った。熊野古道は、熊野三山（熊野本宮大社、熊野速玉大社、熊野那智大社）をつなぐ参詣道である。神社をつなぐ道であるのに、伊勢や出雲で味わうあの「神様がおられる」感じとは別物の空気感。神々しいというよりは、なんだかもっと原始的な力を感じるのである。

これは熊野が様々な信仰の力が合わさった場所だからなのかもしれない。熊野三山は、古来山岳信仰である修験道の修行の場所でもある。熊野三社の三神は本宮が阿弥陀如来《あみだにょらい》、速玉が薬師如来、那智が観音菩薩の熊野三所権現と呼ばれ、仏教的な信仰も厚い。一遍上人は、熊野に参籠して熊野権現の神勅を受け、時宗《じしゅう》を開いたといわれている。たとえるならば、日本における聖地中の聖地とでも言うべき場所なのである。

その聖地を自分の足で歩いた。人工のものがほとんど目に入らない中世そのままの道。歩いていると、そこかしこに歯痛を治してくれるといわれているお地蔵さんや途中で行き倒れになってしまった人の供養碑など、ふと手を合わせたくなるような標が置かれている。本当に文字通り「祈りの道」なのだ。

森の力を感じながら歩みを進め、伏拝王子《ふしおがみおうじ》という小さな王子社の跡にたどり着いた。眼下に広がった景色を見て思わず息をのんだ。熊野本宮大社が一望できたのである。熊野詣をする人々は、まず熊野本宮大社を目指す。難行苦行の山道を乗り越え、初めて目にする本宮大社（現在の大斎原《おおゆのはら》）のありがたさに、人々が伏して拝んだことからこの地名がついたといわれているが、実際に歩いてみてその気持ちが本当によくわかった。私も思わず遠くのお社に向かって手を合わせ、しばしその雄大な景色に見入ってしまったのだった。

熊野を訪ねる中で、どうしても行ってみたかった場所がある。熊野速玉大社の摂社である神倉神社《かみくらじんじゃ》である。神倉山の山頂にあり、熊野権現が最初に降臨した場所といわれている。熊野の原点。その空気にどうしても触れたかった。

でも、その道はなかなかに厳しい。５３８段あるという鎌倉積みの石段を上らなければならないのである。石段下に立ち、ぎょっとした。壁かと見まごうばかりの急勾配《きゅうこうばい》である。さながらロッククライミングのように、石に手をかけながら上る。でも、毎年2月6日に挙行される御燈祭《おとうまつり》では、２０００人ほどの上《あが》り子たちが白装束に身を包み、松明《たいまつ》を持ってこの石段を駆け下りるのだという。信じられない。そして今まで重傷者が出たことがないという事実に完全に絶句。やはり神様のご加護があるに違いないのだ。

ようやくたどり着き、ぱっと開けた視界に飛び込んできたのは、ゴトビキ（方言でヒキガエルという意味）岩と呼ばれる巨岩。そのヒキガエルの形をした岩が、静かに、どっしりと新宮の町を見つめていた。その姿を見た瞬間、ああ、この町は神様に守られている。そう思った。

本地垂迹《ほんじすいじゃく》思想に基づき、現世における極楽浄土とみなされた熊野。一歩一歩神様に近づいていくという感覚。ようやくたどり着いた時の喜び。そのために人々は歩く。ゴトビキ岩を仰ぎ見ながら、速玉大社の宮司さまが言われた。「苦労の末にしか浄土はないのです」と。仏教も神道も修験道もない。この思想の向こう側に共通してあるのは、純粋な自然崇拝のカタチなのではないだろうか。

しかし、自然は時に猛威をふるう。今回の旅の最終目的地点である那智の滝に到達した時、その思いは確信に変わった。平成23（2011）年の台風12号の残した大きな傷跡。人知を超えた力を持つ自然を軽視してはいけないと教えてくれているような気がした。

熊楠が守ったもの。そして守りたかったもの。それは自然を畏れ、敬う心だったのではないだろうか。

【P.176〜177】継桜《つぎざくら》王子社にある野中の一方杉。熊野九十九王子とは、大阪から熊野三山に至るまでの途次、難行苦行の信仰をつなぐために設けられた神社で、熊野に詣でる上皇や女院の休憩所となったところ。熊野聖域に入るスタート地である滝尻王子から熊野本宮に至る約38㎞の間には19の王子が点在している。また熊野古道には南方熊楠の手により守られた見事な杉林が残っている。

鞠の精と人間が戯れ遊ぶ蹴鞠

「あ、これクラークさんのところで見た屏風と同じですね！」

ある日、根津美術館を訪れた私についていたモテギ護衛官が言った。日本美術を専攻している私に付き合って、全く専門外の数々の展覧会や作品調査に付き合わなければいけない我が家の側衛たち。とりあえず一周警戒した後、なかなか出てこない私を外で本を読みながら待っている側衛もいるが、モテギは私が連れまわしているうちにいつの間にやら結構な日本美術通になってしまった。

モテギが言ったのは、カリフォルニアのクラーク日本美術・文化研究センターの作品調査をしていたときに見た屏風と、今目の前に展示されている屏風の図様が同じだという意味である。「ほらほら、着物の文様とかは違いますけど、構図がほとんど同じですよ！」と指さしながら、にこにこ嬉しそうに屏風を眺めている。

本当だ。言われるまで全く気付かなかった。おまけに遠い異国の地で見たものと同じだと本職の私より先に気付くとはなかなかやるではないか。「お見それしました」と頭を垂れた。

私はそれまで、興味がないのに私の趣味に付き合わせてしまって、側衛には申し訳ないなといつも思っていた。でも、この根津美術館での一件は、側衛がその仕事の時間を、私と同じように楽しんでもくれるのだということを感じることのできたとても嬉しい出来事だったので、今でもよく覚えている。

その時の屏風が《桜下蹴鞠図《おうかけまりず》》だった。桜の木の下で平安貴族たちが蹴鞠に興じる様子が描かれた作品である。この2点のほかにも同じ構図の作品が何点か知られており、広く好まれた画題であったことがうかがえる。そういえば、源氏物語で柏木《かしわぎ》が女三宮《おんなさんのみや》を垣間見したのも、桜の木の下での蹴鞠のシーンではなかっただろうか。桜と蹴鞠はよく似合う。それ以来何だか「蹴鞠」というものが少し気になる存在になっていったのである。

それから数年後。桜と蹴鞠が似合うのには理由があるということがわかった。蹴鞠をする場所を鞠庭《まりば》といい、鞠庭の四方には松、桜、柳、楓《かえで》という式《しき》（四季）木を植えることが定められているのだそうだ。《桜下蹴鞠図》の式木は桜が4本だったけれど、なるほど、あれは本当の鞠庭だったのだ。絵画の中に平安時代の文化がきちんと描き残されていたことに今更ながら感心してしまった。

これを知ることになったのは、鞠の神様を祀る白峯神宮で行われている蹴鞠保存会の練習に参加させて頂いたからである。「口で説明するより、実際にやってみたほうがわかるから!」と、あれよあれよという間に鞠庭に引き出されてしまった。運動神経が悪いわけではないと思うけれど、できる運動とできない運動の差が激しい。中でも大きな球を使う球技は苦手なのである(いや、むしろテニス以外の球技はできないというべきか)。

始めてみると当然私一人がしっちゃかめっちゃかである。「ひょえ〜」「はっ」「えいっ」「あれ?」などと奇声を上げながら鞠を蹴る私に皆さん苦笑い。「蹴るときはアリ!と言ってください」と注意された。アリというのは鞠の精の名前で、鞠の精が鞠に移り、長く続くことを願って声をかけるのだそうだ。呼吸を整え、「アリ!」と言いながら蹴ってみると、いい音がして、前にきれいに飛んで行った。それはとても気持ちのよい瞬間だった。

蹴りながらふと気になったのは鞠のこと。蹴るとぺこっとへこむが、真ん中をとんとんと叩くと元に戻る。実際にやってみるまで、私は鞠というのは普通のボールのように中に何か入ったもっと固いものだと思い込んでいた。でもどうやら中は空洞らしいのだ。どういう仕組みになっているのか聞いてみると、丸く切った2枚の鹿革に切れ目を入れ、馬の背筋の革で閉じてあるとのこと。どうしてこんなにきれいに丸くなっているのかというと、閉じ目の小さな穴から米粒（昔は麦の粒）をぎゅうぎゅうに詰め込んで内側から膨らませ、形を整えてから米粒を抜き、最後に閉じる。いわば革でできた紙風船のような仕組みだそうだ。

きれいな丸い形にするのも、米粒を詰めるのも抜くのも大変な作業なのだそうで、今この鞠を作れるのはただ一人だけ。蹴鞠保存会の会員のお一人が昔の史料を研究し、試行錯誤を重ね、地道に作られている。

そうして出来上がった鞠はなんだか生き生きとして、それぞれ個性があるのが不思議だ。新しい鞠は真っ白で艶々として、「どうだいっ」とばかりに誇らしげだし、10年以上蹴られ続けてちょっとくたびれて柔らかくなった鞠も、なんだかいじらしくて愛嬌があるのである。これはやはり鞠の精の仕業なのだろうか。

私はそれまで蹴鞠はスポーツの一種だとずっと思っていた。でも蹴鞠はスポーツというよりは遊戯で、勝ち負けはない。肉体的な技術を見せるのではなく、あくまでも「うるわしく」「優雅に」鞠を蹴らなければならない。

きっと蹴鞠というのは、鞠の精と人間が戯れ遊ぶ時間なのだろう。それは本当に幸福なひとときで、初めてで下手っぴの私でも、とてもとても楽しかった。あの屏風のように、桜の木の下で優雅に鞠を蹴れるようになるまでにはどれだけ時間がかかるかわからない。でも、あの幸せな時間をまた体験してみたいと思っている。

私のプロフィールの趣味欄に、「蹴鞠」と書かれる日が来る……だろうか。

【P.183、184】上賀茂神社の紀元祭で行われた蹴鞠の奉納。蹴り上げた鞠の回転を「色」というが、色が美しく、蹴ったときの音がよく、高さが1丈5尺（約4・5m）ほどに上がるのがよい鞠とされているそうだ。また、鞠を蹴る作法は、摺り足で、右、左、右の足の運びの3拍子に合わせて、必ず右足の拇趾《おやゆび》の付け根で、なるべく低い位置で蹴る。ひざは曲げずに伸ばしたままがよい。

縄文の土偶に思いを馳せて

大英博物館と土偶には意外なかかわりがある。

「土偶」と言われた時に、多くの方がイメージされるのは、大きな腫れぼったい目をした宇宙人のような形状の遮光器土偶《しゃこうきどぐう》ではないだろうか。これは、明治23（1890）年、大英博物館を訪れた考古学者の坪井正五郎《つぼいしょうごろう》が、イヌイットが雪に反射する太陽光を遮るために使う、狭い横線の隙間のある木製の雪中遮光器（サングラスのようなもの）が展示されているのを見て、日本の土偶に似たものがあるということで名付けたものである。

土偶と縁の深い大英博物館で、2009年の秋、The Power of Dogu（「土偶の力」）展が開催された。文化庁の後援により、展示された土偶のほとんどが国宝・重要文化財に指定されたものという特別な展覧会。今まで土偶に特化した展覧会は、日本でもほとんど開催されたことがなく、これだけの規模のものはもちろん初めてのことである。ヨーロッパ唯一の縄文考古学者で、展覧会の監修者であるサイモン・ケイナーは、「ばらばらの場所で作られた土偶たちが、5000年の時を経て、日本を離れたロンドンの地で初めて出会うことができたのです」と、一堂に会した土偶たちを見ながら目を細めていた。英国側からの強い働きかけで実現したこの出会い。なんともロマンティックで粋なはからいではないか。

展示室の中でひときわ精彩を放っていたのが、長野からやってきた土偶2体。尖石《とがりいし》縄文考古館の《縄文のビーナス》と《仮面の女神》である。青葉が瑞々《みずみず》しく美しい八ヶ岳の写真パネルを背景に佇むこの力強い2体の前で、足を止め、思いを馳せている様子の外国人たちのどれだけ多かったことか。説明を読まなくても、それが何だかわからなくても自然と伝わる魅力。土偶そのものの持つ原始の力に来場者は惹きつけられているようだった。

その女神たちに会いに久しぶりに長野を訪れた。大英博物館と同じように、ひとつの展示室で仲良く並んでいる2体の土偶。今回は背景に八ヶ岳は見えないけれど、たった今見てきたばかりの本当の八ヶ岳の景色を頭に描く。彼らが生まれた土地にいるからだろうか。何だかその場の空気とすんなりなじんで、とても生き生きとして見えた。

縄文の人たちは彼らにどのような思いをかけたのだろう。

まだまだ謎の多い土偶。乳房や膨らんだ腹部などを誇張した表現がみられることから、豊穣や多産を祈る女神（地母神《じぼしん》）信仰の偶像として解釈されることが多い。でも、私は初めて土偶について学んだ初等科生の頃から謎に思っていたことがある。多産はわかる。でも、日本で稲作が盛んになる弥生時代には土偶は姿を消している。豊穣について祈るためのものなら、弥生時代にこそ役割を果たすものではないのだろうか。教科書にもちろん答えはなく、その後も明確な答えを見つけられないまま20年以上が過ぎ、そしていつしかそんなことを疑問に思っていたことすら忘れてしまった。

その長年の疑問の記憶が、あることをきっかけに呼び覚まされた。

２００９年の大英博物館。土偶展に合わせてロンドンにいらしていた、土偶研究の第一人者である文化庁の原田昌幸《はらだまさゆき》氏が、展覧会の案内をしてくださった。原田氏が土偶に興味を持たれたきっかけは、小学生の頃、歴史の先生に「近くの畑に行ったら、縄文土器の破片が拾えるよ」と教えてもらったことだったのだという。その帰り道に畑に行ったら、本当に縄目の文様がついた土器片がたくさん落ちているのを発見し、何千年も前の人間の手によって作られたものが自分のすぐ身近にあったこと、そしてそれを手にすることができたことに感激し、考古学の道を志されたのだそうだ。

今も土器片を見つけたその時の少年のようにきらきらした目で、土偶について熱っぽく語ってくださる原田氏のお話を聞いているうち、いつしか私も初等科時代の自分に立ちかえっていた。そこで私は、子どもの頃から抱えていた疑問を原田氏にぶつけてみたのだ。「なぜ土偶は弥生時代になったら作られなくなるのか」と。

原田氏の答えは明確だった。稲作自体は縄文晩期から始まっているが、狩猟や採集も並行して行われていた。こういった自然からの豊かな恵みを祈る祭祀の際に土偶は使われたのではないかという。しかし、大陸から入ってきた完全な稲作中心の生活に切り替わった時、宗教改革も行われた。安定して作物が供給される環境になったことで、狩猟や採集の成功を祈る必要がなくなってしまった。こういった理由で、弥生時代になると土偶は作られなくなっていくと考えられていま す、と淀みなく語られる原田氏のお話は、本当にあっという間だった。話が終わっていたことにも一瞬気づかないほど、土偶の世界の面白さに気持ちが高揚していた。積年の謎がするすると解け、展覧会を見終わる頃には、すっかり私は土偶に心をつかまれていた。

大英博物館での原田氏のお話は、私に初等科時代の純粋な探究心を思い出させてくれた。原田氏のように考古学を志すまでには至らなかったけれど、今では博物館のギャラリーで土偶を見ながらぼんやり過ごすのが幸せである。そんな私は、今回井戸尻《いどじり》考古館で、初めて土偶を自然光の下で見られるという機会に恵まれた。長野の山々を背景に佇む土偶の姿を見て、自然の恵みをこの土偶に託した縄文人たちの思いが少し理解できたような気がした。

【P.190】縄文時代の土偶で初めて国宝に指定された《縄文のビーナス》(茅野市尖石縄文考古館蔵)。高さ27cm、重量2・14kgという大型の土偶が、珍しく完全な形のまま発掘された(棚畑遺跡出土)。切れ長の吊り上がった目や、尖った鼻、針で刺したような小さな穴やおちょぼ口は、八ヶ岳山麓の縄文時代中期の土偶に見られる顔の特徴。【P.191】縄文中期の深鉢(茅野市尖石縄文考古館蔵)。高さ31・5cm、口縁部には把っ手があり、力強い隆帯が絡んで複雑な文様がつけられている。土器の文様は、機能や装飾を目的とするのではなく、特定の観念や祈りを物語として表現していると考えられている。

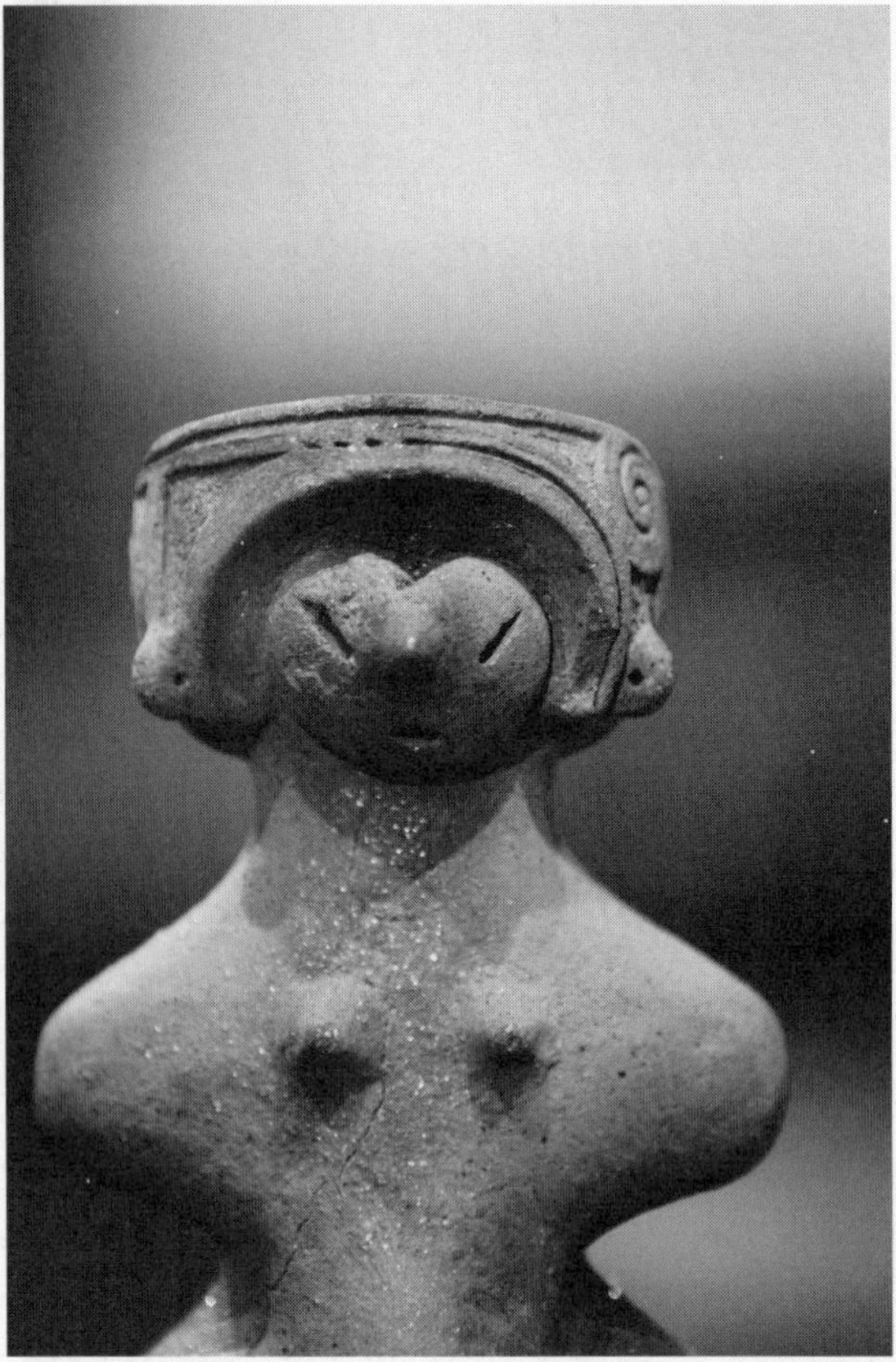

日本の珈琲文化を考える

喫茶店が好きだ。カフェではなくて喫茶店。出てくるのはカフェラテではなくてカフェオレ。お髭のマスターが蝶ネクタイをして、年季の入った銀やホーローのポットでこぽこぽとドリップ珈琲を淹《い》れている。カランコロンとベルが鳴るドアを開けると、ふわっと珈琲の香りが鼻をくすぐる。そんな昔ながらの喫茶店。

喫茶店は日本が世界に誇るべき文化である、と私は思う。日本の喫茶店は、入ると何だかほっとするような不思議な雰囲気を持っている。これまでヨーロッパのいろいろな街を訪れてきたけれど、日本のような喫茶店には出会ったことがない。だったらアメリカはどうかとカリフォルニア在住の友人に聞いてみると、「近所にそんな感じの店があるよ。あ、でもあの店のオーナーは日本人だ」とのお答え。さて、一体どういうことなのだろう。

いろいろな資料を調べ、いろいろな人に話を聞いて、私が辿り着いた一つの結論。「喫茶店」は日本独特の珈琲文化であるということだ。珈琲を喫する文化がヨーロッパから入ってきたことは間違いない。もしかしたら、日本の喫茶店のような場所が過去にヨーロッパにあったのかもしれない。しかし彼の地では姿を消してしまい、日本にしか残らなかった。まるでシルクロードを経てもたらされた正倉院の宝物のような話なのである。

日本に初めて珈琲が入ってきたのは江戸時代のこと。寛政7(1795)年の『長崎見聞録』には「かうひいとは蛮人煎飲する豆にて……日本の茶を喫する如く、常に服するなり」とある。出島に出入りするオランダ商人によってもたらされ、長崎では遊郭の遊女たちに飲まれるなど、特定の層の間では比較的簡単に手に入るものだったらしい。

しかし珈琲が全国的に飲まれるようになるのは、明治時代以降のこと。明治21(1888)年に開店した、東京は下谷西黒門町《したやにしくろもんちょう》(現在の上野)の「可否茶館《かひさかん》」が日本で最初の喫茶店であるとされている。時は鹿鳴館華やかなりし頃。上流階級のみの閉鎖的な空間であった鹿鳴館に対抗し、庶民が気軽に集い、珈琲を飲みながら文化交流ができる場としてオープンした。珈琲を飲むことができるだけではなく、ビリヤードや囲碁将棋などの遊具の他、国内外の新聞や書籍、化粧室やシャワー室まで完備した複合レジャー施設だったらしい。可否茶館は、経営難によりわずか5年でその歴史を終えた。しかし、「庶民のための文化サロン」というコンセプトは後続の喫茶店によって継承され、珈琲文化は日本中に広がっていったのである。町の小さな喫茶店に常連のお客さんが集っては、おしゃべりをして帰っていく。そんな光景はこの日本で最初の喫茶店に端を発しているのだ。

こうして広まった喫茶店と珈琲文化。太平洋戦争で一時途切れたものの、戦後の都市復興の流れの中で復活し、人々の交流の場、情報交換の場としての役割を取り戻した。1950年代に一世を風靡《ふうび》したのが、クラシックな内装にオープンカウンター、世界各国の産地別の本格的な珈琲を味わえるというスタイル。焙煎にもこだわった店主オリジナルのブレンド珈琲を独自の製法で淹れ、おしゃれなカップで供する。今我々が思い描く喫茶店の原型がこの頃生まれた。自宅で簡単に珈琲を楽しむことのできなかった時代。珈琲を飲むという非日常を最大限に演出するために、当時の日本人が抱いていた外国へのイメージと憧れが凝縮され、喫茶店の内装として表現されたのである。

そもそも日本人は、外国の文化を取り入れ、自分のものにして表現するのが得意な民族である。元々あったものに、新しく入ってきたものを当てはめ、応用し、別の文化として発展させる。例えば、室町時代の画師である雪舟《せっしゅう》が日本美術史の中であれほど評価されているのは、単なる中国の模倣ではなく、中国の画法を取り入れた独自の様式を確立したからであるとされている。

珈琲がこれほどまでに浸透したのも、もともと日本に喫茶文化が根付いていたからに他ならない。効率化を追求し、大量生産・大量消費があたりまえの戦後の世の中にあっても、ドリップやサイフォンで一杯ずつ珈琲を淹れるスタイルが残り続けた。これはお客様一人ひとりのために時間をかけ、心を込めてお茶を点てる・淹れるという、茶の湯や煎茶の持つもてなしの精神と結び付くものがあるに違いない。「喫茶店」がお茶ではなく珈琲を喫する場所であることに、我々が違和感を覚えないこともそう考えれば納得できる。

「日本の珈琲はおいしい」

日本を訪れたことのある外国の友人たちからよく聞く言葉である。そのおいしい珈琲一滴一滴は、日本全国の喫茶店店主たちによって高められてきた技術と知識の結晶である。おいしくない訳はないのだ。

近年、アメリカやドイツでは日本スタイルの喫茶店が増えてきているらしい。日本の珈琲の秘密を学ぶために、海外からわざわざ勉強をしに来るのだそうだ。日本の喫茶店が海外へ。今度は正倉院の宝物が逆のルートを辿るのだ。それは世界の人々に日本の珈琲文化、そしてもてなしの精神の奥深さを証明する第一歩となるに違いない。

【P.197、198】珈琲の旨さで定評のあるカフェ・バッハの工場で、生豆の選別や焙煎、抽出までをご見学された。彬子女王殿下は客の目の前で珈琲を淹れる作法に茶道のおもかげを見出された。

銀閣寺・東求堂同仁斎の書院飾り

風の音を聞く。風にのって様々な音が聞こえてくる。池の水音、虫や鳥の声、葉摺れの音……いつの間にか自分がその景色に一体化してしまったような気持ちになり、その場から離れられなくなる。いつの間にか時が過ぎ、そしてなんだかほっとしてうとうととまどろんでしまう。皆さんにはそんな場所がおありだろうか。

東求堂同仁斎《とうぐどうどうじんさい》は私にとってのそんな場所である。

銀閣寺の名で知られる京都東山の慈照寺《じしょうじ》。足利義政の建造した山荘東山殿を、遺命により没後に禅寺としたのが始まりである。東求堂は義政公の持仏堂で、同仁斎はその中にある書斎のことをいう。義政公はこの場所で、書物を読み、茶を喫し、花を愛《め》で、文化人たちとの語らいの時間を持ったとされている。

慈照寺を初めて訪れたのは高等科の修学旅行のときだった。以来何度も京都を訪れ、京都に居を構えた後もなぜか足を向けていなかった慈照寺。友人に連れられ、二度目に山門をくぐったのは平成23（2011）年の春のことである。ちょうど春の特別拝観期間の最中で、運よく東求堂にご案内頂くことができた。

修学旅行のときは外から眺めるだけだった東求堂。同仁斎に足を踏み入れると、不思議なあたたかい空気に包まれる。たった四畳半の部屋がとても広く感じる。付書院という外に張り出した文机。書籍や文房具を置くための違棚《ちがいだな》。歴史や美術史の教科書でおなじみの座敷飾りである。付書院の奥の障子を少し開けると、目の前には庭の緑が広がる。四角に切り取られたあざやかな景色は、まるで一幅の絵画のようである。庭の自然と同仁斎の書院飾りが一体となり、ひとつの完結した芸術作品になっていた。

空間そのものが共鳴して一つの美を生み出す。この仕組みのカギとなっているのが、付書院の右端に置かれた一軸の巻子《かんす》、《君台観左右帳記》である。「くんだいかんそうちょうき」と読む。その名が示す通り、君の台観の左右、つまり将軍の部屋の飾りについて記した書物という意味である。将軍の近くで雑務や芸能に従事する、いわゆる同朋衆《どうぼうしゅう》として義政公に仕えた能阿弥《のうあみ》の手によるもので、室町時代に成立した唐物《からもの》（中国文物）の鑑賞・鑑識などに関する秘伝書だ。内容は、中国画家のランク付け、座敷飾りの図解、茶道具の鑑識や使い方の三部に分かれている。当時の美術品鑑賞のあり方を伝える貴重な資料である。この書物のおかげで、現代に生きる我々も義政公が目にしていた書院飾りを再現でき、同じ景色を体感することができてしまうのである。

義政公が実際に愛でた道具の数々が《君台観左右帳記》に従ってしつらえられている。そのひとつひとつが生き生きとして思わず手を触れたくなるものばかり。すると、隣にいた友人が言った。「同仁斎はいわばオタクの趣味の部屋ですね」と。なるほど、苦労して集めた文房具はレアなフィギュアと同じだ。訪ねてきた友人たちに見せて楽しむ。喉が渇いたら、傍らにある舶来のこだわりの茶器にお茶をいれてふるまったのだろう。そう言われてみると、この部屋の居心地のよさも合点がいく。趣味を同じくする人たちが集まり、語らい合った部屋。そんな場所が落ち着かない場所であるわけがないのだ。

そのように考えれば、同仁斎の名前の由来にも合点がいく。同仁とは、唐の韓《かん》愈《ゆ》の「聖人一視而同仁《せいじんいっしどうじん》」という一節に因《ちな》んでいる。差別をせず、全ての人を平等に愛するという意味だ。義政公が、この場所では身分は関係なく、対等な立場で語り合いたいと願ったからであろう。だからこそ、この部屋から感じ取れる空気はあたたかいのである。

義政公がまだこの東山山荘にあったころ、東求堂の前には蓮池が広がっていたといわれている。慈照寺の本山にあたる相国寺《しょうこくじ》内の蔭凉軒主《いんりょうけんしゅ》の公用日記である『蔭凉軒日録』には、文明17（1485）年、義政公から「本尊弥陀三尊の堂前には蓮池あるべし」と指示があったことが記されている。また翌年には東寺に池の蓮を献上するように命が下ったとの記録もある。毎日阿弥陀様の前でお勤めをし、極楽浄土に見立てた池の蓮を眺めていた義政公。

　蓮を愛した義政公のコレクションには、蓮を描いた作品も多い。蓮の花がお供えされるとお堂がふっと華やぐ。義政公の蓮への思いを知った今、慈照寺に蓮の花が似合うのは、義政公の遺志が今もなお生きているからなのだと思う。

　ただひとつ残念なのは、東求堂の前の池に今蓮の花はなく、義政公が愛した景色がそこにはないこと。現在の文化財修復の観点からいくと、修復を始めた時点の状態を維持しつづけることが目的となる。いくら文献に記載があっても室町時代に義政公が望んだ景色に戻すのは難しいのだという。

　今年（2012年）の4月から慈照寺で美術研究員として勤務することとなり、東求堂からの景色を眺める機会も増えた。その度に「義政公の愛した景色を見てみたい」と思う。そして、その日が来るのを願いながら、今はなき水面の蓮華を胸に思い描くのである。

【P.204〜205】義政公の持仏堂である東求堂の建立は文明18（1486）年。池に面して建てられており、大きさは3間半四方。正面左に2間の仏間があり、右奥には同仁斎と呼ばれる義政公の書斎がある。同仁斎は、書院造や草庵茶室の源流として日本建築史上貴重な遺構のひとつ。その書斎の北側に設けられた付書院と違棚の部分。現存最古の座敷飾りとされ、義政公の秘伝書『君台観左右帳記』を基に書院飾りがしつらえられている

王朝人が愛した桂離宮、月の宮へ

「道の一筋進みなば高根の花もかざすべく月の桂も手折られん」

学習院女子部の卒業式で歌われる貞明《ていめい》皇后の御歌の一節である。月の桂は、中国古代の伝説にある、月に生えているという高さ500丈(約1500メートル)あるという決して切ることのできない桂の木のこと。「月の桂を折る」とは科挙の試験に合格することを言ったそうだ。つまり、昭憲皇太后《しょうけんこうたいごう》の御歌「金剛石・水は器」にある教えを守れば、高く困難な目標であっても成し遂げることができる、という意味なのだが、女子部の頃からロマンティックに響く「月の桂」というフレーズがとても好きだった。そんな私が、桂離宮が月を観るために設計された建物だということを知ったのはいつの頃だっただろう。

桂離宮とは、京都の桂にある離宮である。元々は八条宮《はちじょうのみや》家の別荘として、初代智仁《としひと》親王、二代智忠《としただ》親王親子によって17世紀に造営された。桂という地名は、奈良時代に未開の地であったこの地域を開拓した大陸からの帰化人が、「月の桂」の故事から命名したという。当時から月の名所として聞こえ高い場所だったのだろう。

月を観るために建てられたことは、建築の随所からうかがい知れる。「月見台」、「浮月の手水鉢《ちょうずばち》」、「月見橋」、「月波楼《げっぱろう》」、月の字を模《かたど》った襖《ふすま》の引き手、月の字崩しの欄間など、月にまつわる名称や装飾が数多くあるのである。

そして、書院は一瞬でも早く月の姿を見るために、一般的な建造物に比べると高床で、月を屋根が遮《さえぎ》らないように軒が短く切り詰められている。更に、建物の向く方角も月を基準に決められている。寝殿造《しんでんづくり》と呼ばれる貴族の邸宅の正面は、一般的に南に向けて建てられる。そのため、通常の観月は月が見やすい邸宅の東側で行われていたとされている。しかし、桂離宮の中心建築である書院は、真南から29度東にずれた方角を向いている。桂離宮が創建された元和元（１６１５）年の中秋の名月の月の出の方位は東南29度。その方角は、桂離宮の書院の方位とぴったりと一致するのだという。これほどまでにこだわり抜いて作り上げた桂離宮で、初めて月を見上げた智仁親王の感激はいかばかりであっただろう。

それから約４００年の時がたち、かつてここから月を眺めていた主人はもういない。離宮は今も変わらず月と共にあるのだろうか。午後7時。今まで何度も訪れたことのある場所なのに、今回は粛々《しゅくしゅく》と何かを待っているような風情を帯びている。庭の飛び石の間隔は、ゆっくり進んで欲しい場所は大幅に、早く歩いて欲しい場所は小刻みに取られている。庭のリズムに自分の身体を委ねながら足を進める。きっとこの時から、既に私は桂離宮の月夜が生み出す幽玄の世界に誘われていたのだろう。一歩進む度に変わる景色を眺めながら庭園の中の茶屋の一つである松琴亭《しょうきんてい》に向かった。

松琴亭の御座敷から、書院の向こう側で刻一刻とその装いを変えて行く空の色を見つめる。仄暗《ほのぐら》くなるに従って、徐々に現実世界と切り離されていく。いつもなら耳障りなはずの阪急電車の音も何だか心地よい。「日が暮れる」という毎日繰り返されているはずの風景に、これほどまでに心動かされたのは初めてだった。

ついに陽が落ち、夕闇が訪れた。書院に移動し、東の空に向かうと、池の向こう側の木の間から満月がゆっくりと姿を見せる。その柔らかで凜とした光は、一瞬でその場にいた者の心と声を奪ってしまった。月の光とはこんなにも明るいものだっただろうか。電気の光に染められて、現代人が忘れつつある月の光の輝きは、その場を八条宮家の別荘に戻してしまったようだった。お会いしたこともない智仁親王が、満足げな微笑みを浮かべながらこちらをご覧になっているような気がした。

時の流れに身を任せていると、懐中電灯の光やカメラのシャッター音の存在が煩わしく思えてくる。どんなに良いカメラを使ったとしても、あの感動を写真におさめることはできないだろう。故に私はこの甘美なひとときを心に焼き付けることに決めた。心を澄ませていると、五感が研ぎ澄まされていく。虫や蛙の鳴き声、遠くの木々のさざめき、水面に顔を出した鯉の水音、池に映る月の色、吹き込んできた風がすらりと頬をなぜる感触……頭の上からつま先まで、身体全体にこのまたとない一瞬一瞬を刻みつけた。

桂離宮での観月に、智仁、智忠親王親子は何を求めたのだろう。それは決して楽しいものばかりではなく、一抹の寂しさを伴うものであったのかもしれない。私はあの場でにぎやかにお酒を酌み交わすような気持にはなれなかった。心にぽつんと切なさのようなものが生まれ、それが広がる。そして、月に魅入られたとでも言うのだろうか、「ただずっと月を見つめていたい」と思った。月の輝きと一筋の孤独。それは、かつての住人たちが桂離宮に遺していったもの。

【P.211】桂離宮の松琴亭。一の間の床と襖は、藍色も鮮やかな石畳模様の意匠。ブルーノ・タウトは桂離宮に日本の美を見た。

大徳寺真珠庵の庭を愛でる

庭というものは季節によってその装いを変える。春と秋では全く趣の異なる庭園も数多い。桜の名所が紅葉の名所になるとは限らない。そんな中にあって、大《だい》徳寺真珠庵《とくじしんじゅあん》のお庭は、装いは変えても、その与える印象は一年中安定して変わらないような気がする。冬枯れの景色の中、ひときわ映える深緑の松葉の上に純白の雪がうっすらと積もった様子も格別だし、夏の暑い日、傍らに蚊取り線香をくゆらせながら、団扇《うちわ》片手に縁側でぼんやりするのもなかなか味わいがある。でも、私はいつもこのお庭に不思議な「安心感」を覚えるのである。

その真珠庵のお庭が劇的に変化するのが秋である。はらはらと舞い落ちる真っ赤な紅葉の葉とそれを受け止めるふかふかの苔の姿は、長い間見ていても飽きることがない。その美しい秋の情景を一番楽しむことができるのは、真珠庵の奥にひっそりと佇《たたず》む茶室、庭玉軒《ていぎょくけん》の中ではないだろうか。

庭玉軒は、その優美な茶風から「姫宗和《そうわ》」と言われた茶人、金森《かなもり》宗和好みの茶室。雪国出身の宗和らしく、積雪を考えて蹲踞《つくばい》を建物の中に入れた作りになっているのが特徴である。これにより、蹲踞に張られた水は凍らず、客は体についた雪を中で払うことができるという心配りといわれている。

でも、この茶室の見どころは、光の美しさだと私は思う。蹲踞が内側にあることで、二重になった障子から茶室の中にはやわらかな光が入り込む。そして、北側にある連子窓《れんじまど》の桟《さん》に裏の生け垣の色が反射して、障子に映る影がうっすらと虹色に見えるのである。この効果を見越して窓と生け垣が設計されていることは言うまでもない。普段からそれだけ美しいのに、秋はその影が紅葉を反射して赤味を帯びる。鮮烈ではないが、ほんのりと色付いた赤と黒の影のコントラストは、日本の秋の情景の粋中の粋だと思う。穏やかな日差しと少しぴりりとした冷たさが混じる空気の中で、はっきりと見ることのできない秋を肌で感じる。気付くと時を忘れ、その場に根が生えたように座り続けている自分がいるのである。

このように、庭玉軒の秋の趣は少し特別かもしれないが、その居心地の良さはいつも同じ。それは、侘び茶の祖とされる村田珠光《むらたじゅこう》作と伝えられる方丈《ほうじょう》の東庭も同様である。7・5・3と15個の石が配置されていることから、「七五三の庭」とも呼ばれているこの枯山水の庭園は、しなやかな強さとふんわりと漂うあたたかさが同居している。見る人によっては、見せる顔が変わるお庭かもしれない。

今は木立に覆われ、背の高い建物が立つようになって、その景色を見ることはかなわなくなってしまったが、昔はこのお庭から葵祭の行列も見えたのだと言う。都の北端、紫野《むらさきの》の地から見下ろす当時の京都盆地はどのような風景だったのだろう。このお寺の開祖、一休《いっきゅう》和尚の生きておられた時代から京都の町はどのように変わっていったのだろう。もしも時間旅行ができるなら、このお庭ができた室町時代に飛んで行き、このお庭から見下ろす都の景色を早送りで現代まで見てみたらきっと面白いに違いない。そんな本当は見えない景色を心の中に思い描きながら縁側に座ってみるのもまた一興である。

真珠庵のお庭を眺めながら、この「安心感」はどこからくるものなのかと改めて思う。もちろん答えの出ない問題だけれど、私は、真珠庵を取り巻くものたちが「一休和尚のために作られた」という共通点があるからなのではないか、と思っている。

真珠庵は一休和尚を開祖として創建された寺だが、一休和尚自身は真珠庵に住したことはない。建物は一度応仁《おうにん》の乱で焼失するが、一休に帰依《きえ》した堺の豪商、尾和宗臨《おわそうりん》によって再建され、一休の弟子を住持《じゅうじ》として再興した。本堂に安置される木造の坐像《ざぞう》は、一休和尚の弟子の手により、本人の遺髪を使って作られたものである。方丈の東庭を設計したといわれる村田珠光も、一休和尚のもとで禅を学び、茶禅一味の真理を得て、侘び茶の基礎を築いた。このような関係があり、珠光が一休和尚ゆかりのお寺に庭園を作るに至ったであろうことは容易に想像できる。このように、たくさんの人たちの一休和尚への思いがこのお寺の様々な場所に込められているのである。

一休和尚を直接知る人たちの手で、一休和尚のために作られたという共通点が、真珠庵の空間全体にまとまりを作り上げ、ほっとするような居心地のよさを生み出しているのではないかと私は思う。思えば、一休和尚を慕って集まった文化人は数多い。村田珠光しかり、連歌の祖とされる宗長《そうちょう》しかり。能楽の金春禅竹《こんぱるぜんちく》や俳諧の山崎宗鑑《やまざきそうかん》、画師の曾我蛇足《そがだそく》などもその一員であった。珠光から茶の湯が始まり、能楽からは狂言や歌舞伎、連歌や俳諧からは俳句や川柳などが生まれていったことを思えば、一休和尚の文化サロンは、日本文化の源流といっても過言ではないだろう。日本文化の粋が凝縮された場所、真珠庵。その居心地のよさは、一休和尚の文化サロンの居心地のよい空気をその空間から感じ、日本文化の原点に立ち返ることができるからなのかもしれない。

【P.217】一休宗純《そうじゅん》を開祖として創建された大徳寺真珠庵。一休和尚の坐像が安置されている方丈（重要文化財）の内から障子越しに南庭を眺める。築地塀《ついじべい》を背に杉苔が敷かれた庭には松が1本。かつて、真珠庵を文化サロンとして取り巻いていた多くの文化人たちが、ここで座禅をして眺めたであろう景色。

Stories
of
Last Artisans

最後の職人
ものがたり

はじめに

「最後の職人」は、日本中にどれだけいるのだろうか。その人がいなくなれば、絶えてしまう技術。それは、日本文化を守る最後の砦であるけれど、ともすれば、すんでのところでどうにか持ちこたえている擦り切れかけた綱のような存在でもある。

この数年間、たくさんの最後の職人にお会いすることができた。職人さんたちの思いは、百人百様。静かに自分で幕を引こうとされている人も、この技術をなんとか次世代に伝えようという意欲に満ち溢れている人も、なるようにしかなりませんからねと穏やかにほほ笑む人も。日本文化を未来に残していくために、自分は何ができるのだろうかと思いながら続けてきた職人さんに出会う旅。私が行きついた答えは、「伝統とは残すものではなく、残るもの」であるような気がしている。

今日までその技術が残ってきたのには理由がある。そして、その技術が失われるのにもまた理由があるのである。人間がいくらあがいても抗えないものはある。今できることは、大切な日本文化が「残る」ための未来を、私たちの力で作っていくことではないだろうか。

烏帽子

職人 四津谷敬一さん（富山県富山市）

日本文化を未来に残していくために今何ができるのか。そんなことを考え始めてもう何年になるだろうか。作家さんや職人さんにお会いして、お話をうかがう機会が増えたが、ご説明をいただく中で「これを作ってくれる職人さんは、もう一人しかいないんですよ」という言葉をよく耳にする。せっかく継承する技術は残っているのに、それを支える様々な素材や道具などがなくなりつつあるがために、残していくことが困難になっている日本文化が数多くあることを知ることになる。そしていつのころからか、そのなくなりゆく日本文化の最後の砦ともいうべき「最後の職人」の方々にお話を聞いてみたいと思うようになったのである。

最初に取り上げるのは、烏帽子《えぼし》。私が烏帽子に興味を持ったのは、以前蹴鞠《けまり》の取材で装束について教えていただいたときのことである。鞠を蹴る人にも位があり、位が高くなるにつれて、烏帽子の模様の目（「しぼ」「さび」という）が粗くなるのだそうだ。普段神社を訪れ、烏帽子をかぶった神職さんたちにお目にかかる機会が多いが、その模様の粗さに違いがあるなど全く気にしていなかった。以来、気付くと烏帽子に目が行くようになってしまったのである。

もともとは、貴族から庶民までかぶる、成人男性になくてはならない服飾品であった烏帽子。冠《かんむり》は中国や朝鮮でも例があるけれど、烏帽子は日本独自に発達したもののひとつ。でも、今は神職さんくらいしかかぶっている姿を見かけなくなってしまった。その全国の神職さんからの烏帽子の注文を引き受ける四津谷《よつたに》さんの工房を富山に訪ねた。

四津谷立《たて》烏帽子専門店の四津谷敬一《けいいち》さんは、50年近く烏帽子作りに携わる熟練の職人さんだ。京都には、「烏帽子屋町」という地名が残るとおり、往時は何十軒も軒を連ねていたという烏帽子屋も数が減り、材料の仕入れから仕上げまですべてを手掛ける職人は、現在四津谷さんだけなのだという。

四津谷さんの烏帽子の特徴はその軽さ。軽さの秘密は、100~150年前の帳簿や教本などの古紙だ。昔ながらの和紙は薄くて破れにくく、時代が下がった和紙は化学塗料が入っていたりして破れやすいのだとか。中国製のものなどは、洋紙を使っているので重たく、すぐぼろぼろになってしまうという。工房には、四津谷さんが古本屋さんや骨董市などで長年かけて集めた古紙の束が所狭しと並んでいる。「もう次の代までは大丈夫ですわ」と紙を眺めながら笑う四津谷さんの柔和な笑顔が印象的だった。

烏帽子作りの基本は、烏帽子の全体を形作る和紙に模様をつける作業。模様のついた銅板の型の上に濡らしてくしゃくしゃにした和紙を置き、ささらというブラシのような道具でひたすら叩《たた》く。強すぎても破れてしまうし、弱すぎても模様がきれいに出ない。加減がとても難しいのだそうだ。その上に黒く色を塗った和紙を置き、さらに叩く。出来上がったら天日で乾かし、乾いたら柿渋《かきしぶ》を塗る。ただの古紙が徐々に烏帽子の姿に近づいていく過程が面白い。

模様がついた紙同士や、厚紙で作った縁をつなぐのは小麦粉を練って作った糊《のり》。炭火で温めたこてを押しつけるようにして接着すると、お煎餅を焼いたような香ばしい香りがふんわりと広がる。これが昔から変わらない烏帽子作りの香りなのだろう。

この工程を過ぎると、急に烏帽子らしい形になってくる。不要な部分を切り取り、柿渋を塗ってやわらかくした紙を温めた金属の型に巻きつけ、形を作っていく。糊とこてを使って接着し、錐《きり》を使って上手にしわを寄せていくと、見る見るうちに見慣れた烏帽子の形になっていく。普段は穏やかな表情の四津谷さんも、作業をされているときは鋭い職人の顔になる。何の変哲もない、本来は捨てられていたかもしれない1枚の和紙が、一人の職人の手によって姿を変え、命が吹き込まれていく。四津谷さんのちょっと仙人のような風貌と相まって、本当に魔法を見せられたように感じた。

もともとは富山の薬売りだったという四津谷さん。京都に働きに出たのはたまたま親戚のつてがあったから。その丁稚《でっち》入りした先が烏帽子と雅楽器の店だった。先輩職人の「お前は烏帽子を作れ」という言葉で烏帽子を作ることになり、結局そのまま50年間烏帽子を作り続けることになってしまったと笑う。運命は風任せ、時の流れに身を任せていればなんとかなったという、からっとした感じがかっこいい。

そんな四津谷さんに若いお弟子さんができた。同じく富山出身の四日市《よっかいち》健《けん》さんだ。四日市さんは東京のテレビの制作会社に勤めていたが、30歳を機に帰郷。たまたまお父さまから富山に烏帽子職人の方がいるという話を聞き、工房を訪れ、烏帽子作りの製作過程を見学しているうちに、四津谷さんの人柄に惹《ひ》かれ、この技術を伝えていくことの重要性を感じ、弟子入りを志願されたのだそうだ。「名字に四も入っていて似ていましたし、気も合ったんですよね」と笑う四日市さんも風任せの人。その二人が不思議なご縁に導かれて出会ったのは、きっと偶然ではないのだろう。

文化を保存していくために今何ができるか、という議論をしていたときに、ある神職の方が「残るべきものは必ず残るのです」ときっぱり言われたことがある。残そうとして無理だったものもたくさんあるけれど、真心込めて探求していれば必ず神様が微笑んでくださると。

取材から4年の時を経て、四津谷さんは風のように旅立たれた。四日市さんにすべてをしっかりと伝え、満足そうに笑っておられるお顔が目に浮かぶ。伝統が残る瞬間。それはとてもあたたかなひとときである。

四津谷敬一 よつたに・けいいち／昭和7（1932）年生まれ。昭和40（1965）年に京都で冠作りの職方《しょくかた》を担う八幡《やわた》家に弟子入り。その後独立し「四津谷立烏帽子《たてえぼし》専門店」を開業。昭和天皇の「大喪《たいそう》の礼《れい》」の神官用の烏帽子も手掛けた。平成15（2003）年、故郷の富山市に戻る。平成22（2010）年からは、四日市《よっかいち》 健《けん》さんが弟子として、ともに製作を行う。材料となる古紙の仕入れをはじめ、すべての工程を個人の手作業で行う烏帽子職人は四津谷さんただひとりだった。平成30（2018）年1月、逝去。烏帽子作りは四日市さんが継承している。

【P.227】烏帽子には立烏帽子や風折《かざおり》烏帽子などの種類があるが、四津谷敬一さんが製作するのは、主に神職がかぶる立烏帽子。【P.228】接着には炭火で熱したこてを使用し、高度な手わざと集中力が必要。とりわけ「顔」と呼ばれる正面のくぼみは烏帽子の命ともいえる部分で、心を込めて作業する。

杼

職人 長谷川淳一さん（京都府京都市）

「機織《はたお》り」と聞いて、まずイメージするのはなんだろうか。乱暴者の須佐之男命《すさのおのみこと》が、天照大御神《あまてらすおおみかみ》の神聖な機織り場に皮をはいだ馬を投げ込んだという『古事記《こじき》』の中のお話や、自分の羽根を織り込みながら鶴が美しい布を織る「鶴の恩返し」……ぱたんぱたんという機を織る音のイメージとともに、その言葉は子どものころからよく知っているけれど、本物の機織りは見たこともないし、なんだか昔話の世界のことのようで、あまり現実味がなかった。

その機織りが急に身近になったのは、英国留学中のこと。親しくしていた大英博物館の同僚の奥さまが、なんと機を織る人だったのである。それも、私がよくお仕事をさせていただいている京都の吉岡幸雄《よしおかさちお》先生の工房で働かれていたというのでさらにびっくり。吉岡先生のご本に掲載されている反物《たんもの》を指して、「これ、昔私が織ったものなんですよ」と聞かされた。妹さんの成人式には、彼女が織って染めた着物を贈ったそうだ。写真に写っていた妹さんの誇らしげな表情に、彼女の仕事に対する心意気を感じた。

そんな彼女の夢は、日本絵画の修復がお仕事のご主人に、自分の織った布を使って作品の表具をしてもらうこと。この夫婦でしか実現できないあたたかい素敵な夢。そんなお話を聞いているうちに、あんなに遠かった機織りとの距離はいつの間にか縮まっていた。


その機織りに欠かせない道具が「杼《ひ》」である。経糸《たていと》の間に緯糸《よこいと》を通す道具で、織物によって多種多様な形式がある。

京都の織物産業の中心地、西陣に残る最後の杼屋《ひいや》、長谷川《はせがわ》杼製作所を訪ねた。戦前はこの地域に10軒以上軒を連ねていた杼屋も、統制下で長谷川さんの工房1軒だけになった。戦中はパラシュートのベルト用の杼なども手掛けていたという。閑静な住宅街にひっそりと佇《たたず》む工房。表にかかっている武骨な看板と暖簾《のれん》に、昔《むかし》気質《かたぎ》の職人さんが中におられる予感がしてくる。

待っていてくださったのは、職人の長谷川淳一《じゅんいち》さんと奥さまの富久子《ふくこ》さん。多くは語らない、でも芯の強い語り口が、やはり表の看板の雰囲気と重なり、思わずふふと笑みがこぼれた。

長谷川杼製作所は、住居と仕事場が一体化した町家造り。昭和5（1930）

年にお父さまのご結婚を機に新築されたのだそうだ。表通りに面した「店の間《ま》」は、接客を兼ねた杼の仕上げ作業をする仕事場になっており、通庭《とおりにわ》の台所から奥は、木材を切ったり粗《あら》加工したりする機械が置かれた作業場になっている。一つのモーターですべての機械が動く仕組みになっており、なんだか機械音痴《おんち》の私でもわくわくしてしまう。まるで家全体が生きていて、杼を作っているような、そんな錯覚《さっかく》を抱かせる。

杼の材料は、宮崎県産の赤樫《あかがし》。木偏《へん》に堅いと書くその字のとおり、樫は堅く、弾力性がある。この堅さが杼作りのポイント。堅い木を使うことによって、極めて高い耐久性や狂いのなさ、繊細な糸を傷つけない安全性が生まれるのだという。それをさらに堅く強くするため、10年以上寝かせて乾燥させるのだそうだ。世界に名だたる日本の織物の精緻《せいち》さと美しさは、この堅い杼に依るところも大きいのだろう。

まだ荒々しい赤樫の材木が、長谷川さんの手によって製材され、角材になる。糸を通す糸口と糸の管《くだ》を収める唐戸《からと》の穴を機械で開け、中心部を抉《えぐ》っていく。そして、機の上を走らせるローラーの役目をする黄楊《つげ》の杼駒《ひごま》を取り付ける部分をノミで穿《うが》つ。杼を落としたときに杼の先がささくれないようにするための金具を取り付け、そこからは鉋《かんな》ややすりを使ってひたすら成形の作業。細部まで丁寧《ていねい》に丁寧に削っては磨く。堅い樫の木を成形するのは相当の重労働。でも、次第に木肌がなめらかに艶《つや》を増していく様子は本当に美しい。ちなみに、削り落とした樫の木屑《きくず》は、染料として再利用されるのだそうだ。この大切な木の欠片《かけら》が、最後まで無駄《むだ》にならずに使われると聞き、なんだかほっこりしてあたたかい気持ちになった。

やすりをかけ終わるともう完成は目の前。奥さまと二人仲よく並んで店の間に座り、和蠟《わろう》と食用油を混ぜたものを杼全体にすり込んでいく。きめ細かい木肌がふわりと輝きを増す。まるでわが子を慈しむように杼を磨かれる長谷川さんご夫妻の愛情が、そのまま杼に映し出されていくようだ。今はもう作ることのできない繊細な清水焼《きよみずやき》の糸口を取り付けると、杼の完成。出来上がった杼は、程よい重みがあり、表面はつやつやすべすべとなめらかで、なんだか手から離したくなくなってしまう。織り手の好みに応じて作られる杼は、男性には少し重め、女性には小ぶりに作るのだそうだ。何度も何度も微調整を繰り返し、気に入った杼が出来上がったときに、うれしくて頰《ほお》ずりした方がおられるというのもうなずける。それだけ、長谷川さんの作る杼は、愛情たっぷりに育てられた子どものように表情があり、輝いている。

長谷川さんの工房の中で私が好きなのは、長谷川さんの背後にある引き出しだ。

様々な道具や材料が収められている薬棚のような引き出し。長谷川さんにとっては、すべてが「心覚えの場所」に入っているので、振り向かなくても自然に手が欲しいものの引き出しを引いている。
杼を作るために身体《からだ》が動く。「お弟子さんは取られないんですか？」という質問に、「どこに何が入っているかを覚えるだけで5年以上かかりますからね」という長谷川さんの表情に、杼職人としての誇りと一抹《いちまつ》のさびしさを感じたのは私だけだっただろうか。

長谷川淳一 はせがわ・じゅんいち／昭和8（1933）年生まれ。平成11（1999）年、国選定保存技術保持者に認定。かつて豊臣秀吉の家臣であった長谷川家だが、京都・鷹峯《たかがみね》で農業と薪炭《しんたん》業を営んでいた淳一さんの祖父・辰之助《たつのすけ》氏が杼屋《ひいや》として独立。淳一さんの父・繁太郎《しげたろう》氏が京都・五辻通千本《いつつじどおりせんぼん》に職住一体の居を構えた。淳一さんは中学生のころから家業を手伝い、高校卒業後、本格的に修業を始める。昭和25（1950）年ごろには年間数千丁の杼を製作。現在は年間200丁ほど、北海道、沖縄、八丈島まで全国からの注文に応えながら製作している。

【P.234、235】杼《ひ》は、機織りの機に張った経糸《たていと》の間に緯糸《よこいと》を通すために用いる道具。日本で手作業によって杼を製作するのは、長谷川淳一さん、ただひとり。仕上げに蠟《ろう》を塗る作業は妻の富久子《ふくこ》さんが担う。滑らかな手触りと美しいツヤに愛着が湧く。【P.236】杼は織物の織り手にとっては「第二の手」ともいえる大切な道具。長谷川さんは、織り手ひとりひとりの好みやクセに合わせて、木材を削り、形や大きさ、重さなどを調整しながら使いやすい杼を作る。

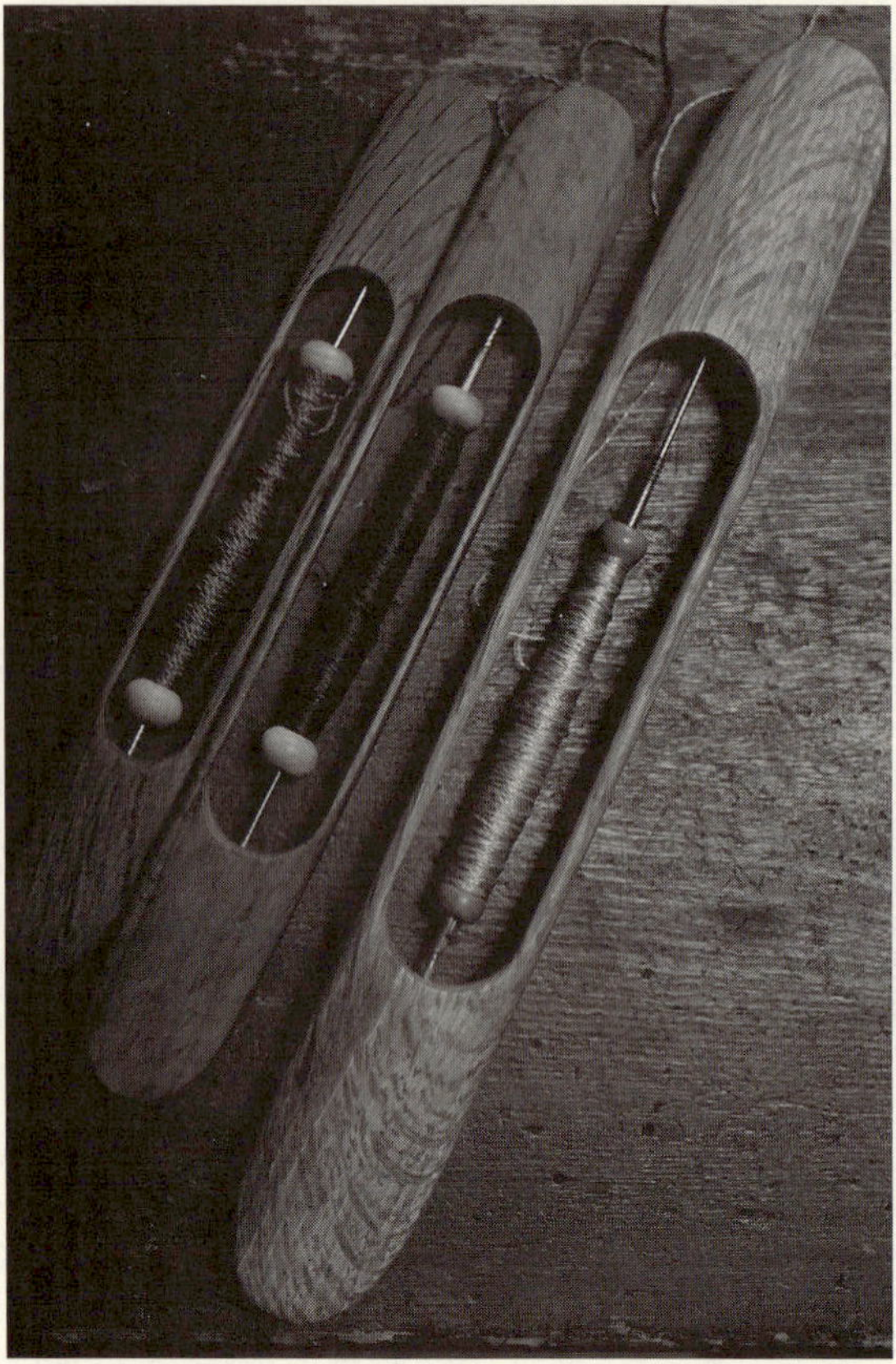

蒔絵筆

職人　村田重行さん（京都府京都市）

「鼠が使えなくなって、猫で代用するというのは皮肉な話なんですけどね」

あるシンポジウムのときに、漆芸家の室瀬和美《むろせかずみ》先生が教えてくださり、以来なぜか心に引っかかっていた言葉だ。

何かというと、蒔絵筆《まきえふで》に使われる鼠の毛の入手が難しくなり、今は猫の毛で代用して筆が作られているというお話である。何だか『トムとジェリー』の世界みたいだなと思ってとても印象的だったとともに、せっかく技術を伝える職人さんがいても、材料がなくなってしまったら続かなくなってしまう伝統があるのだということを改めて思い知らされたお話だったので、よく覚えている。

室瀬先生の工房で、先生が実際に作品に蒔絵される様子を見せていただいたことがある。見ているだけのこちらも思わず息を止めて見守ってしまうような緊張感のある作業。でも先生はためらいなく、軽やかに、すっ、すっと線を引いていかれる。直線は、まっすぐでこしのある鼠の背の毛の筆。曲線にはやわらかい鼠の脇の毛の筆を使われるのだという。よい鼠の毛の筆（根朱筆《ねじふで》という）を使うと、1ミリの間に3本も線を引くことができるのだとか。日本が世界に誇る細緻な漆芸を支える蒔絵筆。しなやかな筆先から紡ぎだされていく、見えるか見えないかの繊細な線に、何だか無限の広がりを感じたのだった。

その蒔絵筆を作っている職人さんを訪ねる機会に恵まれた。京都の目抜き通りである四条通を少し入ると、先ほどまでの喧騒が嘘のような静けさが訪れる。その静けさをしばし味わいながら歩いていくと、立派な表札が目に飛び込んでくる。「御蒔絵筆司　村九《むらく》」の文字。代々村田九郎兵衛《むらたくろべえ》の名を継ぎ、蒔絵筆を作り続けてこられた御家柄。御当代の村田重行《しげゆき》さんで9代目になる。代々仕事を受け継いでいくことの重みを表札が物語っているようだった。

早速工房を見学させていただく。いろいろな見たことのないものが置いてある工房の中で、最初に目に入ってしまったのは、やはり噂の鼠の革。10枚ほど積み重なった鼠の革は、10年ほど前に購入されたもので、もう毛を抜いた後だという。それを聞き、思わず「えっ？」と聞き返してしまった。素人の私の目には、普通に毛の残った革にしか見えないからである。

村田さんによると、蒔絵筆にはまっすぐで長く、癖のない毛しか使えない。革を折り、明かりに透かしながら一本一本まっすぐな毛を選別して抜いていく。そうして選び出された毛は、いうならばエリート中のエリート。たとえ一本であっても、ため息が出るくらい輝いていた。1枚の革から、使える毛は200〜300本程度という。お話を聞いた後は選に漏れた毛をまとった革が、なんだか少しさびしげに見えた。

10年前には1枚3000〜4000円で購入できた鼠の革も、今では1枚1万円以上に値段が跳ね上がっているのだという。理由は鼠の皮を鞣《なめ》す職人さんがいなくなってしまったから。滋賀の皮鞣しの職人さんが仕事を辞められて、今はときどき手に入る程度になり、満足な質の毛をとることがほとんどできなくなってしまったのだという。

その鼠の毛の代わりに使われるようになったのが猫の毛。鼠の毛と同じく、猫の毛の筆も毛の選別が一番重要な作業だ。

村田さんが作業台の深い引き出しを開けた。入っていたのはふわふわの白い毛。何だろうと思っていたら、その上で選り分けられた毛を真鍮《しんちゅう》の櫛《くし》で梳《す》き始めた。毛の中に混ざっているやわらかい綿毛を取り除く作業で、出てきた綿毛がそのまま引き出しに入る仕組みになっている。今はいっぱいになったところでそのまま捨ててしまうが、昔はこの綿毛が針山の中身として使われていたのだそうだ。違う業種の職人さんたちが持ちつ持たれつで共存しているというのは、なんだかとても京都らしい。

だんだんと毛束が筆の穂先に近づいてくる。象牙《ぞうげ》の駒と呼ばれる道具の穴に毛束を差し、同じく象牙の板の上でとんとんと振動させながら毛先をそろえていく。そして、そろえた毛の中から、切れた毛、逆毛などを一本一本真鍮の毛抜きで抜いていく。ステンレスの毛抜きだと硬すぎて毛が切れてしまうので、真鍮のものを新潟で特別に作ってもらっているのだそうだ。私の目には同じにしか見えない毛も、村田さんの目には違って映る。目が瞬時に悪い毛を選び出し、その瞬間に手が動いているのがわかる。「職人技」とはまさにこのことだと思った。少し水をつけ、明かりに照らしながら長さの違う毛を切ったり、抜いたりする作業を繰り返すうちに、穂先が徐々に透き通り、輝きを放つ。そろった穂先を絹糸でくくり、竹軸に収めて蒔絵筆の完成。一連の工程は「魅せられた」という言葉がしっくりくるように、美しかった。

蒔絵筆司の9代目を担う村田重行さん。未だ九郎兵衛を名乗らない理由を尋ねてみた。お客さまから「先代を超えましたね」と言われたこともあるという村田さんの答えは、「満足のいく鼠の毛の筆を作れたときに継ぎたい」だった。あの繊細な蒔絵筆を作られる村田さんの中に、なんだか一本気な日本男児の心意気を感じた。

村田重行　むらた・しげゆき／昭和17（1942）年生まれ。昭和36（1961）年、高校卒業後、父・九郎兵衛氏に師事して蒔絵筆の製作を始める。屋号は「村九《むらく》」。平成22（2010）年、国選定保存技術保持者に認定。現在は穂先に使う熊鼠《くまねずみ》の毛の入手が困難なため、「根朱筆」の製作を手掛けることができないが、江戸時代から9代途絶えずに高度な蒔絵筆製作の技術を受け継いでいるのは全国でも村田さんだけで、漆工芸作家や漆工品修理技術者の厚い信頼を得ている。明治から昭和にかけて活躍した植物学者・牧野《まきの》富太郎《とみたろう》も「村九」の筆を使ったといわれる。

【P.242、243】「漆に負けない弾力が蒔絵筆には重要」と村田重行さん。まっすぐで丈夫な毛を選び、真鍮の櫛《くし》や毛抜きで、癖毛《くせげ》や切れ毛を取り除く作業が繰り返される。

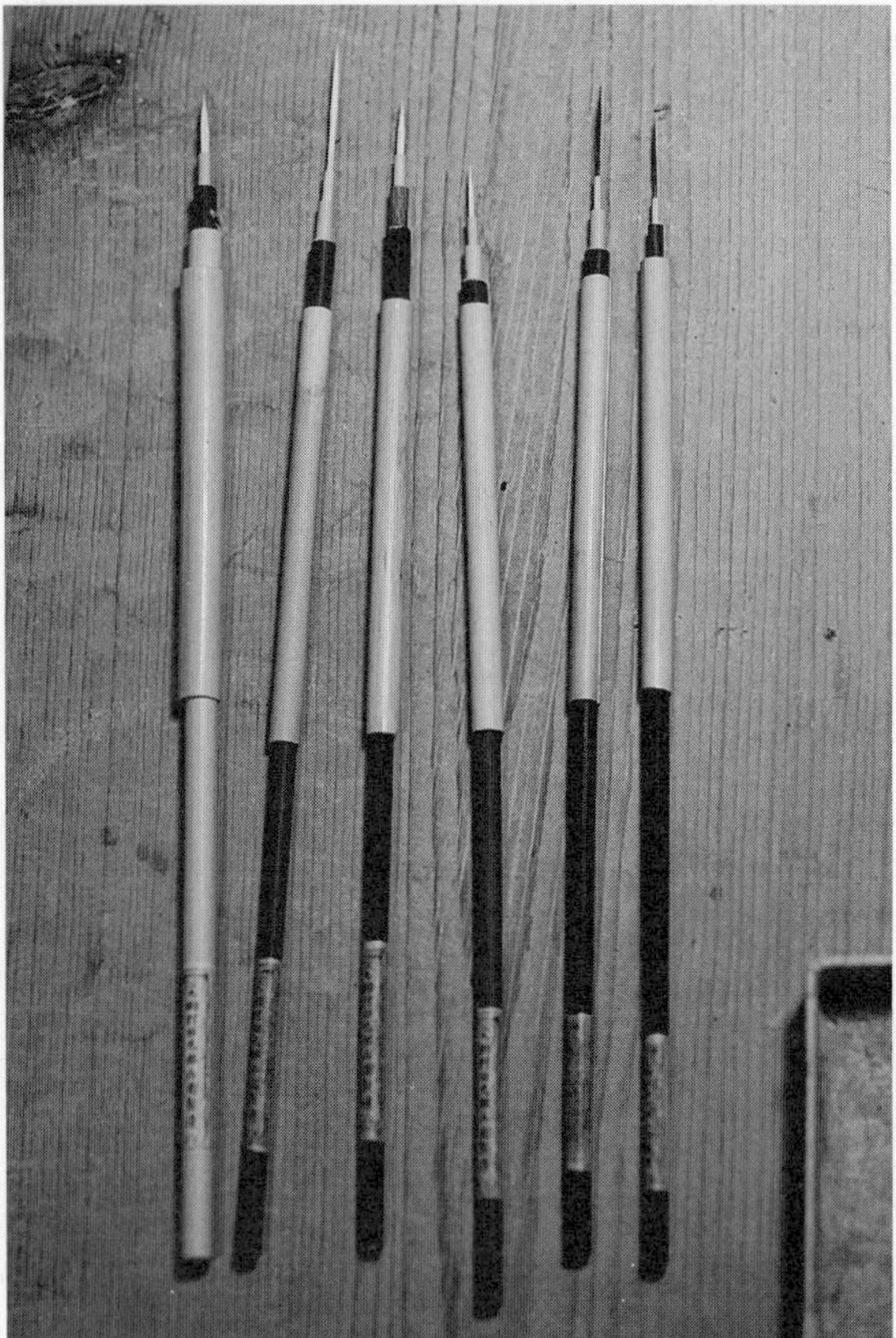

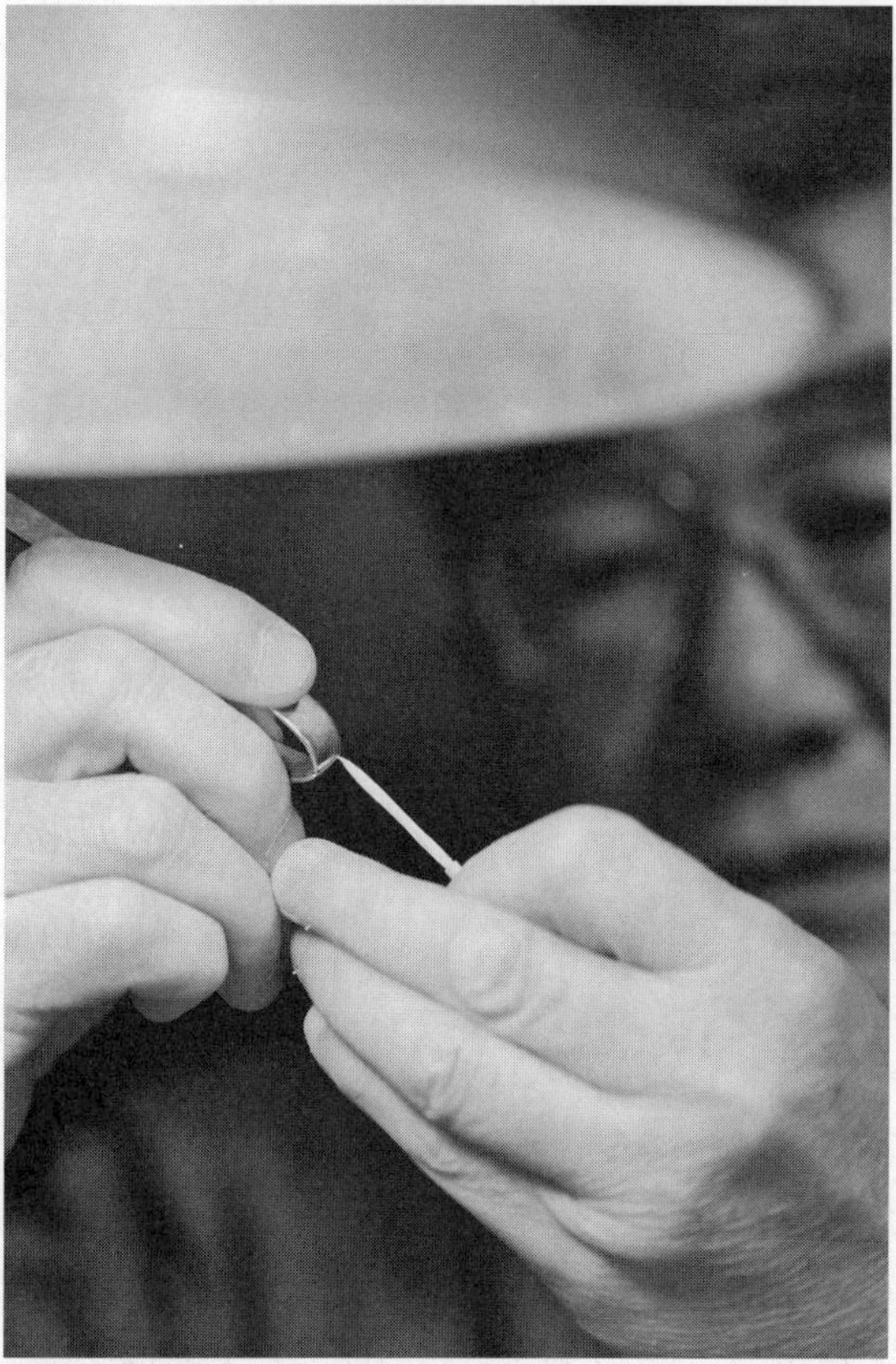

京瓦

職人　浅田晶久さん（京都府京都市）

風火水土。

古代ギリシアの時代から、世界はこの四つの元素から成ると考えられていた。この四元素によって形作られている日本文化がある。

瓦《かわら》。言わずと知れた、見上げると屋根の上にあるあの瓦である。粘土《ねんど》と水を練り合わせ、瓦の形を作って乾かし、窯で焼き上げる。風火水土に人の手の力を加えることによって生まれるもの。とても原始的で力強い「世界」が、我々の頭上には広がっているといえるのかもしれない。

釉薬《ゆうやく》すらも使わない瓦の輝きは、土の表面を磨いて焼成後「いぶす」と、炭素が膜《まく》を作ることによって生まれるものなのだという。その炭素の膜が水をはじくことを古代の人々は知っていたのだ。中国の西周《せいしゅう》時代（紀元前11〜紀元前8世紀）

の早い時期には瓦状のものが作られていたことがわかっており、日本には6世紀の仏教の伝来とともに伝わったようだ。その当時に創建された、奈良県明日香《あすか》村にある飛鳥寺《あすかでら》（法興寺《ほうこうじ》）の瓦が日本最古の瓦とされている。

正倉院の屋根にも、天平時代の瓦が今も残されている。約100年ぶりの大修造が行われた正倉院で、葺《ふ》きかえられた瓦は約3万4600枚。そのうちの約8400枚は、再利用可能と判断された天平から大正時代のものである。同じ技法で作られた1000年以上前の瓦と現代の瓦が、同じ屋根の上に並んで正倉院を風雨から守っている。正倉院が歩んできた歴史そのものが目の前にあるようで、とても感動したことを覚えている。

今も昔ながらの方法で瓦を作り続けている職人さんがいる。浅田《あさだ》製瓦《せいかわら》工場の浅田晶久《まさひさ》さん。京都の南、伏見《ふしみ》の「えっ、ここ⁉」と思ってしまうような、知らなければ絶対に通り過ぎる、そんな場所にその工場はある。

伏見はもともと、豊臣秀吉が伏見城を建てるために瓦屋が集められたという由緒のある土地柄。でも、この地で現在瓦を作っているのは浅田さんただ一人である。屋根の端で厳しくにらみを利かせる鬼瓦の製作を専門とされる「鬼師《おにし》」でもある浅田さん。何だかその鬼瓦のように、怖《こわ》くて寡黙な「頑固親父」のイメージを勝手に抱いてしまっていた。でも、その予想に反して、実際の浅田さんはいつもにこにことして朗らかで、福の神のようだ。

その福の神の作業風景はやはりとても和やかである。ひとつひとつ手作業で、粘土を練り、荒地《あらじ》を成形した後、乾燥させた素地を木型の上に載せ、表面を木の板で叩《たた》いてなめらかにし、木型に沿って大鎌《おおがま》で余分な部分を切り取っていく。見ているこちらにはとても緊張感のある作業のようで、話しかけたらいけないと思って黙っていると、「話しかけてもらって全然構いませんよ〜」と笑われた。

次は、軒先瓦《のきさきがわら》の特徴的な美しい文様、剣《けん》と呼ばれる部分をつける作業。剣となる部分の粘土を削り取り、やわらかい粘土をくっつけていく。この作業がとても豪快。端から何センチ……とか正確な位置取りがあるわけではないらしい。長年の感覚がなせる業なのだろう、ものすごく「適当」に削り取り、「適当」量の粘土をくっつけているように見えるのである。「一枚一枚同じサイズにしなければいけないし、失敗は許されないんですよね？」と恐る恐る尋ねると、呵々《かか》と笑いながら、「そんなことあらしません。失敗したらまた水混ぜて粘土にして作り直したらええ話やさかいに」と、あっけらかんと言われてしまった。

なるほど、京瓦（いぶし瓦）は釉薬を使っていないやきものなので、乾燥する前の状態でも、焼き上がった後でも、失敗した瓦は砕いて土に戻し、水を混ぜて練ればまた瓦の材料として使えるのである。なんとエコな日本文化だろうか。つまり、もう屋根の上では使えない、割れてしまった100年前の瓦も、砕いて土に戻せば瓦として再利用できるということだ。文化財として博物館・資料館で保管するのではなく、本来の役目を終えた後も、そうして新しい歴史を紡ぎ始める瓦があってもいいのではないかと、お話を聞きながらふと思った。

もちろん浅田さん、適当にやっているように見えるだけで、さらりと繰り返すその動作の末に生まれる瓦はいつも同じ形だ。中心が少しでもずれるときれいに剣の模様が出ないのだという。筋肉が覚えこんでいる身体の動きというものの正確さに改めて驚嘆した。

京瓦の特徴というべき「磨き」の作業も軽快である。お話をしながらも、金べらを持った手は止まることなく一定のリズムで瓦の表面を往復している。このひと手間が、屋根の上で陽の光にあたって煌《きら》めくいぶし銀の艶を生む。乾燥させて、ガス窯で焼成された輝く瓦には、福の神の笑顔が映っているように見えた。

最近、新幹線で東へ西へと移動することが多いが、車窓から見える屋根に瓦がほとんど載っていないことに驚かされる。昔は村々にあったという瓦屋も姿を消し、岡山は橙色、能登は黒色……といった地方ごとに違う瓦の地域色も失われつつあるようだ。
しかし、寺社の多い京都には、瓦屋根の建物がまだ多くある。正倉院の天平の瓦のように、1000年先の瓦職人の作ったいぶし銀の瓦と、浅田さんの作ったいぶし銀の瓦とが、1000年後の京都のどこかの屋根の上で仲よく並んでいてくれたらいいなと思う。

浅田晶久　あさだ・まさひさ／昭和23（1948）年生まれ。昭和47（1972）年、大阪工業大学卒業後、祖父が創業した浅田製瓦工場に入社。大学時代は建築を学びながら、奈良の古代瓦の研究調査も手掛けた。京都は平安遷都以来の瓦の産地であったが、機械化に圧《お》されて瓦屋が次々と廃業。浅田製瓦工場は、手作業にこだわり、京瓦の製造を唯一続けている。伝統を絶やさないために、京都工芸繊維大学と共同研究を行い、大学院で一緒に伝統技術を解析した阪《さか》田《た》将揮《まさき》さんが弟子入り。インテリアでの瓦の活用など新たな挑戦にも力を入れている。

【P.249】叩いて、削って、磨いて輝く京瓦。機械にはできない手わざを浅田晶久さんは守り続ける。
【P.250】瓦の種類には釉薬瓦、無釉瓦と、京瓦のようないぶし瓦がある。京瓦の最大の特徴が「磨き」という工程。瓦の形が出来上がったところで、金べらで丁寧に磨きをかける。その後、33～34時間焼成し、7～9時間冷却。さらに1時間いぶすことで瓦の表面に炭素の膜ができ、京瓦の輝きが生まれる。

長崎刺繍

職人 嘉勢照太さん（長崎県長崎市）

円山応挙《まるやまおうきょ》という江戸時代の画師の研究をしていたことがある。私が彼の作品が好きだったこともあるのだけれど、19世紀西洋の日本絵画蒐集家《しゅうしゅうか》たちが円山応挙を高く評価し、応挙を祖とする「円山四条派《まるやましじょうは》」の作品を多く所蔵していたからである。

応挙は、自然をありのままに描く写生を旨とする画風で一家を成した。常に懐《ふところ》に写生帖をしのばせ、目に入った動植物や昆虫などの写生に努めたという。でも、応挙の作品の魅力は、見たものを見たとおりに描くのではなく、見たものをより本物らしく描いたことだと思う。根津美術館所蔵の《藤花図屏風《ふじはなずびょうぶ》》も、実際幹《みき》や蔓《つる》があんな形に曲がることはないのに、藤の生命力や空間の広がりが生き生きと表現されており、本物より「自然」に見える。応挙が描く作品には命がある。そんな思いを抱かせる。

先日、「現代の円山応挙だ」と思える人に出会った。長崎刺繍《ながさきししゅう》の嘉勢照太《かせてるた》さんである。

長崎刺繍は、寛永年間以降、唐船で長崎にやってきた中国・福建省《ふっけんしょう》出身の人たちが技術を伝えたといわれている。専門の画師が図案を描き、江戸時代には幕府への献上品になったことで栄えていく。幕末から明治にかけては海外にも輸出されていたが、需要の減少とともに衰退し、次第にその姿を消してしまう。嘉勢さんはその技術と精神を復興して伝える唯一の伝統技術保持者である。

嘉勢さんは、画家を志すも、決意を新たに30歳で長崎市内に1軒だけ残っていた八田《はった》刺繍店の門を叩《たた》く。しかし、5年後に師匠が他界。嘉勢さんは手探りで、長崎くんちの各踊町《おどりちょう》が守り続ける傘鉾垂《かさぼこた》れや船頭衣裳《せんどういしょう》などの長崎刺繍作品を手本に、技術の向上に努めてこられたのだという。

長崎刺繍と日本刺繍の最大の違いはその「立体感」ではないかと思う。嘉勢さんの工房で私が最初に目にした長崎刺繍は、くんちのときに子どもが着用する船頭衣裳。龍の顔や身体、うろこの部分は盛り上がって躍動的に、埋め込まれたびいどろ（吹きガラス）の目はぎらぎらと血走っている。一瞬、本当に龍が衣裳の中から出てこようとしているように見えた。

よくよく見ると、びいどろの目の中には綿が詰められており、血管に見えたのは赤い刺繍糸。立体感は、紙縒《こよ》りや綿を入れる「盛り上げ」の技法によって生み出され、龍の爪は銀細工、ひげには針金が使われ、衣裳から飛び出している。一頭の荒々しい龍を表現するために多種多様な手法が使われていることに驚く。これは刺繍というジャンルを超えた、「長崎刺繍」という名の工芸だと思った。

江戸時代の長崎は、西洋と東洋の最新文化が日本で最初に入ってくる土地であった。外国から様々なよきものを取り入れ、自分たちらしい独自のものを作り上げていく。長崎刺繍は長崎という土地が育んだ、長崎という土地でなければ生まれなかった文化なのだろう。

今までこういった船頭衣裳の修復や復元を中心に手掛けてこられた嘉勢さんの刺繍人生最大の転機は平成14（２００２）年にやってきた。文政10（１８２７）年に制作された万屋町《よろずやまち》の傘鉾垂れ「魚尽し」の復元を依頼されたのである。初代「魚尽し」の下絵は原南嶺斎《はらなんれいさい》、繡師《ぬいし》は縫屋幸助《ぬいやこうすけ》、2代目は弘化5（１８４８）年に塩谷熊吉《しおやくまきち》によって制作された作品で、全長6メートルの朱色の羅紗《らしゃ》の上に16種29匹の魚たちが生き生きと泳ぐ。嘉勢さんは、この大作の復元に10年計画で挑むことになったのである。

和紙に墨で描かれた魚たち。嘉勢さんの手による「魚尽し」の下絵を見たとき、どこかで見たことがあるような気がした。

嘉勢さんが復元を依頼された当時、原南嶺斎による下絵は所在不明。嘉勢さんは、漁に同行し、釣り上げられた生きた魚を見て、触って、ひたすら写生を続けた。「船酔いで、船の上ではほとんど描けるような状態じゃなかったんですけどね」と笑う。工房にも水槽を運び込んで魚を泳がせ、水族館にも何度も足を運んで魚を観察し、下絵を仕上げていった。

それでも、本当にこれでいいのか悩んでいたという嘉勢さん。制作を開始してから3年後、奇跡的に英国で発見された原南嶺斎の下絵を目にし、自分が間違っていなかったことを実感する。制作した魚たちと南嶺斎の下絵がぴったりと合ったのである。

この話を聞いてようやくわかった。嘉勢さんの下絵が、海外の美術館調査で何度も目にしてきた円山応挙の下絵にそっくりなのだと。実際に応挙の魚の下絵を見たことはないけれど、線の入れ方や修正の仕方がとてもよく似ている。その後、嘉勢さんが縫い上げた魚たちを目にし、その思いは確信に変わった。「現代の円山応挙だ」と。

広げられた羅紗の上に並べられた魚たちを見て、「生きている」と思った。それも、いけすの中にいる生気のない魚ではない。大海原を悠々と泳ぐ魚たち。その彼らの一瞬の動きをぱっと切り取ったようだ。興奮して、思わず「本当に泳いでいるみたい」と言葉が口をついた。でも嘉勢さんは、「漁師の人にはこんな魚いないって言われるんですよ」とあくまでも謙虚だ。

本当はこんな魚はいないのに、本物に見える。それは魚たちに嘉勢さんが命を吹き込んでいるからである。応挙は見たものをより本物らしく平面に表現できる人。嘉勢さんは見たものをより本物らしく立体に表現できる人だ。応挙は長崎派の絵画に影響を受け、その画風を確立させたといわれている。300年の時を経て、長崎がつないだ、作品に命を与えられるアーティストの邂逅《かいこう》を目の当たりにした気がした。

嘉勢照太かせ・てるた／昭和26（1951）年生まれ。父親は美術教師、母親は刺繡職人。昭和48（1973）年に大学卒業後、絵画研究所で学んでいたが30歳のときに長崎刺繡の八田刺繡店に弟子入り。紋を縫う修業を重ね、平成7（1995）年に「長崎刺繡工房」として独立。平成9（1997）年ごろから「長崎くんち」の船頭衣裳や傘鉾の垂れの復元、制作を手掛ける。新作の場合は、デザイン画も嘉勢さんが描く。現在、妻の路子《みちこ》さんが塾長となり、長崎刺繡の文化と技術を伝えるべく『長崎刺繡再発見塾』を主宰している。

【P.256、257】長崎県の祭り「長崎くんち」に使われる傘鉾の垂れ「魚尽し《さかなづくし》」の刺繡。大作の復元に嘉勢照太さんは10年がかりで挑み、魚1匹を完成させるのに1年〜1年半かかったという。【P.258〜259】嘉勢照太さん（右端）の刺繡によって186年ぶりに復元された万屋町の「魚尽し」。伝統を守り続ける町衆のみなさんと一緒に。

京弓

職人 柴田勘十郎さん（京都府京都市）

「武道」をしている人たちのすっと伸びた背筋が好きだ。

妹が子どものころから剣道をしており、昔は時折普段の稽古や寒稽古を見に行っていた。皆が礼儀正しく、姿勢を正して座っている姿を見ると、いつも清々《すがすが》しい気持ちになったものだ。

毎日そばにいてくれる警察の人たちも、剣道や柔道の手練《てだれ》ばかり。普段の生活の中でも、一本筋が通っていて凜《りん》としている人が多いなとよく思う。そんな彼らの背中を見ながら歩く機会が多いのだけれど、私自身も、彼らのように、まっすぐ前を見据えて歩いていきたいなという気持ちになるのである。

武士道の精神に由来し、もともとは武士の守るべき道そのものであった武道。武道をたしなむ人たちには、男女問わず知らず知らずのうちに自然と武士の精神が宿るのだろうか。彼らの背中には、武士の背中が映っているような気がするのである。

その武士が身を守り、攻撃のために使う道具、「武器」を作る人の背中にも同じものを感じた。

「和弓《わきゅう》は殺傷能力のあまりない武器なんですよ」

京都の竹を使い、すべて手作りで製作する京弓《きょうゆみ》の技法を継承する御弓師《おんゆみし》である柴田勘十郎《しばたかんじゅうろう》さんにうかがったお話の中で、最も印象的だったひとことである。

日本の弓は長い。そしてその長い弓は、人の身体と一体になることによって最も美しく見えると私は思う。

『魏志倭人伝《ぎしわじんでん》』にも「兵用矛楯木弓、木弓短下長上（兵は、矛《ほこ》、盾《たて》、木弓《きゆみ》を用いる。木弓は下を短く、上を長くす）」とあるように、日本では縄文時代から、現代の弓と同じく弓の中央より下に握り部分のある長い弓が使われていたようだ。上下の長さのバランスで、矢を射たときに射手に返ってくる振動を少なくし、上下の反発力の違いを利用して矢を遠くまで飛ばすことを可能にするのだという。

ただ、遠くまで飛べば、当然威力は落ちる。人を傷つけることはできても、当たりどころがよほど悪くない限り致命傷にはならないはずだ。なぜ戦いの中で「遠くまで飛ばす」ことが必要なのだろうかとぼんやりと考えていたら、柴田さんが明確な答えを下さった。「相手を威嚇《いかく》し、怯《ひる》ませることが目的であって、『殺す』ことが目的ではないからですよ」と。

合戦を始めるときは、両軍の代表が互いに矢を射掛《いか》け合い、一騎打ちでは「やあやあ我こそは……」と名乗り合って、敵の大将首を取ればそれで終わりにすることができた昔の戦。「今の戦争のように残忍なものではなかったんですよ」と言われ、武士が携えている「武器」は人殺しの道具ではなく、武士の誇りを守るために必要なものなのだということが初めて理解できた。

武器は、武士としての「器」を示すもの。日本の刀剣や弓矢が美しいのは、武士の高潔な誇りが映し出される、武士道の精神そのものであるからなのかもしれない。

京弓の構造は私が想像していた以上に複雑だった。「内竹《うちだけ》」と「外竹《とだけ》」の間に「中打《なかうち》」というハゼノキや焦がした竹などを合わせたものを挟み、接着する。あて木と弦《つる》をかける板を付け、麻縄を等間隔に巻いていく。まるで測ったかのように同じ幅で巻かれていく麻縄は、自ら弓に吸い寄せられていっているかのように見える。

ここからが製作のハイライト。「弓打ち」といわれる作業である。縄の交点のところに、110~120本の竹のくさびを木槌《きづち》で打ち込み、絶妙な力加減で弓の反《そ》りをつけていく。1本のくさびの方向やかける力の強さで弓の出来がすべて変わってしまう、スピードと瞬時の判断力が勝負の緊張感のある作業。その鬼気《きき》迫《せま》る様子は、まさに戦いに挑む武士そのもので、ひとことも声をかけることができなかった。壮絶な戦いを目の前で見たようで、圧倒されてしばし呆然。「……とまあ、こういうもんです」と柴田さんに声をかけられ、ようやく息をつくことができた。

ここまで来たら、もう完成は間近《まぢか》。そのまま1日置き、くさびを外し、弓打ちでつけた方向とは逆方向に弦を張る。逆に張ることが、矢を飛ばす反発力を生むのである。こちらの作業は、息をのんでいる間に一瞬で終わってしまった。一回勝負で、反り返した瞬間に弓が折れてしまうこともある。ひとつひとつの作業に少しでも狂いがあれば使えなくなってしまう。最初から最後まで、武士の生きざまのような工程だった。

弓を作ること自体を「弓を打つ」と言うくらい、重要な作業である弓打ち。一度は型を使って形を作ることも試みたという柴田さん。でも、お嬢さんに「お父さん、最近弓打ちの音聞こえないね」と言われ、はっとしたのだそうだ。自分は大切なことを忘れてはいないかと。弓打ちは難しいし、割に合わないところもあるけれど、型で形をつけていたときは、本当に面白くなかったという。弓の性格そのものが決まる作業で楽をしたらいけないと思い、今も昔ながらの製法を守り続けている。

弓打ちによって、弓には精神が宿るのだと思う。以前、裏千家《うらせんけ》の千玄室大宗匠《せんげんしつだいそうしょう》が『型』だけではだめ。『型（カタ）』に『血』を入れることによって、初めて『形（カタチ）』になるのです」と言われたことがある。弓打ちはまさに、「型」ではなく「形」を作る作業。柴田さんの精神がくさびとともに打ち込まれ、血の通った弓になる。

柴田さんの弓を見ていると、弓を打つ「武士」の背中がふと浮かんでくる。

柴田勘十郎 しばた・かんじゅうろう／昭和27（１９５２）年生まれ。高校時代より弓道を始め、大学卒業後、先代の20代柴田勘十郎氏に弟子入り。平成5（１９９３）年に21代柴田勘十郎を襲名。20年に一度の伊勢神宮の式年遷宮《しきねんせんぐう》に奉納される「御神宝弓《ごしんぽうゆみ》」を製作する御弓師の称号が授けられているのは全国で柴田さん、ただひとり。平成25（２０１３）年の第62回式年遷宮の折にも内宮《ないくう》、外宮《げくう》、別宮《べつぐう》に合計59張の弓を奉納した。現在、神宮摂末社《せつまつしゃ》の神宝弓製作や各地の文化財弓の復元も手掛け、伝統の技術と精神を息子の宗博《むねひろ》さんに伝えている。

【Ｐ.２６５】しなやかで美しい柴田勘十郎さんの京弓。日本の弓は世界で一番長いといわれる。【Ｐ.２６６】内竹と外竹の間に、中打と呼ばれるハゼノキや焦《こ》がした竹などを合わせた板を挟《はさ》んで接着させる。その後、あて木と弦をかける板を付け、麻縄を巻く。縄の交点に竹のくさびを１１０～１２０本木槌で打ち込み、竹を曲げていくこの作業は「弓打ち」と呼ばれ、最も緊張が強いられる。

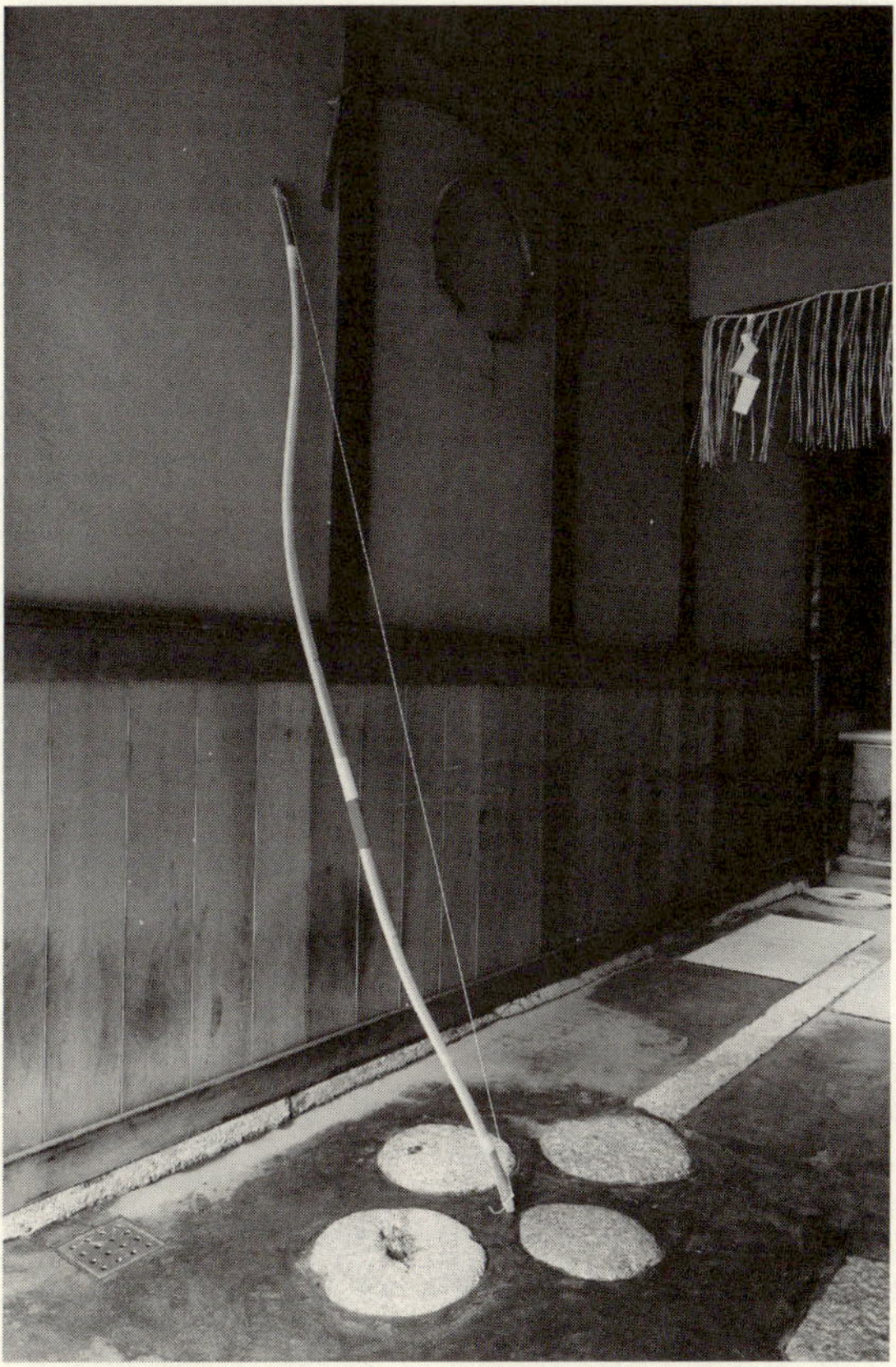

本藍染

職人 森 義男さん（滋賀県野洲市）

「好きな色は何ですか？」と聞かれたら、私はいつも迷いなく「青」と答える。

ふと気付けば、箪笥《たんす》の引き出しの中は青い服ばかり。雑貨屋さんなどで手に取る品物も、青が入っているものが多い。なぜ心惹かれるのかはよくわからない。お印である雪をイメージする色でもあるからだろうか。友人たちも、私といえば「青」と思うようで、お土産でもプレゼントでも、青いものをよくもらう。

でも、ついこの間、青が好きだと言ったら、「どんな青が好きですか？」と続けて聞かれて少し戸惑った。あまりそんなことを考えてみたことがなかったからである。紺色のような濃い青も、少し緑がかった青磁色のような青も、水色のような薄い青も好きだ。そこでふと気付いたのだ。青色を示す言葉が、日本語にはとても多いということを。そして、私の好きな青色は、どうやら藍《あい》を使って生まれる色ばかりであることを。

そんな藍の不思議を知りたくて、滋賀県の紺屋《こうや》、「紺九《こんく》」の森《もり》義男《よしお》さんを訪ねた。中山道沿いにある森さんのご自宅兼工房。門を入った瞬間に、なんだかとてもあたたかい気が流れた空間であることを感じる。にこにこと出迎えてくださる森さんご一家の笑顔に出会い、この方たちの優しさがこのやわらかい空気を生み出しているのだとすぐにわかった。

藍とのご縁は、明治3(1870)年に初代である森九蔵《くぞう》氏が、農業の傍《かたわ》ら藍の栽培も始められたのがきっかけであったという。滋賀県下では、昭和の初めまで、農家の女性は手織りした生地で野良着や普段着を自給していて、紺屋も多く残っていたのだそうだ。「これを着ると気分がしゃきっとするんです」と、お祖父《じい》さまがお召しになっていたという作務衣《さむえ》を着られた森さんの誇らしげな表情がとても印象的だった。

最初に誘われたのは、中庭にあたる場所。藍で染められた糸が、ふわり、ふわりと風に揺れている。ああ、私の好きな青だ。思わずその姿を見つめてしまう。そうしていると、そのまま何だかその青に同化し、吸い込まれるような、そんな心地よさを感じた。

森さんは、藍を実際に育て、染料にし、染めるところまで全部自分のところで行っている数少ない紺屋さんである。ご自宅の傍らにある小さな藍の畑を見せていただいた。藍は、葉の部分から青い色素が取れる。芽を出したばかりの小さな小さな藍の葉。よくよく見ると、表面は緑なのに、青い色素がうっすらと浮かんで見える。こんな赤ちゃん藍の葉でも、きちんと青みを持っているのがなんだかいじらしい。頑張って大きくなるんだよ、と思わず声をかけてしまった。

藍が60センチくらいになったら刈り取りの時期。祇園祭の暑いころだそうだ。庭で3日ほど干してから、手で茎と葉を分け、藍室《あいむろ》で数か月寝かす。12月の最初の大安の日を選んで、水をまくと藍が発酵し始める。発酵すると60度くらいになる藍を、時折かき混ぜながら世話をする。3か月ほどたつと、発酵が終わり、蒅《すくも》という藍染の原料が生まれる。

藍を発酵させる藍室は、初代から使われており、140年くらい前の建物なのだそうだ。7センチくらい籾殻《もみがら》を敷き詰めた上にむしろが敷いてあり、歩くとふわふわと弾力があって気持ちがいい。『アルプスの少女ハイジ』の藁《わら》のベッドって、こんな感じなのではないだろうかと、純日本式の立派な梁《はり》の天井を見上げながらふと思った。日本の藍室でスイスの山小屋を思う。何だかちょっぴり不思議な時間旅行をしたような気分になった。

森さんのお話を聞いていて驚いたのは、藍の茎は燃やして灰にし、水と混ぜ、強アルカリ性の灰汁《あく》を作って、媒染《ばいせん》液として使うということだ。葉が染料になり、茎がその色を定着させる媒染液になる。こんなによくできた植物はほかにもあるのだろうか。この藍の性質を見抜き、使ってきた先人たちに敬意を表さずにはいられなかった。

次はいよいよ染めの工程。20個以上の信楽《しがらき》焼の藍甕《あいがめ》が埋められている「丁場《ちょうば》」がその舞台である。甕の中に入っているのは、蒅と灰汁、水を混ぜて作られた染液。毎日攪拌《かくはん》して発酵させる。森さんは、染液の表面に浮かぶ「藍の華」の状態で、藍のご機嫌がわかるのだそうだ。

ついに、お湯で油を抜かれた絹糸が染液に投入される。真っ白な絹糸が、少しどろりとした黄褐色の液の中に浸けられていく。本当に大丈夫?と少し不安な気持ちになるが、それが杞憂《きゆう》であることはすぐにわかる。黄褐色の液をまとった糸が、表に出てきて空気に触れると、一瞬で青色にその姿を変えるのである。そして、4分ほどその工程を繰り返し、2本の木の棒を使ってぐっ、ぐっと絞っていく。すると、森さんが言った。「一瞬ですから、瞬《まばた》きしたらいけませんよ」と。

何のことかそのときはよくわからなかった。森さんが固く締めていた絞りをふっと緩めたその瞬間、染められた糸全体が玉虫色に輝いたのである。あんなに美しい色の変化を私は未だかつて見たことがない。あのつかの間の幻を、私は一生忘れることはないだろう。
私が青を好きな理由。それは、この玉虫色の幻に出会うためだったような気がする。

森 義男もり・よしお／昭和16（1941）年生まれ。明治3（1870）年に森 九蔵氏が創業した藍染屋「紺九」4代目。高校卒業後、父・卯一《ういち》氏に師事し、本格的に家業の本藍《ほんあい》染に従事する。平成8（1996）年、国選定保存技術保持者に認定。国宝や重要文化財の修理を担う国宝修理装潢《そうこう》師連盟の本藍染における唯一の職人であり、歓喜光寺《かんきこうじ》（京都）の国宝《一遍上人絵伝》の表紙裂地《きれじ》、桂離宮（京都）の松琴亭の石畳模様の襖の藍染紙などを手掛け、平成19（2007）年には三の丸尚蔵館の《春日《かすが》権現《ごんげん》験《げん》記絵《きえ》》表紙裂として皇后陛下御養蚕《ようさん》「小石丸《こいしまる》」の絹布の萌葱《もえぎ》染を務めた。

【P.272】20個以上の信楽焼の藍甕が埋められた丁場で作業する森 義男さん。甕の中には、藍の葉を発酵させて作った蒅と灰汁、水を混ぜて作られた染液が入っている。森さんは、糸だけでなく、和紙を藍で染める「紺紙《こんし》」も手掛け、多くの文化財の補修や修復にも携わってきた。【P.273】庭に藍色の糸が風にそよぐ、昔ながらの紺屋《こうや》の風景。

烏梅

職人 中西喜久さん（奈良県奈良市）

桃源郷。

その場所に降り立ったとき、そう思った。いや、正確には「梅源郷」と言うべきなのかもしれない。

奈良県の月ヶ瀬《つきせ》。京都市街から車で2時間ほど走ったところに、その梅の渓谷はある。川に沿って上流へとさかのぼり、どこまで来たのかわからなくなったとき、突如梅の林が目の前に広がる。渓谷の斜面が一面梅林なのである。高等科のとき、古典の授業で習って以来大好きで、繰り返し暗記するまで読んだ、中国の詩人、陶淵明《とうえんめい》の『桃花源記《とうかげんき》』の世界そのものが私の前にあった。

時間の流れ方が何だか違う。俗世間とは隔絶されたかのような空気感。本当に異界に迷い込んでしまったかのような感覚になり、少し戸惑う。でもなぜか、ずっとこの場所にいたい、そう思った。これもまた、梅源郷の不思議なのだろうか。

この月ヶ瀬の梅林は、江戸時代の儒学者頼山陽《らいさんよう》が「和州（大和）の香世界を観るに非ずんば、人生何ぞ梅花を説くべけんや」と称賛し、多くの文人墨客がこぞって訪れるようになったという梅の名所。歴史も古く、元久2（1205）年、月ヶ瀬の真福寺《しんぷくじ》に天神様をお祀《まつ》りしたときに梅の木を植えたのが始まりという言い伝えがあるそうだ。樹齢600年の梅の木も残っているのだという。でもこの梅林、観賞するためのものではない。「烏梅《うばい》」を作るために植えられたものなのである。

烏梅とは、黒梅とも呼ばれる、梅の実を黒く煙でいぶしたものである。平安時代から薬として用いられていたことがわかっており、烏梅にお湯を注ぎ、飲むと風邪予防や胃腸の養生などによいのだそうだ。でも、烏梅がその名を馳《は》せたのは、紅花染やお化粧用の紅の媒染剤《ばいせんざい》として。烏梅の水溶液が、紅花の色素を定着させ、より鮮やかに発色させる役割を果たすのである。

月ヶ瀬に烏梅が伝わったのは南北朝時代のこと。元弘《げんこう》の乱の際、後醍醐《ごだいご》天皇が笠置《かさぎ》で敗戦し、落ち延びられる途中、近侍の女官の一部が月ヶ瀬に逃げた。そのうちの一人であった園生姫《そのおひめ》が、月ヶ瀬に梅が多くあるのを見て、助けられたお礼として村人に烏梅の製法を伝えたのだといわれている。村人たちは教えられたとおりに烏梅を作り、京の都に送ると、大変高値で売れ、米よりも収入がよかったため、人々は競って梅の木を植え、烏梅作りに精を出したのだという。

しかし、明治以降、西洋から化学染料が輸入されるようになると、紅花染の媒染剤であった烏梅の需要は激減。往時は村全体で240トンも生産され、村の経済を支えていた烏梅を生産する家も次々と養蚕《ようさん》や製茶業へと転身せざるを得なくなっていったのである。それでも、戦中戦後の厳しい時期にあって、烏梅作りを細々と続けた人たちがいた。「生涯ここで暮らすなら烏梅を忘れるな、天神様が守ってくれる、先祖からの言い伝えだ」という教えとともに。その先人たちの思いを引き継ぎ、今も月ヶ瀬で烏梅を作っている家が1軒だけある。唯一の烏梅製造の継承者となった中西喜久《なかにしよしひさ》さんを訪ねた。

車を降りると、風に乗ってふわりと梅の香りが鼻をくすぐる。中西さんのご自宅の前の簾《すだれ》の上で乾燥させている烏梅からである。乾燥したものを手に取り、振ってみるとカラカラとよい音がした。それがよい烏梅が出来上がった証拠。「よくできた」という天神様のお声のようにも感じる。

烏梅作りは、梅の実が熟して落下する6、7月ごろ、「半夏生《はんげしょう》」の時期に行われる。昔はこの時期になると、どこの家でも一家総出で腰に付けたフゴに完熟した梅の実を拾い集め、それを天秤棒《てんびんぼう》で担いで山の上の家まで運んで烏梅作りをしたそうだが、今は地元の保存団体の人が集めてくれた梅を使っているのだそうだ。

作り方は至ってシンプル。刷毛《はけ》を使って梅の実を水で濡らし、箕《み》という特殊なざるをよく揺すりながら煤《すす》をまぶす。煤が均等にまぶされて黒くなったら簾に並べる。地面を掘り下げて作った窯に火をおこし、周りに籾殻《もみがら》を敷く。その上に梅を並べた簾を2枚重ねて置く。筵《むしろ》をかぶせ、水をまいて24時間70度前後の温度を保つようにして蒸し焼きにする。日当たりのよい場所に簾を移動し、20日から1か月ほど天日に干し、カラカラに乾燥したら出来上がり。夕立が多い時期なので、雨が降りだしたらすぐにトタンをかぶせて保護をする。烏梅を乾燥させている時期は出かけることができないのだそうだ。

用具も代々伝わる昔ながらの素朴なもの。着火に使われていたマッチ以外は、ほとんど平安時代の用具と変わらないだろう。もしかしたらもっと簡単な作り方もあるのかもしれない。でも、中西さんは「昔ながらのやり方にはきっと意味があり、伝えられたことはそのまま伝えていくのが自分たちの使命」と胸を張って言う。そのゆるぎない姿勢が、外の世界の人々とは関わりを断って暮らす桃源郷の住人と重なって見えた。

月ヶ瀬からの帰り道。ふと不安感に襲われた。『桃花源記』の主人公であった漁師は、その後いくら探しても桃源郷を見つけることはできなかった。私も二度とあの場所に戻ることはできないのではないかと。家に帰り、中西さんの奥さまが持たせてくださった手作りの梅干しをいただいた。その酸味に目が覚めた。同時に梅源郷の夢も覚めた。でも、その酸味は、梅源郷が確かにその場所に「ある」ということを私に教えてくれているようだった。

中西喜久　なかにし・よしひさ／昭和20（１９４５）年生まれ。奈良・月ヶ瀬の烏梅作りの9代目として祖父・喜一郎《きいちろう》氏、父・喜祥《きよし》氏が手掛けていた烏梅作りを幼いころから手伝う。中学卒業後、奈良県大和《やまと》郡山《こおりやま》市の農業経営の専門学校を経て、奈良県立養護学校の職員として平成26（２０１４）年3月まで勤務。平成23（２０１１）年、国選定保存技術保持者に認定。毎年、半夏生（7月上旬）のころに、梅林に祀《まつ》られた天神様にお参りして、妻の邦子《くにこ》さんとともに烏梅作りが始まる。息子の謙介《けんすけ》さんが烏梅作りと梅を使った商品の企画、製造、販売を行う「梅古庵《ばいこあん》」を運営。

【P.２７９】煤をまぶして真っ黒にいぶし、乾燥させた梅の実が烏梅。紅花染の媒染剤として欠かせない材料。【P.２８０】奈良の月ヶ瀬で毎年6～7月に作られる烏梅。中西喜久さん（右）は、妻の邦子《くにこ》さん、息子の謙介さん（左）とともに、朝から作業を行う。日光がよく当たる庭先に烏梅を並べた簾を運ぶ。完成するまでに20日～1か月ほど。毎年、４００～５００キログラムの梅を烏梅に加工する。

からむし

職人　昭和村からむし生産技術保存協会（福島県大沼郡昭和村）

「奥会津の山村に織姫がいる」
それはなんだかちょっと神秘的な響きである。

福島県の昭和村。周囲を山に囲まれ、冬の間は雪に閉ざされる、美しくも厳しい環境のこの村に、毎年4人ほどの織姫（時には彦星も）がやってくる。からむし織に興味のある若者を募集し、約1年間にわたって昭和村に滞在してからむし織と山村生活の体験をしてもらい、からむし織の技術を次世代に伝えていくための制度があるのである。

からむし織は、からむし（苧麻《ちょま》）というイラクサ科の植物の繊維を素材にした織物で、日本最古の織物ともいわれている。小千谷縮《おぢやちぢみ》や越後上布《えちごじょうふ》の原料ともなる。昭和村では、室町時代初期に会津領主であった蘆名盛政《あしなもりまさ》がからむしの栽培を奨励したことから始まり、長い歴史を誇る。からむしの繊維を裂《さ》き、一本一本丁寧《ていねい》に績《う》んで糸にし、織り上げる。吸湿性や速乾性に富み、「氷をまとったかのような涼しさ」とも表現されるその着心地は、夏の着物として大層珍重された。

しかし、戦争や化学繊維の台頭により、手間暇《てまひま》がかかり、高価なからむしの需要は激減。衰退の一途をたどってしまう。そんな中、１９７０年代からからむし栽培を復活させようとする動きが始まる。からむし織の伝統継承を通して、村の高齢化に歯止めをかけ、若者に就労の場を提供して、村に活気を取り戻すための一大事業だった。一進一退の地道な努力が続けられ、その一環として平成６（１９９４）年から始まったのが織姫制度なのである。

織姫たちは、村の施設で共同生活をしながら、からむし織について学ぶ。先祖代々からむしの生産を守ってこられた農家の方たちによって設立された、昭和村からむし生産技術保存協会のおじいちゃん、おばあちゃんをはじめとする村の方々がその先生だ。からむしの根を植え、育て、糸にし、布を織り、作品展をするまでが一連のプログラム。研修期間中、織姫たちは農作業を体験したり、郷土料理の作り方を習ったりしながら、村の生活に積極的に関わっていく。生活費などは出ないけれど、村の人たちが入れ代わり立ち代わり採れた野菜などを届けてくれるので、食べるものには全く困らないのだという。

約１年間の課程が修了した後も、もっとからむしについて学びたいという人が多く、後輩の織姫たちの指導補助やからむしの研究をすることを条件に、3年間まで延長可能なからむし織研修生の制度も始まった。この20年間で90名を超す織姫卒業生の中で、30名近くが昭和村や近隣地域にとどまり、からむしと関わり続けているという事実に、昭和村自体が本来持っていた「真価」を感じたのだった。その織姫卒業生の塩谷奈津紀《しおやなつき》さんに、からむし生産の作業工程を案内していただいた。

案内されたのは、織姫たちに技術を伝える保存協会の皆川吉三《みながわきちぞう》さんのお宅。玄関で奥さまのアサノさんがされていたのが「苧引き《からむしび》」の作業だった。苧引き盤《おひばん》という大きな船のような板の上に、苧引き板《おひいた》を載せ、その上で、苧引き具《おひご》を使い、からむしの表皮と繊維を上手に分けていく。長年使いこまれたその道具たちは、それぞれが苧引きの動きの形になっている。それがなんだかとても「格好いい」。シャッシャッとリズミカルに苧引き具が動かされる。すると、緑色だったからむしが真珠のように煌《きら》めく。その輝きに私は一瞬で魅了され、じっとその作業に見入っていると、「やってみますか?」と塩谷さん。とても簡単そうにやっておられるけれど、絶対に難しいのはわかる。どうしようと思いながら試してみたら、案の定、私の引いたからむしはぼろぼろに……。「新しいものより使いやすいだろうから」と使わせていただいたアサノさんのお祖母《ばあ》さまの代から何十年と使われているとても軽い苧引き具から、この村に伝わるからむしの伝統の重みがずしりと伝わってきた。

吉三さんは皮剝《は》ぎの作業。畑で刈り取り、数時間山の湧水に浸されたからむしを皮と芯に分ける。冷たくきれいな昭和村の清流が、品質の低下を防ぐ天然の冷蔵庫の役割をする。からむし栽培が、昭和村の気候風土に適しているということがよくわかる。パキッ、スッスッと皮が剝がれていく様子は、見ていてとても気持ちがよい。使わない芯は感謝して、畑に戻して肥料にするのだそうだ。

朝5時に起きて見に行ったのが、からむしの刈り取り。からむしの根を踏み固めることがないように、毎年違うところから畑に入り、品質を見ながら一本一本丁寧に刈り取っていく。吉三さんに「毎日どれくらい刈り取るんですか?」と聞いてみると、「母ちゃんが1日に苧引きできる分だけ。あまりたくさん刈り取ると怒られちまうから」とはにかむ。鮮度が大切なので、刈り取ってそのまま何日も置いておくことはできないのだそうだ。

男衆と女衆の仕事がきっちり分かれているからこそ、お互い助け合い、認め合いながら、それぞれの仕事に誇りを持って、からむしと向き合っておられる。その姿がとても清々《すがすが》しく、輝いて見えた。

苧引きの作業を見せていただいた後、皆川家でお茶を御馳走《ごちそう》になった。手作りのお煎餅や梅の甘漬けをいただきながら、からむしのいろいろなお話を聞かせていただいた。印象的だったのは、織姫の塩谷さんが本当の家族のように溶け込んでいたこと。この皆さんのあたたかさが、織姫たちが昭和村にとどまる理由なのだろう。

昭和村で自転車に乗っている若い女性は大抵《たいてい》織姫なのだそうだ。皆川家から帰る途中、自転車に乗った織姫らしき二人とすれ違った。この織姫たちも、からむしを織るように、自分たちの歴史をこの昭和村で紡いでいくに違いない。

昭和村からむし生産技術保存協会 しょうわむらからむしせいさんぎじゅつほぞんきょうかい／室町時代初期、野尻郷《のじりごう》（現在の昭和村）でからむしの生産が始まったといわれる。明治中期には年間6トンのからむし生産を誇るが、太平洋戦争でからむしの生産量が減少。戦後、からむし生産再興の動きが出て、昭和46（1971）年、昭和村農協がからむし生産部会を発足。平成2（1990）年に昭和村からむし生産技術保存協会となる。平成3（1991）年、からむし（苧麻）生産・苧引きの技術が国選定保存技術に選定。現在約40名の会員が技術を伝えている。

【P.286】イラクサ科の植物で、古くから日本の織物の繊維に使われてきたからむし。茎の部分から繊維を取る「苧引き」の作業後、3日〜1週間、室内で乾燥させる。【P.287】乾燥したからむしを細く裂き、太さをそろえて縒りをかける「苧《からむし》績《う》み」によって細い糸を作る。【P.288】福島県の西部、奥会《おくあい》津《づ》と呼ばれる地に位置する昭和村の山村風景。【P.289】毎年5月の小満《しょうまん》（二十四節気のひとつ）のころに畑に火をつける「からむし焼き」をして約2か月後、2メートルに成長したからむしの刈り取りが始まる。

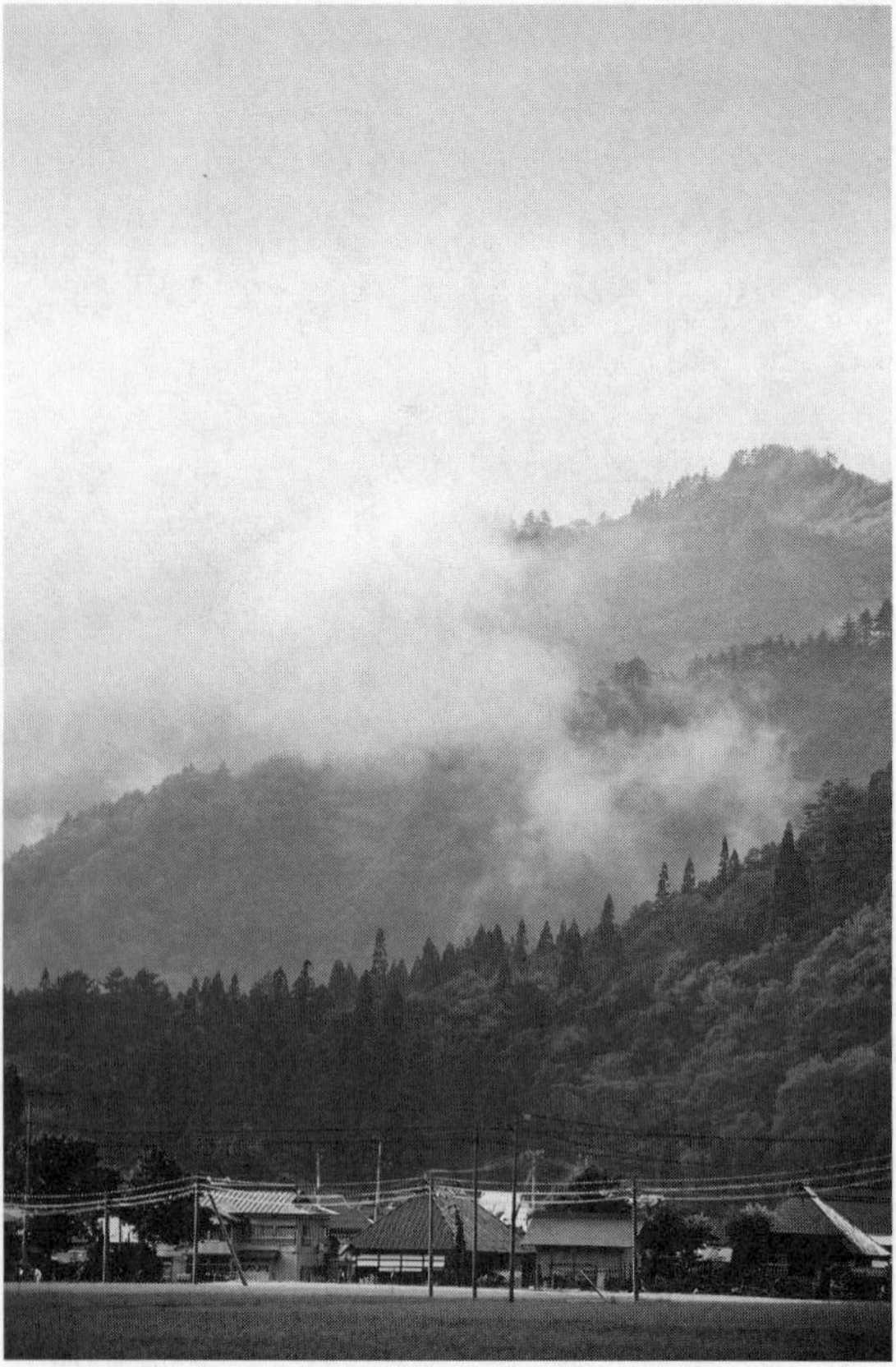

琵琶

職人　四世石田不識さん（東京都港区）

赤坂御用地の中から見える高層ビル群に、最近にょきっと背の高いビルが仲間入りした。

虎ノ門ヒルズ。聞くところによると、都内で最も高い建物であるらしい。灯台下暗《もとくら》しと言うべきか、近くにあるからいつでも行けると思ってしまうからなのか、今までなかなか行くことのなかったこのあたり。その虎ノ門ヒルズの真ん前に石田琵琶《びわ》店は静かに佇んでいる。

虎ノ門の通りに面した3階建ての小さなお店。オフィスビルが並び立つ近代的な街の中で、ふと目が引きつけられる、一本気で孤高のオーラを放つ店構えである。昭和レトロなガラスの戸をからりと開けると、5畳ほどの木の床の上で黙々と作業をしておられる人がいる。日本で唯一、全工程手作業で琵琶を作る職人、四世石田《いしだ》不識《ふしき》さんだ。

石田さんはもともと宮大工。故郷の青森八戸から17歳で上京し、東京で仕事をしていたところを、先代の三世石田不識さんに、娘の嘉子《よしこ》さんの結婚相手として見初《みそ》められたのだそうだ。結婚してからは、大工の仕事を続けながら、琵琶の付属品などを作って手伝っていたが、琵琶のことは全く知らなかったという。嘉子さんとのお見合いのときも、「ビワを作っている」と言われ、果物の枇杷《びわ》のことだと思ったほどだったとか。

琵琶と枇杷。どちらも古代に日本に持ち込まれ、昔から日本人の心を楽しませてきたもの。果物の枇杷は、形が楽器の琵琶に似ていたことから名付けられたのだそうだ。琵琶も枇杷も、石田さんだったら何だか両方上手に作れる気がするな、と枇杷の木の傍《かたわ》らに立っている石田さんの姿がなぜか頭に浮かんだのだった。

そんな石田さんに人生の転機が訪れる。嘉子さんと結婚して程なく、先代が病に倒れ、亡くなってしまう。跡をどうするのかという話し合いが持たれる中、「自分が何とかやってみる」と手を挙げたのが石田さんだった。とはいえ、先代から琵琶作りについてはほとんど教わっていない。そんな手探りの状態から四世の琵琶作りは始まった。

「一番大変だったことはなんですか?」と聞くと、「大工なので形を作ることはできたけれど、音を出すことが難しかった」と石田さんは言う。頼るべき師匠がなく、苦労する石田さんを助けたのは、先代と付き合いのあった琵琶演奏家や専門家たちだった。

鶴田《つるた》流の鶴田錦史《きんし》さん、錦心《きんしん》流の大舘洲楓《おおだてしゅうふう》さんという、当時屈指の二人の名琵琶奏者がお弁当を持って通ってくれ、熱心に音の調律を教えてくれたのだそうだ。「頑張るんだよ。あなたしか琵琶を作れる人はいないんだから」と。そんな人たちの励ましに支えられて、石田さんは職人としての道を歩み始めた。

苦難の時代を乗り越えた石田さんが作る琵琶は、その足跡を映しだすかのようにとても深みがあり、力強い。石田さんの琵琶の一番の特徴は、上質な桑《くわ》の木を10年間自然乾燥することによって出る音色。人工的に乾燥させると、木の養分が逃げてしまうのか、音が浅くなってしまうのだそうだ。驚いたのは、思っていた以上に琵琶が重いこと。根のついた丸太のままの桑の木を買い付けて、乾燥させて削り出す。この厚さがないと、奥行きのあるあの音は作りだせないのだそうだ。様々な大きさの鉋《かんな》を使い分け、荒々しい削りと、繊細な削りの作業を組み合わせながら、木材がだんだんと琵琶の形になっていく。

琵琶は語り物の伴奏楽器であるため、音は演奏する人の声域に合わせて作るというのが、私にとっては新鮮な発見だった。どんな音を出したいのか、流派や男女の差、声の質によっても違うので、琵琶を注文される方から細かな希望を聞いて、音を決めるのだそうだ。この音の調律が一番繊細で難しい作業。微妙に木の彫り方を変えて、世界に一つしかない琵琶ができるのだという。使う人の声に合わせて生まれる楽器。それは、琵琶奏者の方にとって、まさに自分の分身のような存在になるのだろう。琵琶奏者の方たちが、いつも艶やかに磨かれた琵琶を、子どもを慈しむように大事そうに抱いて演奏しておられる理由がわかったような気がした。

泰然《たいぜん》自若《じじゃく》として、多くは語らない石田さんの口から少しずつ紡ぎだされる物語を聞いていて感じたのは、人の人生というのは本当に不思議な縁によって形作られていくものであるということだ。

石田琵琶店が始まったのは、嘉子さんのお祖父《じい》さまである初代が、西南戦争のときに官軍として薩摩に赴いた際、現地で薩摩琵琶と出合っていたく感銘を受け、薩摩琵琶の職人を東京に連れ帰って、明治11（１８７８）年に神田錦町に店を構えたことによるのだそうだ。薩摩討伐のために薩摩に出向いた人が、薩摩に根付く文化に心を打たれ、それを東京に伝えるために職人を連れ帰って店を開くに至るなんて、数奇な運命と言わずに何と言おう。当代の石田さんも、宮大工として青森にいたときは、まさか自分が日本で唯一の琵琶職人になろうとは思ってもいなかったに違いない。これが偶然なのか必然なのか、運命の神様のいたずらなのかはわからないけれど、これがご縁を結んでいく、ということなのだろうなと改めて思う。

琵琶が結び続けるご縁によって生みだされていく石田琵琶店のものがたり。そのお話を、いつか石田さんの琵琶の音色に乗せて聞いてみたいとふと思った。

四世石田不識　よんせい　いしだ・ふしき／昭和12（1937）年生まれ。昭和28（1953）年、生まれ育った青森県から上京して宮大工の修業を始める。26歳で三世石田不識氏の五女・嘉子《よしこ》さんと結婚。三世が製作する琵琶の付属品を作る手伝いをしていたが、結婚して3年後に三世が病に倒れ、琵琶製作を継ぐ。昭和45（1970）年に「不識」の雅号を継承。「不識」の名前は、初代が吉祥寺《きちじょうじ》の僧侶より達磨大師《だるまだいし》の言葉を拝領したもの。平成18（2006）年、国選定保存技術保持者に認定。薩摩琵琶の演奏家である息子の克佳《かつよし》さんが五世石田不識継承。

【P.295】琵琶の形を切り出した木の内側をノミで彫る、四世石田不識さん。琵琶の胴体の材料には桑《くわ》の木が使われることが多い。伊豆諸島の御蔵島《みくらじま》へ桑の原木を買いに行き、埼玉県の保管庫で10年間ほどじっくり乾燥させる。【P.296】正倉院宝物《螺鈿紫檀五絃琵琶《らでんしたんごげんびわ》》からイメージした琵琶を製作中。

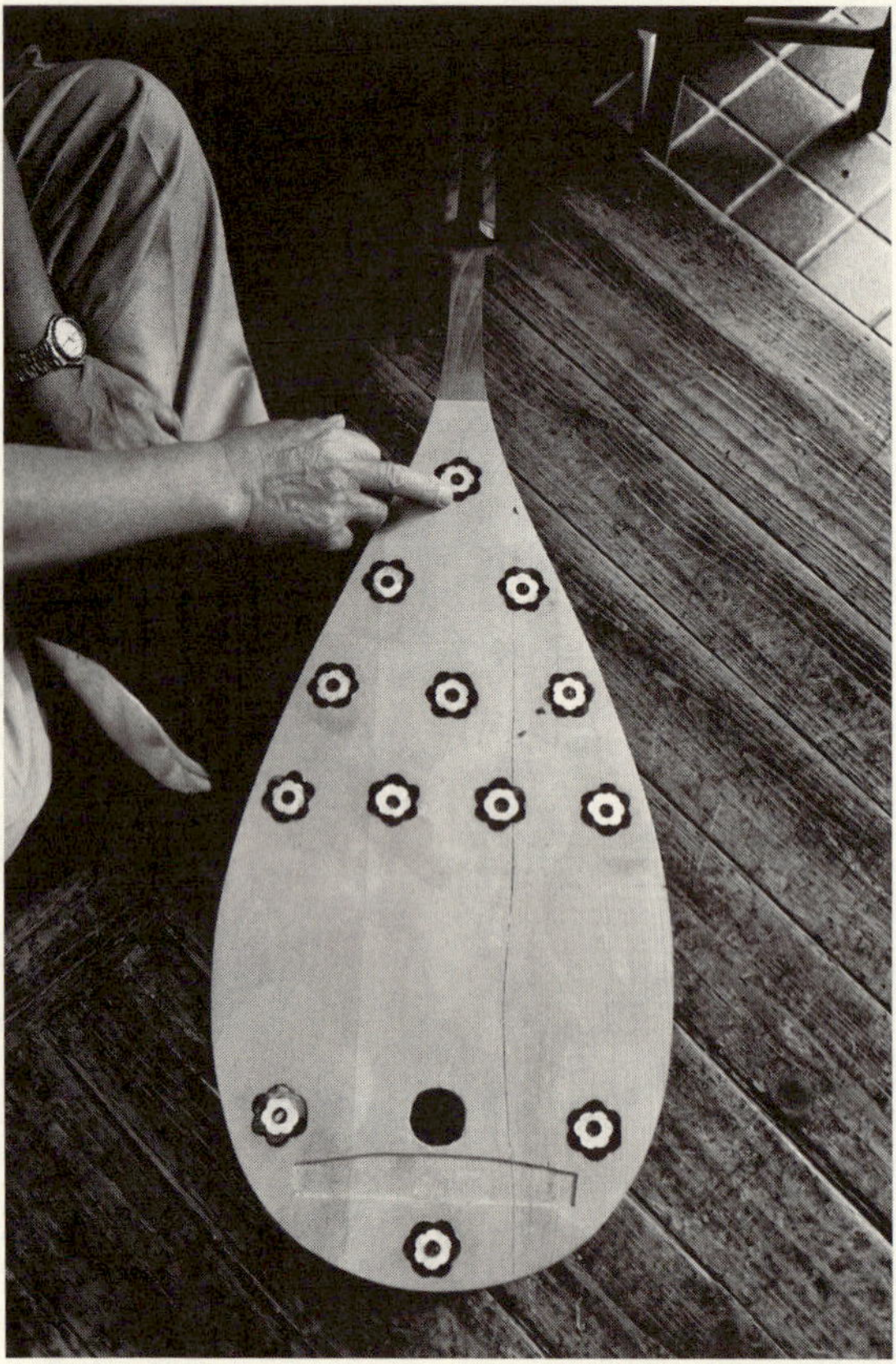

金具

職人 横山金具工房（京都府京都市）

「鉄は熱いうちに打て」

言わずと知れた、古くからあることわざ。鉄は熱してやわらかいうちに鍛えることから、精神の柔軟性のある若いうちに、有益な教育を施すべきであるという喩《たと》えである。

もちろん知識としては知っているし、鉄を打つ鍛冶屋《かじや》さんの姿は映像などでもよく見る。でも、飛び散る火の粉が降りかかるくらい近くで見る本物の「鉄を打つ」様子は、本当に熱いうちに打たなければいけない理由を五感で感じさせるものだった。

京都市の南、吉祥院《きっしょういん》と呼ばれるところに横山金具工房はある。京都に住んではいても、普段あまり訪れる機会がないところである。ちょっと迷ってぐるぐるとあたりを回った末にたどり着いた工房。ひょっこりと工房から出てきて迎えてくだったのが、金具鍛冶の横山智明《よこやまともあき》さんだった。お会いして早々思わず目を引かれてしまったのが、分厚い胸板とたくましい腕。「偉丈夫《いじょうふ》」という言葉を久しぶりに思い出した。

横山金具工房は、建物の金具に関するものならば何でも手掛ける。当代の横山智明さんで3代目。国鉄に10年ほど勤めた後に家業に入られたお兄さまの隆成《たかしげ》さんとともに仕事をされる工房は、日々扱う鉄の硬さとは裏腹に、家族経営のやわらかな空気が流れている。

お母さまもつい最近まで仕事を手伝われていたのだとか。「昔は親父とおふくろが二人でずっと仕事していて。金属の板を切るのは俺よりおふくろのほうが丁《てい》寧《ねい》でうまいんですよ」と智明さんは笑う。その話を聞いて、ああ、この家族は皆が正面からまっすぐに家業と向き合い、それぞれが自然な流れで家業を引き継いでいくことを決められたのだろうな、と思った。目には見えないけれど、家族の間にある絆と空気感がとてもあたたかかった。

最初に見せていただいたのは、火造場《ひづくりば》。智明さんが黙々と和釘《わくぎ》を作る。細い鉄を熱し、地中深く埋められた和床《わどこ》という台の上で叩《たた》きながら釘にする。この火造場はお祖父《じい》さまの代から使われていたもので、工房を移るたびにそっくりそのまま移動させて使っている。いわば横山金具工房の「心臓部」である。

その心臓部で熱され、生みだされる和釘は、さながら血液のようだ。赤々と燃える火の中で熱された鉄を叩くと、見る見るうちに釘の形に近づいていく。ただ叩いているだけのように見えるのに、いつの間にか先が鋭利に変化しているのである。赤い鉄が黒くなっていく過程で成形をする。叩くときは、金槌《かなづち》でざっくりと叩き始めてだんだん細やかに。金槌で叩くときは、力で振り下ろすのではなく、「振り上げる力」のほうが大切なのだそうだ。あのたくましい腕の理由がここにある。

次は上部の成形。バーナーで熱し、先端をくるくるっと丸めるともう完成。釘を打ち込む材木のやわらかさや、頭を見せて釘を打つかどうかを考えて巻き加減を調整する。昔は大工さんが木を見て巻き加減を判断するので、大工さんの側で釘を作っていたのだそうだ。木に打ち込むと和釘の上部は見えなくなる。本当に血液のように、和釘は日本建築の内部にあってその役割を果たすのである。

面白いなと思ったのが、和釘の表面が思っていたよりざらっとしていたこと。そして意外と凹凸があること。機械的に表面が均一にならされた洋釘よりも、不均等な「粗さ」がしっかりと木にかみ、打ち込めば打ち込むほど効いてくる理由になるのだそうだ。いくら機械化が進んだ現代社会でも、機械が人間に及ばないものはたくさんある。黒光りする和釘の表面には職人の誇りが映しだされていた。

横山金具工房の主なお得意先は神社やお寺。文化財建築の修復や改修の折に、和釘や釘隠《くぎかくし》、蝶番《ちょうつがい》や錠前《じょうまえ》などの金具の注文を受ける。中には見たことのない、作ったこともないような金具もあるのだという。そういった金具は、オリジナルを研究しながらひとつひとつ図面を起こす。平面だけではなく、断面図も立体図も。施工主と相談をして、試作品を作り、強度を確認。あとは、長年の勘を頼りに鉄を打ち、作り上げるのだそうだ。

文化財修復は、先人たちの遺《のこ》してきた仕事を知ることができる貴重な機会だと、横山さん兄弟は口をそろえる。金具の修復の際は、まず使えるものと使えないものに分け、使えるものは真鍮蠟《しんちゅうろう》を溶かしたものでひとつずつ直していく。過去の技術と現在の技術が重なる瞬間。そしてそれが未来へと伝えられていく。「継承する」というのはまさにこのことだと思った。

最近は、お父さまが手掛けられた社寺の修復のお仕事が回ってくることも多いという横山さん兄弟。伊勢の神宮は20年に一度だけれど、社寺の大規模修復は50～60年に一度くらいなので、自分たちが直したものをまた直すということはまずないのだと胸を張る。だからこそ、この方たちは自分たちの作るものに「先人たちには負けられない」という並々ならぬ責任感を持っておられるのだろう。

今度はご兄弟の手掛けられた仕事を息子さんが請け負うときが来る。若いときから鍛冶場で過ごし、まさに熱いうちに打たれた鉄である彼は、数十年後にどのような輝きを見せてくれるのだろうか。

横山金具工房よこやまかなぐこうぼう／代表の横山智明さんは昭和38（1963）年生まれ。高校卒業後、父の横山義雄氏のもとで鍛冶《かじ》師として働き始める。兄の隆成さんは昭和37（1962）年生まれ。高校卒業後、国鉄、JR勤務を経て、横山金具工房入社。昭和初期、初代・横山松之助《まつのすけ》氏が京都市南区で鍛冶職を始め、昭和29（1954）年ころより松之助氏の次男・義雄氏が家業に専念。文化財建造金具の研究を重ね、桂離宮、京都御所の補修工事などを担当。義雄氏の技術は智明さんと隆成さんに継承され、文化財建築の金物製作を担う。

【P.302】熱した鉄を金槌で打ちながら、釘の形に成形していく横山金具工房の横山智明さん。【P.303】伝統的な和釘の一種、巻頭《まきがしら》。上部を巻いて仕上げる。

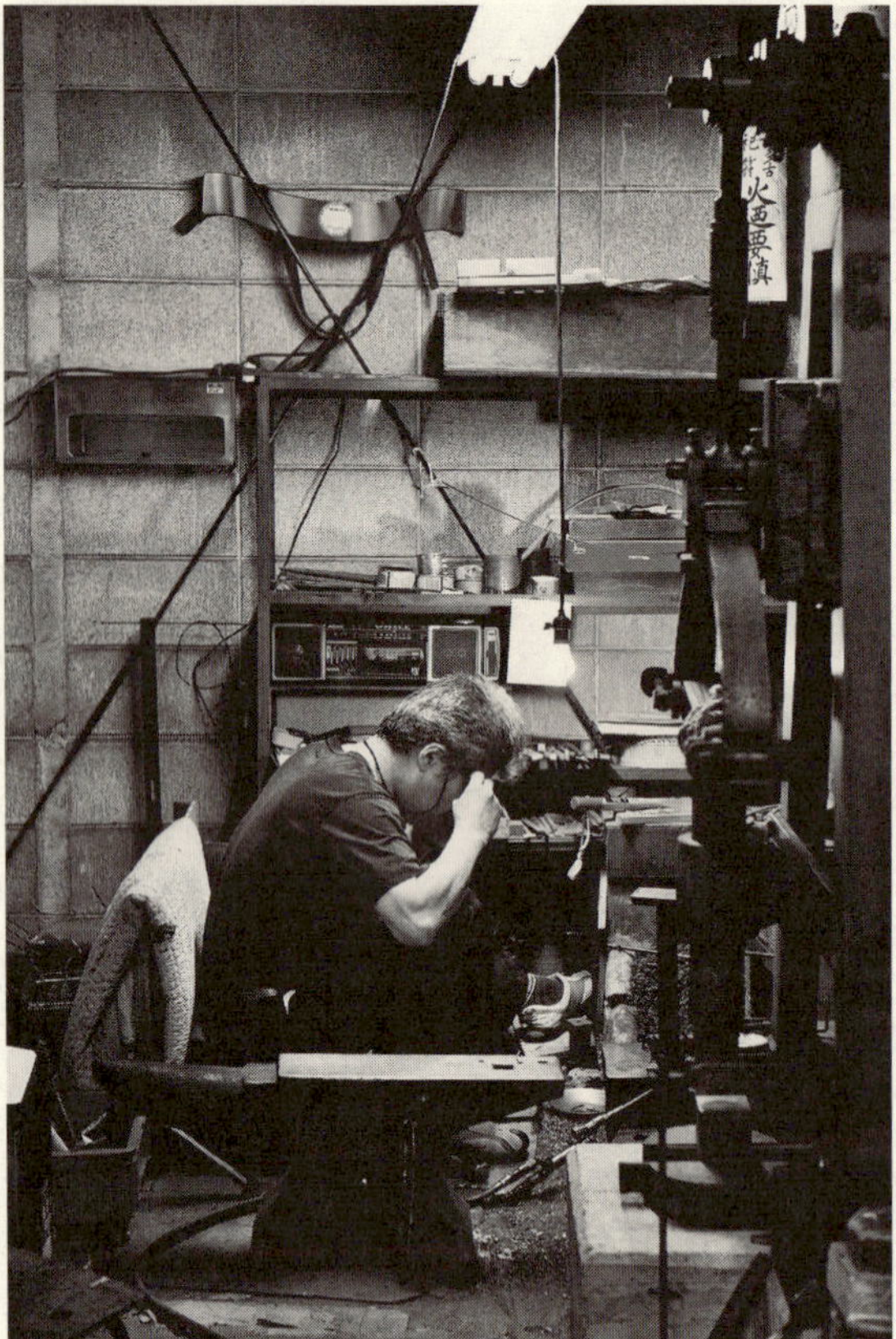
火廼要慎

キリコ

宮司　工藤庄悦さん（宮城県本吉郡南三陸町）

平成23（2011）年3月11日。東日本大震災で津波の被害に遭《あ》い、骨組みだけになった南三陸町防災対策庁舎。3階建ての建物には、当初の予想を超える、屋上の床上約2メートルの高さまで津波が押し寄せ、約40名の町民が犠牲となった。この場所で一命を取り留め、周囲に何もなくなってしまった庁舎の屋上で、潮に濡れた身体を抱え、震えながら眠れぬ夜を過ごした佐藤《さとう》仁《じん》町長の「海の向こうからいつもと変わらない朝日が昇ってきたときに、あ〜、生きてるって思ったんだよね」という言葉は、今も私の心に強く強く残っている。

この防災対策庁舎を見下ろす高台に上山八幡宮《かみのやまはちまんぐう》は建っている。町の歴史を見守っているかのように。

三陸地方には、お正月に神棚に飾る「キリコ」という切紙《きりがみ》細工がある。これは、神社の神主《かんぬし》さんが一枚一枚手作りし、氏子《うじこ》さんたちに配るもので、吉祥《きっしょう》柄、人形《ひとがた》、網飾りなど様々な種類がある。神社によっても、作る人によっても、少しずつ趣が違う。年の終わりには新しいキリコと取りかえられ、古いものはお札などと一緒にお焚《た》き上げされ、姿を消す。美しいけれど、儚《はかな》い。でも、飾られたキリコたちは与えられた時間を全うするかのように、凜《りん》とした姿で、神棚を清々《すがすが》しい気で満たすのである。

キリコは、江戸時代中期、天明《てんめい》の大飢饉《ききん》のころ、神様にお供《そな》えするお米などの作物が採れなかったとき、本物がなくても神様への御供物《おくもつ》を何とかして捧げたい、と神社の神主さんが御供物の形を紙で切ってお供えしたものが広まったといわれている。神様に喜んでいただきたいという数百年前の祈りの「カタチ」が、こうして人々の祈りとともに現代に残っているということに、日本人の精神性の高さを感じずにはいられない。

南三陸町志津川《しづがわ》の上山八幡宮には、三方《さんぼう》の上に載った餅、お神酒《みき》、知恵袋の3種類の平面の「お飾り」と、主に漁師さんの家の神棚に飾る大漁祈願のための「鯛《たい》飾り」が伝わる。神社でキリコを切るのは、宮司《ぐうじ》の工藤庄悦《くどうしょうえつ》さん。先代の宮司さまの三女、禰宜《ねぎ》の真弓《まゆみ》さんのご主人である。

もともと庄悦さんは、神社のほど近くにあった和菓子屋さんの長男で、震災前は和菓子職人と神職を兼業しておられたのだそうだ。お二人はきっと幼馴染《おさななじみ》であったのだろうと思って聞くと、なんと「存在は知っていたけれど、子どものころは会ったことがなかった」とのこと。それでも今こうして一緒におられるということは、小さなころから見えないところで二人のご縁の糸は結ばれていたということなのだろう。

「神職の資格を取るまで神社のことには手を出すな」と前宮司さまから言われていたという庄悦さん。資格を取り、「何か手伝いましょうか？」と聞いたとき、最初に「やってみるか？」と任されたのがキリコ作りだったのだという。始めたばかりのころは、言われたように切ってもバランスが取れず、前宮司さまに聞きに走ることも度々あったとか。聞いたことは忘れないように図面を起こして努力を重ね、11年目となった今は、キリコを切る手に迷いはない。「和菓子職人なので、もともと手先は器用なんですよ」と真弓さんがご主人を見る目はとても誇らしげだった。

キリコの材料は至ってシンプル。和紙と型紙、カッターにカット板のみだ。鯛飾りは4枚、平面のお飾りは5枚重ねて、型紙に合わせて和紙を切っていく。鯛飾りの網のところなど、線だけのところはフリーハンドで切る。お彼岸を過ぎたころから時間の空いたときに少しずつ作り、平面のお飾りは3種類を一組にして、鯛飾りもぎりぎりまで平面の状態で箱に入れて保存しておくのだそうだ。

目の前で鯛飾りを作っていただいた。「ただ型紙に合わせて切るだけなんですけどね」と控えめに微笑みながら、庄悦さんは黙々と手を動かす。くるくると紙を回しながら、紙の全面に切れ目が次々と入れられていく。どんな形になるのだろうかと、見ているこちらは何だか胸が高鳴る。20分ほどで完成。3本の竹の棒の先端に、神様の着物であり、依代《よりしろ》である御幣束《おへいそく》を着せ、鯛飾りをふわりと広げる。切りたての鯛飾りは、ぱりっとしてなんだか「イキがいい」。きっと今年は大漁のよい年になる。そんな気持ちにさせられる。

震災前は1200戸の氏子さんがいたという上山八幡宮も、現在はその数が300戸に減ってしまい、ほとんどの方が仮設住宅にお住まいなのだそうだ。仮設住宅では神棚が置けず、飾れない氏子さんも多いため、震災前は1500枚のお飾りを授与していたが、現在は500枚。鯛飾りは50体に減ってしまったという。

当たり前にあったものが、当たり前でなくなってしまった東日本大震災。上山八幡宮も鳥居のところまで津波が達した。神社の近くにあったご自宅は、2階まで浸水し、全壊する。でも、2階の机の上に置いてあったキリコの型紙は、入れてあった箱ごと水に浮き、奇跡的に助かったのだという。変わり果てたわが家に戻り、見つけた型紙は、工藤家にとって希望の光であったことだろう。これにはきっと何か意味があるのだと思った、という庄悦さんの言葉は、深く心に沁《し》みるものだった。

飢饉や冷害という状況の中で、人々の心のよりどころとなったキリコ。そのキリコがまた、震災という困難の中で人々に希望を与えている。苦境にあって人々を支えるもの。それは、やはり祈りの力であるのかもしれない。

工藤庄悦 くどう・しょうえつ／昭和46（1971）年生まれ。高校卒業後、仙台や沖縄で菓子職人として勤め、25歳で宮城県本吉郡《もとよしぐん》南三陸町《みなみさんりくちょう》志津川の実家、兼田屋菓子店へ。平成17（2005）年に上山八幡宮の先代の宮司の三女である真弓《まゆみ》さんと結婚、社家《しゃけ》に入る。翌年に神職の資格を取り、権禰宜《ごんねぎ》となりキリコ作りを担う。平成29（2017）年より宮司。上山八幡宮は寛永《かんえい》年間にはすでに志津川の鎮守であった記録が残る。東日本大震災で拝殿や社務所の大きな被害は免れたが、工藤さんの自宅は被災し、5年間仮設住宅暮らしを余儀なくされた。

【P.309】上山八幡宮のキリコ。大漁祈願の鯛飾りは、主に漁師の家の神棚に祀られる。【P.310】キリコを作る宮司の工藤庄悦さん。型紙に合わせて、和紙をカッターで切る。キリコは毎年9月下旬から作りはじめ、切ったキリコは畳んで箱に入れておく。12月15～21日に町内の集会所を巡り、キリコを頒布《はんぷ》する。
【P.311】作っていただいたばかりの鯛飾りをふわりと広げて。

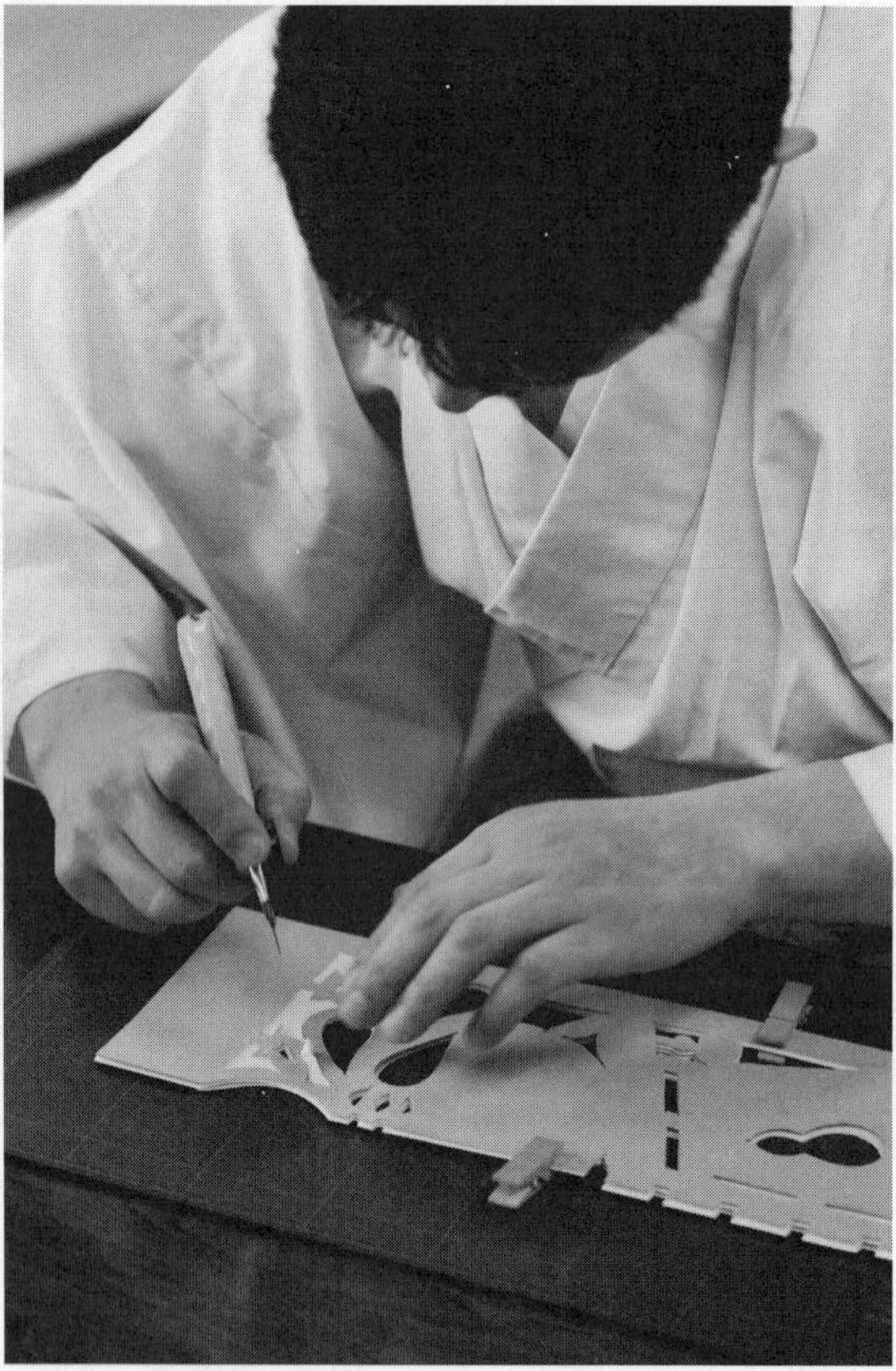

撥鏤

職人 守田 蔵さん（京都府木津川市）

「彬子さま、バチルってご存じですか？」

ある日突然、仲よしの編集さんからこんなことを聞かれた。最初は全く「バチル」が脳内変換できず、何かの菌の一種だったか、はたまた太鼓《たいこ》の撥《ばち》の一種だろうか、もしや新手の若者言葉かと、様々な「バチル」候補が頭の中を巡ったのだが、その答えはすべて間違っていた。

「バチル」とは「撥鏤《ばちる》」のことで、撥は「はねる」、鏤は「ちりばめる」という意味。いわゆる撥ね彫りで、彫り方の技法をいう。象牙《ぞうげ》を生地どりし、研磨して、茜《あかね》や藍《あい》などの天然染料で染めた上に、動物や草花などの吉祥文《きっしょうもん》を撥ね彫りし、さらに点彩を施す工芸技法である。

ある人が彼女に、京都の木津《きづ》のほうにすごいことをしている人がいるから、取材に行ってみたらどうかと教えてくれたところからこのお話は始まっている。そして、「彬子さまの連載にぴったりだと思って」と、私に話を持ってきてくれたのだ。

そして私が見せられたのは、撥鏤作家の守田《もりた》蔵《くら》さんが取り上げられた雑誌の記事のコピーだった。真っ先に目に飛び込んできたのは鮮やかな茜と藍の色。そこでようやく気付いた。数年前の正倉院展の図録をぱらぱらと見ていたときに、ふと目が留まり、本物を近くで見られたらどんなに美しいものだろうか、と思いを巡らせたあの《紅牙撥鏤尺《こうげばちるのしゃく》》の「バチル」であるということを。撥鏤の技法は天平時代の「ものさし」である尺などを華やかに飾るものとして使われた。そして、これほど精細《せいさい》で巧緻《こうち》なものを、守田さんが独学で極められたというくだりに、この方のお話を一度うかがってみたいなと思うようになった。

そこからは、彼女の猛烈な後押しが編集部にあったこともあって、取材が実現する運びとなり、京都と奈良の県境、浄瑠璃寺《じょうるりじ》の向かいにある守田さんの工房「寧楽《なら》工房」におうかがいすることになったのである。

ひっそりとして、普段からあまり人通りも多くはない浄瑠璃寺。そのお膝元に寧楽工房はある。文人のわび住まいとは、まさにこのようなところを指すのだろうと思える佇まいである。そこから出てこられたのは、やはり文人という言葉がしっくりくるような風格をお持ちの方だった。

子どものころから浄瑠璃寺が大好きだったという守田さん。当時住んでいた奈良市内の自宅から、1時間ほどかけてここまで歩いてきたこともあるのだそうだ。懐《ふところ》に抱かれているような雰囲気が好きなのだとか。26歳のときに、知り合いから120年ほど前につくられた民家が取り壊されるという話を聞き、この素晴らしい建物がただ壊されるのを見送ることはできないと思った。そこで、取り壊し工事を待ってもらえるように頼み込み、それを浄瑠璃寺のそばに移築して、窯と工房をつくった。それが寧楽工房である。

自分が26歳のときのことを思い起こしてみる。いくら好きであったとしても、この古民家を自分の力で移築しようと思えただろうか。その答えはおそらく、否だ。この大きな決断をその若さでできた守田さんという人の、まっすぐな思いの強さにただただ感服したのだった。

守田さんのまっすぐな思いは、少年のころから続いている。中学生のころから正倉院展に通い、19歳のとき、北倉《ほくそう》紅牙撥鏤尺が展示されたのを見て、「こんなに美しいものがこの世にあるのか」と心奪われたのだそうだ。その後会社勤めを始めるも、肌に合わず、身体を壊して辞めてしまう。そこで、正倉院展で魅入られた撥鏤を仕事にしたいと、そのとき日本で唯一、撥鏤を手掛けていた象牙工芸作家の吉田文之《よしだふみゆき》さんの門を叩《たた》いたが、一子相伝《いっしそうでん》と言われて断られる。やむなく守田さんは陶芸の道に進むことになったのである。

白洲正子《しらすまさこ》さんとのご縁もあり、陶芸家としては大成功を収めるが、どうしても撥鏤の夢が諦められなかった守田さん。平成19（2007）年、63歳で大病を患い、生死の境を彷徨《さまよ》った病床で、心残りはやはり撥鏤だと思ったのだそうだ。そして、独学で撥鏤尺作りに挑戦することを決意する。

困難を極めた30センチもの象牙を切ってくれる職人さん探しから始まり、染めの作業も染色家の友人に尋ねながらの試行錯誤。正式な図面もあるわけではない。頭に図面が入るように、何度も何度も下絵を描き続けた。でも、そんな苦労話とは裏腹《うらはら》に、「やり方がわかったら結構早かったですよ」と平然と言う守田さん。その言葉のとおり、象牙に刃を当てる手は何のためらいもなく動き出す。「本物の線にも迷いがないでしょう。考えながら彫ったらこの線は出せない。天平時代の職人と同じように自分も彫らなければいけないから」と。その後ろ姿は、天平の職人が乗り移っているかのようだ。

実際に撥鏤尺が作られた地である中国では、正倉院にあるような彩色のあるものは一本も残っていない。その技術を持った人もいなくなった現代の日本で、少年のころからの夢を叶えたいという思いだけで、正倉院の撥鏤尺8本の復元に成功した守田蔵さん。一人の少年の人生を変えてしまった美の力。そして、少年の心を突き動かし、導いた思いの力。そのまっすぐな、でも少し不器用な生き方は、とても守田さんらしいと思った。

いつか間近《まぢか》で見てみたいと願った紅牙撥鏤尺は、天平時代の本物と寸分たがわぬ姿でいつの間にか私の目の前に並んでいる。でも、手に取るのも憚《はばか》られるようなただならぬ風格をたたえていた。天皇しか持つことの許されない、国家の基準をはかる「ものさし」である撥鏤尺。姿形だけではなく、その精神性をも守田さんの撥鏤尺は写しているのだった。

守田 蔵 もりた・くら／昭和19（1944）年生まれ。子どものころから茶道具や骨董に興味をもち、古道具屋で遊ぶ。大学卒業後、就職するもすぐに離職し、陶芸の道へ。26歳のときに浄瑠璃寺のそばに古民家を移築し、「寧楽工房」を設立。登り窯を構え、信楽焼《しがらき》にのめりこむ。個展がきっかけで白洲正子《しらすまさこ》さんと出会い、親交が始まる。茶道具の作陶で暮らしてきたが、平成19（2007）年、大病から恢復《かいふく》後、少年時代から憧れ続けた撥鏤の復元を生涯の目標として決意。独学で撥鏤の製作を学び、正倉院宝物に残る8本の複製を約7年間かけて完成させた。令和6（2024）年7月逝去。

【P.317】彫刻刀で撥鏤の文様を彫る守田蔵さん。彫るときに使う道具は、キリのような細い彫刻刀2本のみ。【P.318】彩色を施す作業は自然光が入る北向きの場所で。【P.319】正倉院宝物の撥鏤を写し、何度も何度も下絵を描きながら、本質に迫った。

和鏡

職人 山本晃久さん（京都府京都市）

鏡を見ていると、ふと怖くなるときがある。魅入られる、というか、このまま鏡に吸い込まれてしまうのではないかという不安にかられるのである。

それが、神社にお祀《まつ》りされている鏡となるとより顕著だ。全国各地の神社をお参りさせていただく機会が多いのだけれど、鏡が御神体としてお祀りされている神社は少なくない。参拝するときに目の前に鏡が見えると、思わずずっと目線を下げてしまう。それだけ神社の鏡というのは神々しく、畏怖《いふ》の念を抱かせるほどの大きな力を帯びているように感じるのである。

鏡といえば、古代から様々な文献や出土品等に見られるもののひとつである。『魏志倭人伝《ぎしわじんでん》』でも倭国《わこく》の女王とされる卑弥呼《ひみこ》が、魏の皇帝より銅鏡を１００枚贈られたことが記されている。

天皇の践祚《せんそ》の際に継承される三種の神器《じんぎ》のひとつも鏡。天孫降臨《てんそんこうりん》の際に、天照《あまてらす》大御神《おおみかみ》自身だと思って祀るようにという神勅が下されたもので、今もその御神体である八咫鏡《やたのかがみ》は伊勢の神宮の内宮《ないくう》に、そしてその形代《かたしろ》である鏡が皇居の賢所《かしこどころ》にお祀りされている。

この八咫鏡は、天照大御神が天岩戸《あまのいわと》にお隠れになった際、外を見ようと岩戸を少し開けられた天照大御神のお姿を映し、外に引き出すきっかけとなった鏡である。その鏡に映った光によって、高天原《たかまがはら》と葦原中国《あしはらのなかつくに》は明るさを取り戻すことになった。

神の姿を映すもの。光を世界に与えるもの。「鏡によって、太陽の光を司ることができると思われたことが、権力の象徴として考えられたのかもしれない」と、現代日本の鏡師である山本晃久《やまもとあきひさ》さんは言う。その言葉ですっと腑《ふ》に落ちた。鏡とは光そのものであり、それが見るものを圧倒する力なのである。

山本さんは、江戸時代に創業した、古来の製法で鏡を作る鏡師の家に生まれ、晃久さんが5代目にあたる。国内で唯一手作業による、全国の神社や寺院におさめる鏡の製造や、博物館が収蔵する鏡の修復や複製を行っている工房である。

鏡は、鋳造《ちゅうぞう》、削《けず》り、研《と》ぎの3段階で作られる。工場で鋳造を行ったものを京都市下京区の工房に運び入れ、削りと研ぎの作業をするのだそうだ。最近では、鋳造の作業をお父さまと一緒に行い、削りと研ぎの作業は晃久さんが担当されているのだとか。

晃久さんの作業されるところを見せていただいた。鋳型《いがた》から外した鏡の面や縁に付いた酸化膜をやすりやセンという道具で削っていく。鏡を木の枠と足で押さえてしっかり固定し、粗い削りから徐々に細かい削りに変えながら、ひたすら削る。その後外に出て、今度は水を張った桶の上で砥石《といし》を使って研ぐ。そして、さらに細かく、むらが出ないように朴炭《ほおずみ》で、仕上げに駿河炭《するがずみ》を使って研いでいく。この後は、外部の業者さんに頼み、ニッケルメッキをするか、アマルガムをすり込んで鏡は完成である。

ひとつひとつの削りと研ぎの工程が半日くらいずつかかるという。とにかく根気と時間が必要な作業。私なら途中で絶対に音を上げたくなるはずだ。でも晃久さんは、「同じことを繰り返すルーティンワークが好きだったから続いたのかもしれませんね」と笑う。

確かに、私が見せていただいたのはほんの少しの時間だったけれど、晃久さんが手を動かすごとに、最初はただの銅の塊《かたまり》であった鏡が輝きを増し、徐々に鏡としての力を帯びていった。それはなんだかぞくっとするものであり、「もっと輝く鏡を作りたい」と思わせる原動力になるものなのかもしれない。

鏡師の家に生まれたけれど、子どものころは家で何を作っているかわからず、全く鏡作りには興味がなかったという晃久さん。弟さんは、早々に別の道を選ばれたのだという。でも、たいしてやりたいことも見つからなかった大学生のころ、家業をアルバイトとして手伝ったことから、少しずつ考えが変わり始める。

最初は父を手伝い、鋳造の作業を学んだ。その後、工房で祖父と大叔父と一緒に、鏡を削るようになった。やらされたのは、ひたすら炭研ぎ。研いだら見せに行って「まだまだ」と言われて、さらに研いで……の繰り返しだったという。祖父が亡くなった後は、大叔父が晃久さんを徹底的に鍛えた。「今思えば、直接教えを受けたのが祖父と大叔父さんだったから、言うことを素直に聞けたのがよかったんでしょうね。父であったら反発していたかもしれないから」と晃久さんは言う。父の工場にいた晃久さんを引っ張り出し、自らの手で教えることを決めたお祖父《じい》さまは、そんな孫の性格もわかっておられたのだろう。お話を聞きながらそう思った。

最終的に晃久さんが家業を継ぐことを決めた理由はなんだったのか気になり、聞いてみると、「まずはものづくりが好きだということがわかったこと。そして、鏡がどんなに手を入れてもコントロールできないものであったからかな」とまっすぐな瞳で言われた。手をかければかけるほど輝くものである一方、かけすぎたら破れてしまう。型の焼き具合は計算してもうまくいかなかったりするのだそうだ。簡単にはできない。人の力ではどうにもできない何かがある。それが、鏡が神様の依代《よりしろ》たる所以《ゆえん》なのではないだろうか。

今日もまた、新たな光を生み出すために晃久さんは鏡と向き合っているに違いない。

山本晃久 やまもと・あきひさ／昭和50（1975）年生まれ。大学生のころから家業を助け、卒業後、祖父・真治《しんじ》（凰龍《おうりゅう》）氏に師事。現在、父親の富士夫《ふじお》氏は鋳造を行う工場の責任者を務め、晃久さんは削りと研《と》ぎの作業も担う。山本家は、慶応2（1866）年、山本石松《いしまつ》氏により神鏡作りを始め、2代目の真一《しんいち》氏は、伊勢神宮の御神宝鏡《ごしんぽうきょう》をはじめ、全国の神社の鏡を製作。3代目の真治氏は、隠れキリシタンに伝わる魔鏡を復活させた。一人前の鏡師になるためには鋳造10年、削り10年、研ぎ10年の計30年がかかるといわれている。

【P.325】鋳造した鏡の面をやすりで削る。その後、炭で磨いて鏡面の粒子を緻密《ちみつ》にすることで輝きを出していく。【P.326】山本晃久さんの父、富士夫氏が手掛けた和鏡。

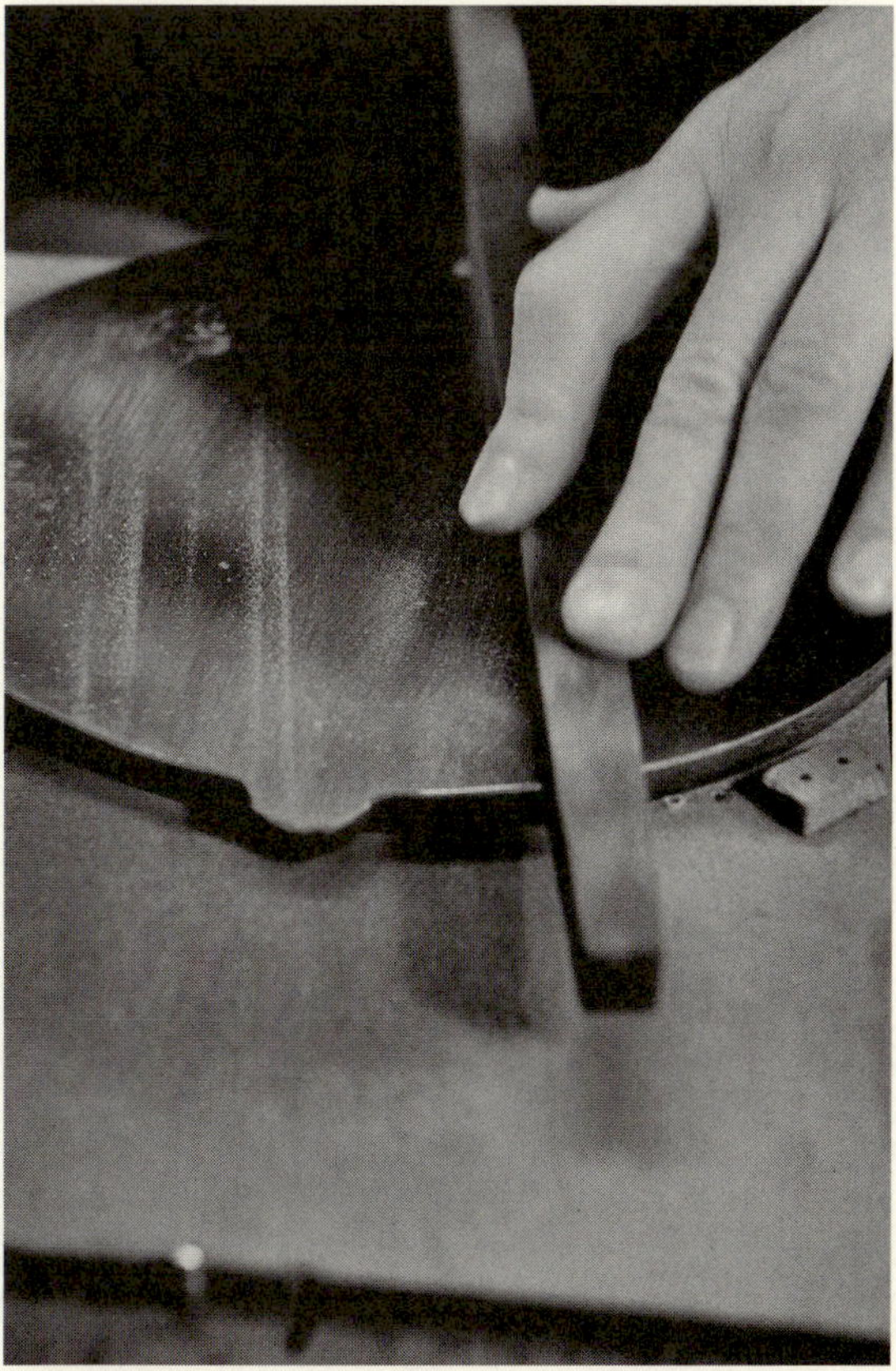

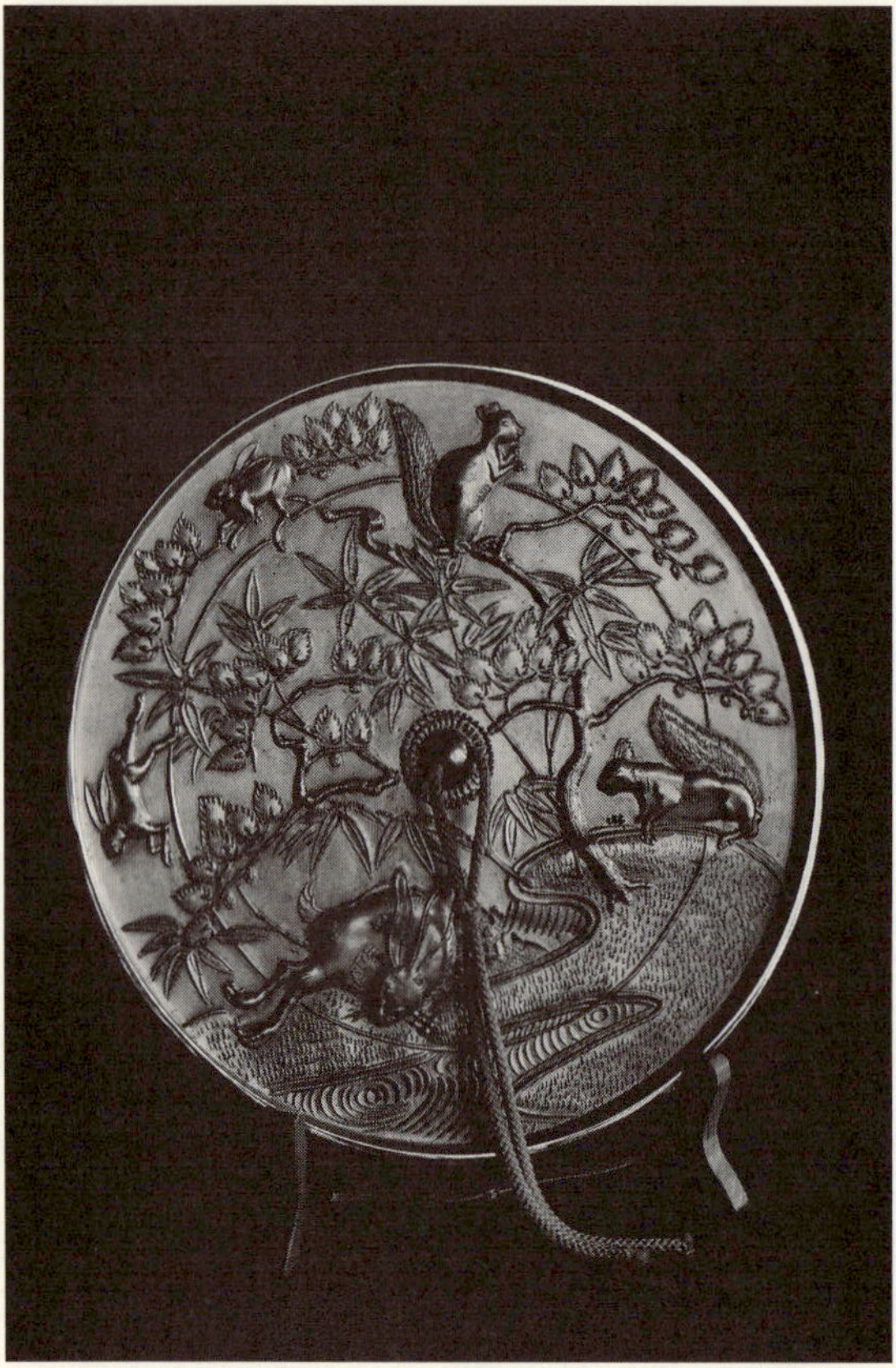

丹後和紙

職人 田中敏弘さん（京都府福知山市）

日本には、「元伊勢《もといせ》」と呼ばれる場所が20か所あまりある。皇室の御祖神《みおやがみ》である天照大御神《あまてらすおおみかみ》は、今から約2000年前、崇神《すじん》天皇の御代《みよ》までは皇居内にお祀《まつ》りされていた。この「同床共殿《どうしょうきょうでん》」の状態を畏《おそ》れ多く思われた崇神天皇が、皇女の豊鍬入姫命《とよすきいりひめのみこと》に御神霊である八咫鏡《やたのかがみ》を託し、大和笠縫邑《やまとかさぬいのむら》にお祀らせになり、豊鍬入姫命はさらなるふさわしい場所を探して各地を転々とされる。その後は垂仁《すいにん》天皇の皇女である倭姫命《やまとひめのみこと》がその役を引き継がれ、天照大御神の「御杖代《みつえしろ》」として、大和国から伊賀《いが》、近江《おうみ》、美濃《みの》……と約90年をかけて各地を巡られた。この間、伊勢の地が大宮地《おおみやち》と定められるまで、八咫鏡が一時的に鎮座された場所を「元伊勢」というのである。

丹波国《たんばのくに》(後に丹後国)、現在の京都府福知山市《ふくちやまし》大江町《おおえちょう》にある元伊勢もそのひとつ。でも、この元伊勢はほかの元伊勢と少し違う特徴を持っている。伊勢の神宮と同じように、内宮《ないくう》と外宮《げくう》があり、五十鈴《いすず》川が流れているのである。実際に、神宮と同じようにご遷宮《せんぐう》も行われているのだという。数ある元伊勢の中でも、この地にはずいぶんと長く留まられたようだ。それだけ居心地のよい場所であったということなのだろう。

歩いてみると、とてもよい気に満ちた気持ちのよい場所。よい気が流れる場所だからそこに神社ができるのか。神社があるからそこによい気が流れるのか。それはわからないけれど、元伊勢が元伊勢たる理由がよくわかるような気がした。

その元伊勢のお膝元に、小さな紙漉《す》き工房がある。田中製紙工業所。古くから紙漉きの里として栄えたこの地では、よい原料と水に恵まれ、最盛期には200戸以上の家で和紙を生産していたといわれている。でも、洋紙や機械漉き和紙の需要に押され、昭和に入るとその数は激減。今では田中製紙工業所一軒となってしまった。

田中製紙工業所は、記録が残っているところから数えて、ご当代の田中敏弘《たなかとしひろ》さんで5代目となる、150年の歴史を誇る老舗である。地元で採れる楮《こうぞ》だけを使い、一枚一枚手漉きで仕上げる。原料の楮を育てるところから始め、染めや加工までもご家族で手分けして仕上げられる工房は、日本広しといえどこちらくらいなのだそうだ。

栽培している楮は、10年くらいかかってようやく繊維が使えるようになるのだという。30年くらい大事に育て、役目を終えたら挿し木をして次の世代を育む。木から紙になるのはたった4パーセントというお話に、書き損じなどを安易に捨てていた自分を恥じた。

収穫した楮は、縛《しば》って冬の空風《からかぜ》に晒《さら》して乾かす。かびないように、雨が降ったら家族総出で取り入れるのだそうだ。乾いた楮を今度は蒸す。やわらかくなった楮を、お父さまの正晃《まさあき》さんが、工房の横を流れる小川に浸け、足で揉《も》んで皮を剝《は》ぐ。それをお母さまが丁寧に手で剝いできれいにする。さらに一昼夜、すぐ近くを流れる宮川《みやかわ》に晒す。本当に川の流れに身を任せているような作業の流れである。

「水の力をいただいているんです」という敏弘さんの言葉を聞き、「この地の水で育った楮を、この地の水で洗って漉くから、楮にとって一番無理がないんでしょうね」と私が何気なく言うと、「そう！　そうなんです!!」と、敏弘さんが「我が意を得たり」というようなきらきらした表情で、その意義を語ってくださった。家業を愛し、和紙を愛し、それにまつわるすべてのものを大切にしておられることが伝わってきて、こんな人に漉いてもらえたら原料の楮はとても幸せだろうなと思った。

黒皮やごみを取り除いた後は、楮の繊維を釜で煮て、機械で叩《たた》き、やわらかい綿状にする。それはとてもふくふくとして、いつまでも触っていたくなるほど気持ちがいい。光に透かしてみると、細い細い繊維がすーっとほどけていく。この一本一本の繊維がからみ合うことで、優しく丈夫な和紙ができる。一見儚《はかな》げなのに、力強い楮の繊維。その姿を見ていたら、なんだかこの上なく和紙が愛おしく思えたのだった。

叩きほぐされた綿状の繊維を槽《ふね》の中に入れ、水とトロロアオイとともに混ぜ、紙を漉いていく。粘り気のあるトロロアオイが、繊維を均一にからみ合わせ、漉き終わった紙を重ねてもくっつかない効果を生むのだそうだ。本当に上手に水と付き合っておられるのがよくわかる。

きっと元伊勢の神様も飲んでおられるであろう水。その水を使って漉きあげられた丹後和紙は、伊勢の神宮の持つ凛《りん》とした神々しさではなく、元伊勢らしい素朴な土地のあたたかみを併せ持っているような気がする。出来上がった製品は、はがき、便箋《びんせん》、半紙、包装紙など様々あるのだけれど、それらの作り出す空気感はとてもふんわりとして、丸みを帯びている。田中ご一家のやわらかな愛情が注ぎ込まれているからなのだろう。

この20年ほどは、大江町内の小学校の6年生たちが、毎年田中製紙工業所に隣接する和紙伝承館を訪れ、自分たちの卒業証書を自分たちの手で漉いているのだそうだ。その証書を受け取る子どもたちの表情は、とても誇らしげである。大江町で育まれた楮と水で作られた和紙を、大江町で育まれた子どもたちが漉き、それを証《あか》しとして巣立っていく。これ以上の地産地消があるだろうか。それは、子どもたちが大きくなったとき、自分たちの故郷を大切に思う大きな財産となることだろう。

田中敏弘 たなか・としひろ／昭和36（1961）年生まれ。大学卒業後、一般企業に勤め、23歳で京都府福知山市大江町の実家に戻って、手漉き和紙の製造に専従。丹後の手漉き和紙の歴史は古く、江戸時代には農家の冬季の副業として製造され、宮津《みやづ》藩へ年貢として納められていた記録が残る。多くが農家との兼業であったなかで、田中家は専業で和紙製造を営み、江戸後期に初代源助《げんすけ》氏が創業して以来、敏弘さんで5代目。3代目の秀太郎《ひでたろう》氏は奈良県吉野から漆濾《うるしこ》し紙の製造技術を取り入れ、4代目正晃氏は便箋や封筒などの文房具を展開して、百貨店などに販路を広げた。

【P.332】田中製紙工業所の紙漉きの作業場。西向きの窓から自然光が入る。【P.333】羽衣《はごろも》のような薄さの、手漉きの漆濾《うるしこ》し紙を持つ田中敏弘さん。漆濾し紙は、繊維を細かく均一にするために、丁寧に下処理をして漉いていく。

金唐紙

職人　上田 尚さん（東京都豊島区）

ジョサイア・コンドルという人に初めて興味を持ったのは、私が20歳のころだった。

成年皇族となり、今までお世話になった方をお招きしての茶会を催すに当たり、父がその会場をご自身も成年の茶会をされた綱町三井倶楽部《つなまちみついクラブ》にすると言われた。聞いたときは特になんとも思わなかった。父と同じ場所で、同じように自分の成年の行事をできるというのはありがたいことだなと思ったくらいだろうか。でも、その場所に足を踏み入れたとき、一瞬で魅了された。作り物ではない「本物」の重厚感。とにかく鮮烈に「かっこいい」と思ったのだった。

綱町三井倶楽部は、三井財閥の迎賓館《げいひんかん》として使われていた建物で、お雇《やと》い外国人として来日したジョサイア・コンドルが設計したことで知られている。今はもうその姿を見ることはできない、鹿鳴館《ろくめいかん》や旧宮内省《くないしょう》本館なども設計した人物である。和洋の様式をうまく融合させた明治の建築物は、自然と街の空気に馴染《なじ》んでおり、この場所にずっといたいと思わせる居心地のよさと不思議な包容力をたたえていた。思い返せば、後に研究対象となる「明治」に関心を抱いた端緒《たんしょ》が、この綱町三井倶楽部であったのかもしれない。

そのジョサイア・コンドルと再び出会ったのは、英国留学中。私の研究していた英国人日本美術蒐集《しゅうしゅう》家の交遊録の中にコンドルの名前があったのだ。「あ、三井倶楽部の人だ」と思い、調べてみると、日本美術にも造詣の深い人であったことを知る。

そして、コンドルとの3度目の邂逅《かいこう》のきっかけとなったのが「金唐紙《きんからかみ》」である。

金唐紙とは、和紙に金箔《きんぱく》、銀箔、錫《すず》箔といった金属の箔を貼り、版木棒《はんぎぼう》に当てて叩《たた》いて凹凸の模様をつけ、彩色を施すもので、近代西洋建築の中では壁紙として使用され、人気を博したものである。もともとは、「金唐革《きんからかわ》」という革に模様を浮き上がらせ、彩色したものが17世紀にオランダ船で日本にもたらされたのがルーツ。これを革ではなく、手に入りやすい和紙で作れないかと開発されたのが、「金唐革紙」。虫がついたり、かびが生えたりしやすく、継ぎ目が出る革と違って、継ぎ目が出にくく、比較的安価な金唐革紙は、1873年のウィーン万国博覧会を契機にヨーロッパに輸出され、評判となった。

往時はバッキンガム宮殿の壁紙としても使用され、日本の近代建築の中でも広く使用されるようになった金唐革紙であるが、和紙の機械漉《す》きが発展していくと、質が低下するに伴って日本独自の特徴を失っていき、大正後期ごろから衰退。昭和に入り、戦前には製造技術も途絶えてしまった。これを「金唐紙」として復活させたのが、上田尚《うえだたかし》さんである。

上田さんは、高校卒業後、京都の美術印刷・出版を手掛ける便利堂《べんりどう》で約30年間勤務したのち、一念発起して50歳のときに東京へ。美術書の編集・校正の仕事をしていたときに、金唐革紙の技術が途絶えてしまって、文化財の修復ができなくなってしまっていることを知る。

小樽《おたる》の重要文化財である旧日本郵船株式会社小樽支店の壁紙が金唐革紙であると判明し、復元しておかないとこの工芸技術が途絶えてしまうという状況の中で、東京国立文化財研究所（当時）や文化財建造物保存技術協会が人材を探していたのだそうだ。京都で文化財関係の美術印刷を手掛けていて、和紙や箔の取り扱いや技法を会得していることから上田さんに白羽の矢が立ったのだという。

「誰もできないのならば、やってみようか」と思い立ち、上田さんは丸2年金唐革紙の研究に没頭することになる。かろうじて、かつての版木棒はまとまって紙の博物館に保存されていたものの、和紙や箔、刷毛《はけ》など、どのようなものを使い、どのように作るのかは全くわからない。和紙の材質、刷毛の形状や毛の選択も試行錯誤を重ね、絵柄を打ち込む打ち刷毛は、100本以上を試作したのだそうだ。このような四苦八苦の奮闘の末、上田さんは技術を復活させ、小樽支店の壁紙をご家族たった3人で復元する。こうしてよみがえった金唐革紙を、日本独自の工芸品という意味を込めて、「金唐紙」と呼ぶことにしたのだそうだ。

目白通りを1本入った閑静な住宅街の中にある金唐紙研究所からは、今も規則正しいトントントントントンという音が聞こえてくる。箔を貼った和紙の裏を水で湿らせ、文様が施された版木棒に巻いて、打ち刷毛で叩いている音だ。4〜5時間均等に叩き続ける。紙の繊維をからませる役割があるのだそうだ。手で叩くから強くなると上田さんは言う。「これを機械でやろうとしたから、金唐革紙はあかんくなったんやな」と。いくら機械工学が発達した世の中でも、機械が人間に及ばないことはほかにもたくさんあるのだろう。

乾燥させた後、裏貼りをして、漆や油絵の具で着色。錫箔はワニスを塗って金色に輝かせる。裏面に柿渋《かきしぶ》などの耐水剤を数回塗布して完成である。

「やっぱり使われているところを見といてもらわんと」と上田さんが復元した金唐紙によって修復された、湯島《ゆしま》の旧岩崎久弥《いわさきひさや》邸に連れて行っていただいた。洋館の2室と撞球室《どうきゅう》に金唐紙が施されているのだ。その部屋に入った瞬間に、懐かしい感覚がよみがえってきた。三井倶楽部に初めて足を踏み入れたときのあの感じ。そして、ああ、やはりコンドルだな、と思った。旧岩崎邸の設計も誰あろうジョサイア・コンドル。英国で、輸出された日本の金唐革紙に出合い、来日してから設計した建物に金唐革紙を多用したのである。

あるべき場所に収まった金唐紙。やわらかな西日を浴びて金色に輝いていたあの情景を、忘れることはないだろう。

上田 尚 うえだ・たかし／昭和9（1934）年生まれ。高校卒業後、京都の美術印刷・出版の会社、便利堂に勤務しながら、洋画家としても活動する。昭和58（1983）年に重要文化財旧日本郵船株式会社小樽支店の保存修理工事に携わり、金唐紙の復元を手掛けたのを機に、金唐紙の製作技術を守り伝えていくことに専念。昭和60（1985）年、東京・目白に金唐紙研究所を設立する。重要文化財「呉市《くれし》入船山《いりふねやま》記念館」（広島県）、重要文化財「旧岩崎家住宅洋館」（東京都）などの修理工事に従事。平成17（2005）年、国選定保存技術保持者に認定。

【P.339】上田 尚さんが蘇らせた金唐革紙の技術は、日本独自の工芸品という意味を込めて「金唐紙」と名づけられた。手漉きの楮紙《こうぞがみ》と三椏紙《みつまたがみ》の合紙に金箔、銀箔、錫箔といった金属の箔を貼り、その紙を版木棒に当てて、叩きながら模様を浮かび上がらせて金唐紙が作られる。版木棒から模様を浮かび上がらせるため、黒豚毛の打ち刷毛《はけ》で4～5時間叩き続ける。【P.340】明治・大正時代の壁紙の模様を復元。金唐紙研究所では、主に金唐紙の製作を担いながら、美術館・博物館などで展示やワークショップを開催して、金唐紙の文化を伝えている。【P.341】地道な作業を積み重ねて、立体的な模様が浮かび上がる。

久米島紬

職人　久米島紬事業協同組合（沖縄県島尻郡久米島町）

学習院初等科に在学していたころ、理科の授業で蚕《かいこ》を育てたことがある。幼虫に新鮮な桑《くわ》の葉を与え、脱皮をし、成長していくのを見守った。毎日むしゃむしゃと音を立てて桑の葉を食べていたのに、ある日ぱったりと音がしなくなる。「大丈夫かな？」と不安になったけれど、それが繭《まゆ》を作り始めるという合図だった。それからあとは、蚕一頭一頭を小さく仕切られた箱に入れる。蚕はゆっくりゆっくりと口から繊細で美しい糸を吐き、自分の体を包み込むように繭を作っていく。

その様子に私は心奪われた。本当に可憐《かれん》な糸だったのだ。自分が無事さなぎとなり、成虫になるまでの身を守る防具でもある繭。それを自分の口から必死に作り出そうとする姿は、思わず「頑張れ」と応援したくなるものだった。

授業では、蚕が蛾《が》となり、繭を破って出てくるまでを観察した。でも、通常であれば、このまま繭はお湯で煮られて絹糸にされる。こんなにも頑張って作った繭を、自分が生きるために使うことができない。生き物の命を奪わなければ生きっていけない人間は罪深いものだと、穴の開いた繭を見ながら子ども心に切なくなったことをよく覚えている。

そんな子どものころの記憶を久しぶりに呼び覚ましてくれたのは、「久米島紬《くめじまつむぎ》の里　ユイマール館」を訪れたときのこと。久米島紬を織るための絹糸を、こちらでは伝承事業として年に2回、養蚕をするところから作っておられるのである。

部屋一面に置かれた台の上に敷き詰められた桑の葉と蚕たち。耳をそっと寄せると懐かしい蚕が桑の葉を食べる音、そして少し青臭い桑の葉の香りがふわりと鼻をくすぐった。これだけたくさんの蚕がいても、1反織るために必要な蚕は2700頭。部屋中の蚕を集めても、4反分くらいの絹糸しかとれないのだそうだ。あのときと同じように、少し切ない気持ちになった。

でも、そんなユイマール館に流れているのは、にぎやかで、からりと明るい空気である。陽気なお母さんたちの笑い声が、館のそこかしこから聞こえてくる。

久米島では、ほんの数十年前まで男性は農業や畜産、女性は養蚕や紬で生計を立てていたのだそうだ。農業といっても、基本的には自給自足なので、女性が家計を支える。紬で子どもを大学に行かせたり、家を建てたり。久米島では、おばあちゃんやお母さんを中心に家族がまとまるのだそうだ。

ユイマール館には、そんなパワフルな久米島紬の織子《おりこ》のお母さんたちが集まってくる。「ユイマール」というのは、それぞれお互いに助け合って共同作業をする、という意味で、皆さんが自分の機《はた》を館に置き、自分のペースで紬を織ったり、おしゃべりしながら糸を紡いだりしておられる。毎月共益費を払えば、何時間いても構わないのだそうで、「うちで一人でやっているより、皆と一緒にいるほうが楽しいし、大変なときには助けてもらえるでしょ？　それに何といってもここはうちより涼しいから！」とお母さんたちは屈託《くったく》なく笑う。「困ったときはお互いさま」という、日本古来の村落共同体の姿はとても美しいなと思った。

驚いたのは、久米島紬というのは、図案作り、染料集め、絣《かすり》作り、染色、泥染め、織り、きぬた打ちまでひとりの人が行うということだ。糸を染める作業一つとっても、恐ろしく手間も時間もかかるのである。分業にしたほうが、効率がよいのではないだろうか。そんなことを思いながら、宇江城《うえしろ》ヤス子さんの自宅での泥染めの染色作業を見せていただいた。まず、グール（サルトリイバラ）で14日間ほど染色した後、ティカチ（シャリンバイ）染めに入る。ティカチは、その幹を煎じるために斧で細く割り、毎日朝から夕方まで鍋で炊いて染液を作る。糸を染めて、天日で干す作業を14日間ほど続けるという。ほかの色の糸は当然のことながらまた別に染めなければならない。最後に泥染めを行い、全部で約1か月半の工程となる。私にとっては、終わりの見えない、気が遠くなるような作業だ。でも、ヤス子さんにとっては、「一人のほうがかえって気楽」な作業なのだそうだ。夕暮れ迫る久米島の薄い青空に映えるティカチの赤と、ヤス子さんの笑顔がなんだかとても心に残った。

そのあと連れて行ってもらったのが、「かっちゃん」と皆に親しまれる新垣勝《あらかきかつ》秀《ひで》さんのお宅。家の外からすでにトントンと機織りの音が聞こえてくる。約120人いる久米島紬の織子さんの中で男性は2人だけ。身体が弱くて働きに出なかったかっちゃんは、20代から紬を織り始め、今は皆が一目置く名手である。

お庭から作業場を覗《のぞ》き、私の目に一番に飛び込んできたのは、かっちゃんの手の中で飴《あめ》色に輝く杼《ひ》だった。今まで何度も機織りの現場に行ったことがあるけれど、あんなにも美しく光る杼は見たことがない。かっちゃんの愛情を注ぎ込まれ、命を吹き込まれたかのように、シュッシュッとリズミカルに機の間を滑っていく。寡黙《かもく》で多くを語らないかっちゃんのお人柄は、あの杼が十二分に物語ってくれていた。

ユイマール館に戻り、ヤス子さんとかっちゃんが織った久米島紬の反物《たんもの》を見せていただいた。そして思わず声が出た。同じような模様でも、全く違うのである。ヤス子さんのものは、きっちりとした一分一厘《いちぶいちりん》の狂いもない模様。かっちゃんのものは、やわらかい少しぼやかしたような模様が織り込まれていた。これを見てすべてが腑《ふ》に落ちた。これが、久米島紬を最初から最後まで一人で作る理由なのである。

織子さんたちの中には、子どものころからずっと家族の手伝いをしながら織っていた人もいれば、定年後に始めた人もいる。自宅で子育てをしながら、手の空いた時間に少しずつ織っている人もいる。久米島紬には、織子さんの人生そのものが織り込まれている。だからきっと、何人《なんびと》にも邪魔されてはいけないのだ。

久米島紬事業協同組合 くめじまつむぎじぎょうきょうどうくみあい／沖縄県・久米島の紬の生産は、15世紀後半、堂《どう》の比屋《ひや》という人物が中国で学んだ養蚕《ようさん》の技術を広めたことに端を発する。江戸時代には、琉球王府へ「貢納布《こうのうふ》」として手紬《てつむぎ》の品を納めた。久米島の紬絣《つむぎがすり》技法は、沖縄本島、奄美《あまみ》大島を経て、日本本土に伝えられ、全国に伝播《でんぱ》していった。明治時代に自由産業となり、全盛期の大正時代には4万反を生産。第二次世界大戦後は、「まずは、蚕を育てよう」と復興が始まった。久米島紬は、平成16（2004）年、国の重要無形文化財に指定、「久米島紬保持団体」も認定された。

【P.347】伝統的な絣《かすり》模様が織られた久米島紬。久米島の植物や泥、太陽と風によって生み出される織物。【P.348】整えられた経糸《たていと》から、美しい布が生まれることが予感される。【P.349】真謝《まじゃ》集落の自宅で紬を織る「かっちゃん」こと新垣勝秀さん。「かっちゃんが織ったものは、かわいい雰囲気があるの」と織子のみなさんが口をそろえて絶賛する。紬に携わる家が多い真謝集落では、道を歩けば、トントンという機織りの音があちらこちらから聞こえてくる。

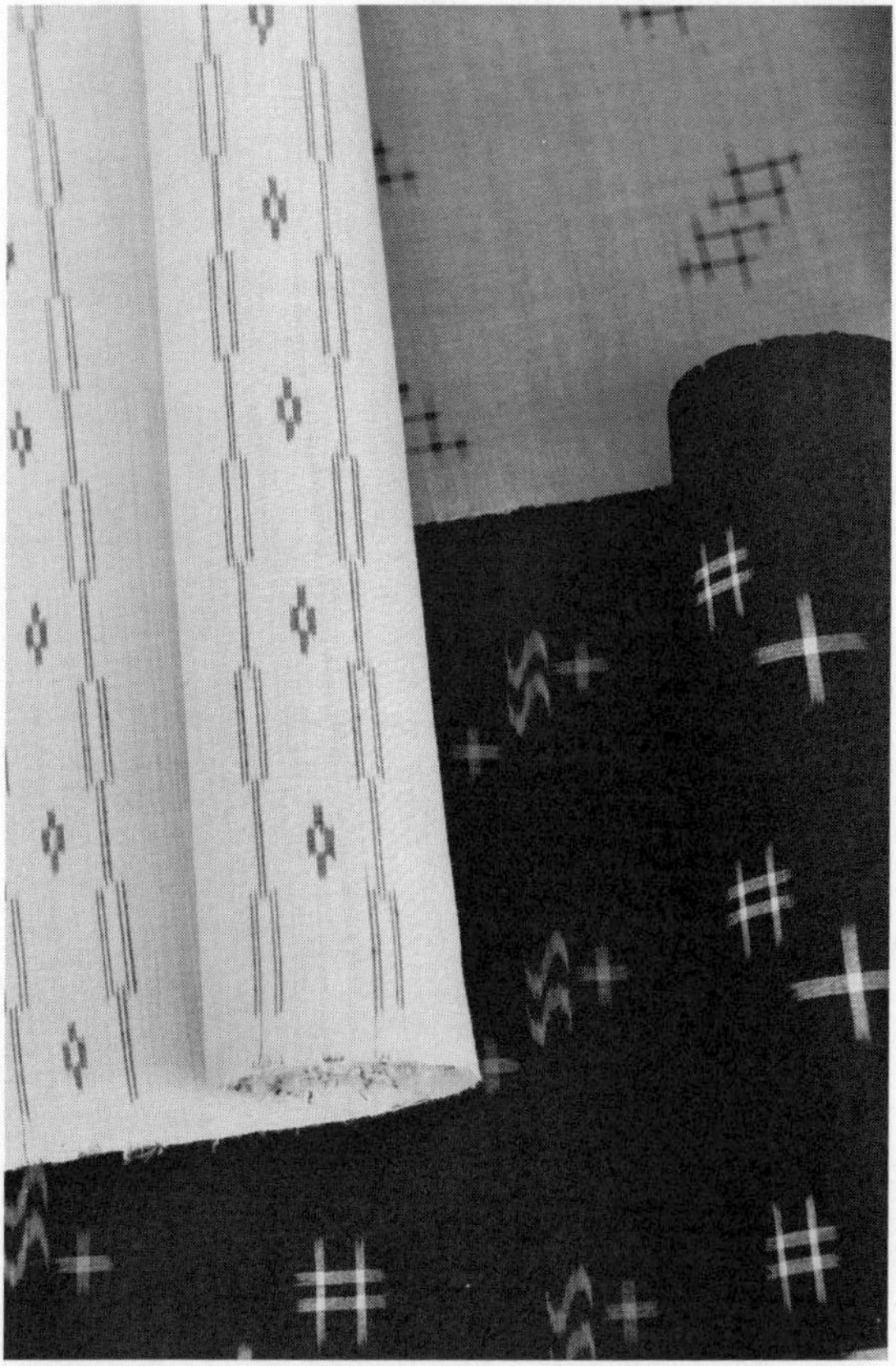

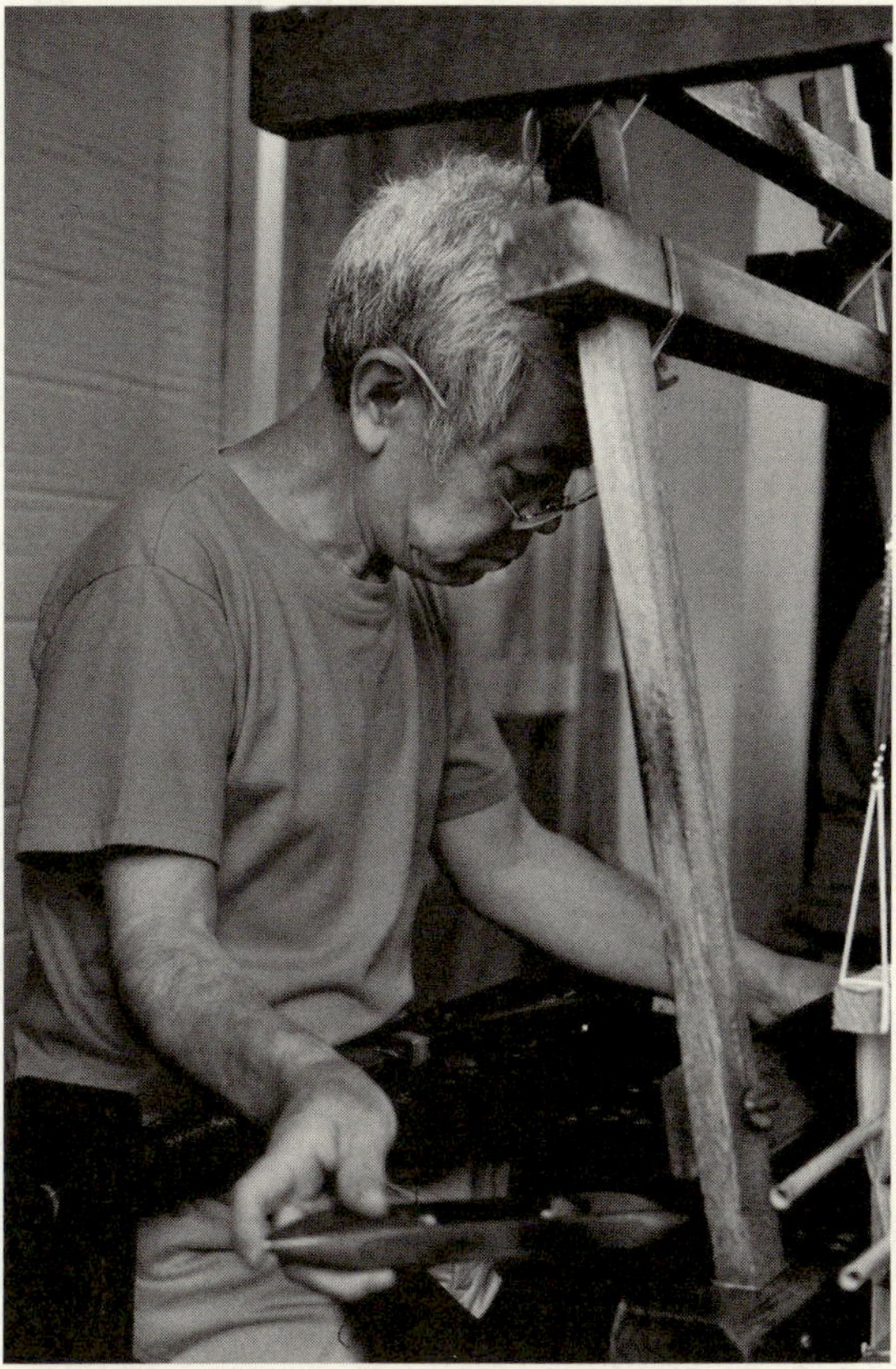

御簾

職人 豊田 勇さん（東京都江東区）

「黒御簾《くろみす》の密偵《みってい》」と呼んでいる友人がいる。

黒御簾というのは、歌舞伎の舞台下手にある、長唄《ながうた》や太鼓《たいこ》、鼓《つづみ》などを演奏する小さな部屋のこと。中の演奏者が観客から見えないように、黒い格子窓に黒い御簾をかけることからこのように呼ばれるようになったそうだ。

この黒御簾の内側でいつも演奏している歌舞伎囃子方《はやしかた》の友人は、とても目がきく。「行く」と伝えているわけではないのに、歌舞伎を見に行くと必ずといっていいほど、「今日来られてましたね」とか「あの辺のお席に座っておられたでしょう」とか連絡が来る。特に目立つ格好をしているつもりはないのに、なぜかいつも見つかってしまうのである。

客席からは中の様子はわからないのに、黒御簾の中からは客席の様子がよくわかるらしい。きっと彼は、いつも客席の様子や反応を見ながら、いろいろなことを考え、それを演奏に生かしているのだろう。黒御簾の密偵の前では隠し事はできないなぁと、見つかるたびに苦笑いしている。黒御簾の内側の世界をちょっと覗《のぞ》いてみたくなった。

そんな不思議な黒御簾を作っておられるのが、江戸情緒漂う深川《ふかがわ》の街、隅田川のほど近くにある豊田《とよだ》スダレ店の豊田 勇《いさむ》さんだ。国立劇場や歌舞伎座、新橋演舞場など、歌舞伎の舞台用の御簾を手掛けるお店である。

黒御簾や竹本《たけもと》の太夫《たゆう》と三味線《しゃみせん》が座る床の前に下げる「チョボ御簾」は、一年に一度の新調だけれど、芝居用の簾《すだれ》は毎回新調。役者の背丈や芝居の動作に合わせて、簾のサイズを変えなければいけないからだ。「昔の立役《たちやく》の身長は150センチくらいだったのが、最近は大きくなった」とか。配役と衣装が決まってから、劇場の大道具担当者から発注があり、2週間ほどで仕上げる。いつもその時期は大忙しなのだそうだ。

豊田スダレ店の創業は明治37（1904）年。豊田さんの祖父の代から3代続く老舗《しにせ》である。隅田川の近くは、物を運搬するのに便利なことから、職人の街として栄え、簾の店もたくさんあったとか。昔は浜町《はまちょう》や柳橋《やなぎばし》の料亭からの受注も多かったそうだが、今は江戸簾を作っているのは、ほんの数軒。竹の卸屋さんは1軒しかなくなってしまったのだという。

芝居用の簾を作るようになったのは、豊田さんのお祖父《じい》さまである豊田丑次郎《うしじろう》さんの時代から。簾に使う竹は手作業で割るため、竹を割る技術が必要不可欠。丑次郎さんが竹割りの名手だったことから豊田家に白羽の矢が立ち、芝居用の簾を受注するようになったのだそうだ。

簾の材料となる竹、葦《よし》、ガマ、萩《はぎ》、ゴギョウなどの太さをそろえたり、選別したりすることを「種《たね》より」といい、豊田さんも小学校4年生のころから、お祖父さま、お父さまの傍《かたわ》らで、太さをそろえたり、本数を数えたりしてお手伝いしていたのだという。

「お祖父さんが割った竹は割れ目がスベスベとしていて仕事が丁寧《ていねい》でしたね」と豊田さんが少し懐かしそうな目をしながら、竹割りの様子を見せてくださった。「破竹《はちく》の勢い」とか「竹を割ったような性格」とかいうけれど、竹は最初の一節が割れれば、後は一直線に割れていく。黙々と、でも確実に、同じ幅の竹ひごが豊田さんの手から次々と生み出されていく。見ていると、心の中のもやもやもすっきり晴れていきそうな、清々《すがすが》しい気持ちになる。

簾職人は竹が割れたら一人前なのだそうで、豊田さんはお祖父さまから、「竹に逆らってはいけない」と教わったそうだ。竹にもそれぞれ性格があり、自分の割り方に竹を合わせるのではなく、竹に合わせて割るのだと。竹に逆らわないから、竹が素直に作り手の気持ちに沿ってくれるのだろう。だからこそ、客席からは見えにくいけれど、内側からは見やすいという、作り手と使い手の意図が反映された不思議な黒御簾ができるのかもしれない。

豊田さんが簾を編み始めた。カツンカツンと規則正しく、大きな音が工房に響く。「投げ玉」が編み上げる簾に当たって立てる音だ。割って色を染めた竹を1本ずつ台に載せ、その前後に木綿糸を巻き、重りをつけた投げ玉を放り投げて糸をからめて、締めていく。すごい音がするけれど、「竹は意外と丈夫」なので割れることはないのだそうだ。

投げ玉の木肌がなれた感じでとても気持ちがよい。私がずっと手から離せないでいたら、豊田さんがこの投げ玉は大正時代からの道具なのだと教えてくださった。戦時中は栃木県に疎開していたという豊田さん。これさえあれば、戦争が終わったらまた仕事を続けることができるからと、竹を割る日本刀と投げ玉も一緒に疎開したのだそうだ。私の知らない戦争を経験してきた道具たち。100年にわたって引き継がれてきた職人魂と歴史の重みがまた手にしっとりとかかってきた。いまだ掌中《しょうちゅう》にある投げ玉に「ありがとう」と言いたくなった。

編み上がった簾には、奥さまの和子《かずこ》さんを中心とした女性陣が木綿の縁《ふち》を器用に縫《ぬ》い付けて、歌舞伎座で見慣れた御簾の完成である。出来上がったのは、またきっと「素直」な御簾のはずだ。今度歌舞伎を見に行くときは、黒御簾の密偵よりも、まずはその前にある黒御簾に目が行ってしまうに違いない。

豊田 勇 とよだ・いさむ／昭和13（1938）年生まれ。小学生のころから家業の簾製作の手伝いをしていたが、昭和36（1961）年、大学卒業後、23歳のころから家業に入る。豊田スダレ店は、明治37（1904）年、祖父・丑次郎《うしじろう》氏が隅田川《すみだがわ》に架かる新大橋《しんおおはし》の近く、東京都江東《こうとう》区《く》深川西元町《にしもとちょう》（当時）に創業。主に浜町や柳橋の料亭で使われる簾を製作していた。大正時代に、関東大震災の区画整理によって、現在の新大橋地区に移転。祖父の時代から歌舞伎の芝居用の簾を手掛けるようになり、父・盛雄《もりお》氏、そして勇さんに受け継がれた。令和4（2022）年、高齢のため店を畳《たた》む。

加賀水引

職人 津田 宏さん（石川県金沢市）

贈り物をするのが好きだ。

誕生日祝い、結婚祝い、出産祝い……、贈り物をする人と場がわかっていて探しに行くこともあるけれど、ふらりと入ったお店で「あ、これ〇〇さんにいいな」という品物が見つかる瞬間がたまらなくうれしい。きちんとしたお祝いの品から、何気ない旅のお土産品まで、開けた瞬間のその人の笑顔を想像しながら贈り物を探しているときが、こよなく幸せである。

買ってから、誕生日やクリスマスなどのタイミングまで寝かせておくこともあるけれど、早く見せたくなってしまって、なんでもない日に渡してしまうこともある。洒落がきいていて面白いものだったり、とにかく美しいものだったり。あげる相手のあてはないのに、「これ、誰かにあげたい……」と手に取って悩んでいる姿を見て、「殿下もよくそうして買い物しておられましたよ。お血筋ですね」と側衛《そくえい》さんに笑われたこともある。

父は、私たち姉妹のサイズ表をビニールパウチにしたものをお財布の中に入れていつも持ち歩き、洋服や靴をよく買ってきてくださった。帰ってこられるとすぐに「おい、ファッションショーをしろ」と言われるので、いただいた服を次々に着替えて降りていくと、「おぉ、ぴたりだ！」と膝《ひざ》を叩《たた》きながら満足げな笑みを浮かべておられた父の姿は、今も脳裏に焼き付いている。クリスマスが近づくと、全国のご友人に贈られるプレゼントの袋がお書斎の床を占領していたものだ。そうか、贈り物好きは遺伝だったのか、と、なんだかちょっとほっこりした。

金沢には、その「贈る」という行為を、より美しいものへと高めてくれる伝統工芸が今も息づいている。

加賀水引《かがみずひき》。一般によく見られる平面的な水引とは異なり、ふっくらとしたまま折り目をつけずに、それを水引で結ぶ、独自の立体的な水引折型《おりかた》である。金沢では、結納や祝儀袋、お歳暮やお中元など、贈答品の相談に多くの人たちが、加賀水引の創始者津田左右吉《つだそうきち》の技術を現代に伝える、津田水引折型のお店を訪れるという。

お店で迎えてくださるのは、4代目の津田　宏《ひろし》さん、さゆみさんご夫妻。息子さんの六佑《ろくすけ》さんも傍《かたわ》らで二人を支えている。祝儀袋やアクセサリーなど、現代の生活に生きる水引細工の数々の中で、ひときわ目を引くのが奥の工房に並べられていた結納品の一式。松竹梅や鶴亀、蝶など、華やかな水引細工が熨斗《のし》紙の上を舞っている。思わずため息がこぼれるくらい精緻《せいち》な美だった。

細かい細工ものというのは、手を触れたら壊れてしまう、ある種、人を寄せ付けないような絶対的なオーラを放つものがある。でも、この水引細工たちは、心ともなく手を伸ばして触れてみたくなるような、ぬくもりのあるまろやかな空気をまとっている。

水引折型は、和紙で「包む」、水引で「結ぶ」、贈る理由と名前を「書く」ことで完結するものなのだそうだ。「水引細工が注目されるけれど、包むことと書くことも大事なんです」と宏さんは言う。確かに水引細工だけでは成立しない。紙だけでも、書だけでも。三者が合わさることによって初めて生まれる美。三者をつないでいるのはなんなのだろう。

初代の娘である梅《うめ》さんを祖母に持つさゆみさんは、「相手のことを大事に思うからこそ包むという行為が生まれる」とお祖母《ばあ》さまに教えられたのだそうだ。お客さまが包みに来られるのは、相手に喜んでいただきたいと思うから。その気持ちに応えなければと思う、と。

私たちが包んで欲しいと願うのは、品物ではなく、心なのだろう。頼む人の心。

包む人の心。それぞれの相手を思う心が包み込まれているから、あたたかいのだ。

宏さんが、結納品の家内喜多留《やなぎだる》を結ぶ水引に付く亀を作ってみせてくださった。水引は、長野県飯田《いいだ》市で作られる紙縒《こよ》りに水引糊《のり》を引き、乾かして固めたもの。さらに金銀の薄紙や極細の糸を巻きつけることもある。津田水引では、数年前からこの紙縒りに糸を巻きつける機械を開発し、質感の優れた独自のものを作っておられるのだそうだ。

そんなお話をしながらも、宏さんの手は止まることなくくるくると動く。「手元を見ていなくても、自然に身体が動く」という。しゅるしゅると水引が結ばれ、編まれ、あっという間に金銀の立派な亀さんが目の前に出来上がっていた。結納先に思いを運ぶ大使となる亀。大仕事を前に、力を蓄えているような風情である。

宏さんの作業を見ながら思ったことがある。水引が結ぶのは、「縁」であり、なおかつ「円」であるのかもしれない。「喜んで欲しい」という思いだけでは相手に届かない。水引を結び、相手に贈ることによって思いが届く。そして相手が喜んでくれる。もともとは一本の線に過ぎない水引が、まあるく結ばれることによって力を持つ。水引が人と人とのご縁を結び、点であった関係を円にするのだ。

2代目の梅さんは、「水引も何人かの人の苦労によって作られる。自分の苦労は微々たるもので、すべて世の中の人のおかげで助けられている。神様・仏様・

人様のおかげなのです」と言われたそうだ。たくさんの人の思いの懸け橋となる仕事。その仕事に誇りを持って、語ってくださる津田さんご一家は、宏さんの作られる水引細工のように、まあるくあたたかい空気を抱いておられるのだった。

津田宏つだ・ひろし／昭和30（1955）年生まれ。高校卒業後、メーカー代理店勤務を経て、平成元（1989）年、妻さゆみさんの家で受け継がれてきた加賀水引の店を金沢市石引《いしびき》に開き、「津田水引折型」4代目となる。平成23（2011）年に現在の金沢市野町に店舗を移転。「津田水引折型」は、明治2（1869）年に金沢に生まれた津田左右吉氏が、大正時代に創業。左右吉氏の娘である2代目梅氏の指導のもと、宏さんは水引細工の技術を体得した。平成26（2014）年、宏さんとさゆみさんの息子である六佑さんと妻の沙樹《さき》さん夫婦が5代目後継を表明。

【P.360】結納品の家内喜多留に取り付ける亀の水引細工を作る津田宏さんの手もと。ほとんどの水引細工は、神事にも仏事にも使われる「あわじ結び」が基本となる。【P.361】美しい花の水引細工。この立体感が加賀水引の特徴。

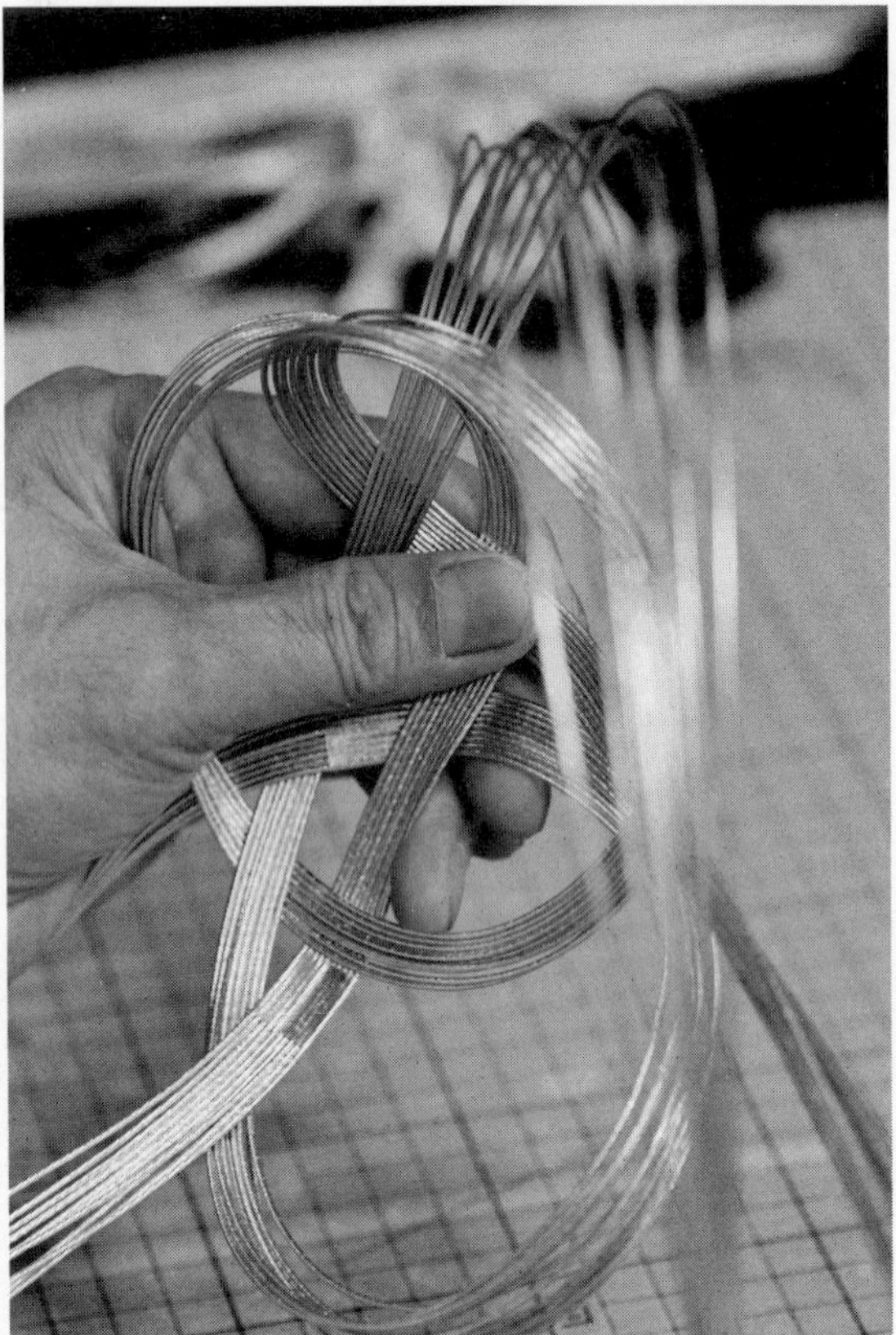

漆掻き道具

職人　中畑文利さん（青森県三戸郡田子町）

漆作家の友人を訪ねて、輪島に赴いたことがある。木地師《きじし》、指物師《さしものし》、塗師《ぬし》、蒔《まき》絵師《えし》など、漆にかかわる様々な職人さんの工房を案内していただき、いろいろなことを学んだ旅だった。そんな中、今でもよく覚えているのが漆の畑である。目印も何もないような山道で車を止め、道なき道を分け入っていくと、急に視界がぱっと開ける。目の前に広がっていたのは漆の畑だった。何十本もの漆の木が植わっている中で、やはり胸を衝《つ》かれたのが木の幹に無数につけられた漆の掻《か》き跡《あと》。そして、その傷跡をつけられた木の弱々しさだった。

漆は、漆の木の樹液である。人間の身体で譬《たと》えたら、肌を傷つけて、少しずつ血液を採るのと同じ。そんなことをされたらさぞ痛いし、苦しいだろう。1年で樹液を採り切ったら、役目の終わった木は倒されてしまう。お話を聞きながら、ずしんと心が重くなってしまったのだった。

でも、その友人が続けて言ったのだ。「でも、漆はね、切り倒すことによって『ひこばえ』という若芽が切り株から出てきて、そこからまた新しい木が育っていくんです。昔から漆の木は人とともに生きてきたんですよ」と。胸に抱えた重しがふっと消えていくようだった。人の力があったからこそ、漆は現代に生きているのだ。「持ちつ持たれつなんですよ」と彼は笑った。

少し表情が緩んだ私に、「掻いてみますか」と彼は不思議な道具を手渡した。それが、漆掻きの道具「カンナ」との初めての邂逅《かいこう》だった。二股に分かれて、二つの刃を持つ変わった形。丸まったほうの刃でまず樹皮の部分だけに横溝を入れ、もう片方の鋭い刃で現れ出た表面にすっと切り込みを入れる。すると、白い練乳のような樹液が傷跡からじんわりと溢れ出す。その樹液を、今度は「ヘラ」という道具で掬《すく》い取る。その繰り返し。周囲30センチほどの木からワンシーズンでわずか約200ccしか採れない。漆の器が高価な理由を、身をもって実感したのだった。

漆掻き体験をしながら、友人がぽつりと放ったひとことがそのときなぜか心に残った。「この道具を作る職人さんは、もう一人しか残っていないんですよ」

それから数年がたち、その「最後の職人」の元を訪れることになった。青森県田子町《たっこまち》。もともとは「町の鍛冶屋《かじや》さん」として、農具、馬具、林業の道具など、

「頼まれればなんでも作っていた」という中畑文利《なかはたふみとし》さんの工房である。

工房の入り口は、漆を掻いた後の木やら、本物の藤の木やら、蜂の巣やら、中畑さんが作ったのであろう道具やら、いろいろなものに囲まれている。中に足を踏み入れると、そこは私の思う典型的な「職人さんのお城」。奥に赤々とした火をたたえた炉があり、見たこともないくらい大きなのこぎりや、止まってしまった時計などが壁にかかっており、四方は奇怪な道具や箱、缶、紙や積年の埃《ほこり》が折り重なって山のようになっている。さながらジブリ映画にでも出てきそうな雰囲気なのである。きっと中畑さんはどこに何があるかわかっているに違いない。秘密基地のようでなんだかわくわく心躍るのだった。

カンナが出来上がるまでには、15工程もあるのだそうだ。まずは地金《じがね》を鍛える。鉄の上に、刃の部分となる鋼《はがね》を載せて打ち込む。炉で焼いては鎚《つち》で鍛え、打って延ばす。打つのは奥さまとの共同作業。中畑さんのお母さまも、同じ職人であったお父さまを手伝っていたそうで、お嫁に来てから奥さまも見よう見まねで、最初のうちは怒られながら、約40年間こうしてお手伝いされているのだそうだ。「昔は腕も細かったのよ」と奥さまはからからと笑う。10回、20回と繰り返すうちに、鉄と鋼が一体となる。だいたいの原型が打ち上がったら、それぞれの道具の型に合わせて、切箸《きりばし》で細く縁を切りそろえる。焼き鍛えながら、少しずつ刃先の角度や、曲線を形作っていく。形が整ったら、刃をやすりで磨いて、もう一度、焼き入れする。研ぎ上がったら完成である。

私は中畑さんに出会うまで、漆掻きの道具は「一生もの」だと思い込んでいた。でも、掻き子さん（漆掻きの職人さん）は、使うごとに砥石《といし》で研ぐため、2年でだめになってしまうのだそうだ。全国で約100人いる掻き子さんたちから、それぞれ、およそ2年ごとに注文がくる。道具の幅や深さは掻き子さんの好みによって細かに調整するので、機械で同じようなものを作ればよいというものでもないのだ。どんなに需要があっても、量産はできない。最初から最後まで一人で仕上げる、中畑さんだからこそ作ることができる道具なのである。

「こういうものを作ってほしい」と方々《ほうぼう》を訪ね歩いて、中畑さんのところにたどり着く職人さんもいるのだそうだ。お客さんと話をしながら、好みに合うものを作り上げていく。「発注側が先生で、作り手は生徒だ」と中畑さんは言う。お客さんとよいコミュニケーションが取れれば取れるほど、よい道具が出来上がる。「喜んでもらえると、先生から花丸をもらった気分だよ」と。

この最後の職人の後継者はいるのだろうか。春にやってきた弟子は数か月で辞めてしまった。6年間修業し、漆掻き道具の作り方を教え込んだ弟子も、体調を崩して実家に帰ってしまったという。

世界にjapanの名で称賛される日本の漆器。美しい日本の伝統のひとつが、道具を作る職人さんの消滅によって、失われてしまうかもしれない。この美を守るために、いま私たちに何ができるだろうか。

中畑文利 なかはた・ふみとし／昭和18（1943）年生まれ。青森県三戸《さんのへ》郡《ぐん》田子町で父・長次郎《ちょうじろう》氏が営む鍛冶の仕事を中学生のころから手伝い、高校卒業後に専従。農業や林業の道具など手打ち刃物の製作を家族で営み、昭和51（1976）年に結婚。妻・和子《かずこ》さんも鍛冶を手伝う。漆掻き道具の製作を始めるきっかけは、岩手県二戸《にのへ》市《し》浄法寺《じょうぼうじ》町《まち》の漆掻き職人が長次郎氏に依頼したこと。文利さんが技術を受け継ぐ。国産漆の生産量が減るに従い、この道具を製作するのも、全国で文利さんが唯一（当時）となってしまった。平成7（1995）年、国選定保存技術保持者に認定。

【P.367】中畑文利さんが製作した、さまざまな漆掻き道具。依頼者の希望に沿うようにひとつひとつ手作業で試行錯誤しながら作り上げる。【P.368】中畑さんが作ったカンナで漆の木に横溝を入れ、浸《し》み出した樹液をヘラですくう。樹液を入れるのは、ダカッポと呼ぶ桶《おけ》。【P.369】漆掻き道具のカンナができるまでには15工程ある。結婚して以来約40年間、妻の和子さんも一緒に鍛冶仕事を手伝う。

駿河炭

職人 木戸口武夫さん（福井県大飯郡おおい町）

「火」というものは、どれだけ見ていても見飽きることがない。暖炉《だんろ》の火、キャンプファイヤー、たき火やろうそく……燃えるのを見ていると、いつの間にか時間がたっている。炎がゆらゆらと動いている様子はなんだか生きているようで、二度と同じ姿を見せてくれることはない。燃え尽きた跡を見ると、一抹《いちまつ》のさみしさが心に残る。「命の火が消える」という表現もあるけれど、それはやはり火に命があるように感じられるからなのだろう。

時に火は、あたりをすべて焼き尽くしてしまうおそろしいものになる。またあるときは、私たちにぬくもりややすらぎを与えてくれるものにもなる。人間の生と死に深くかかわるもの。そんな表裏一体の二面性も魅入られる理由なのだろうか。

先日、久々に「生きている」火を見た。

京都との県境、福井県のおおい町名田庄《なたしょう》地区。木戸口武夫《きどぐちたけお》さんの炭焼き窯である。

木戸口さんは、漆を研磨する炭である駿河炭《するがずみ》を作る日本で唯一の職人さん。木戸口さんの話は、漆の作家さんたちから聞いたことがあった。「やわらかくて、軽く、割れが少ない、質のいい駿河炭はその人しか作れないんですよ」と。

私はその話を聞いてから、その炭は静岡（駿河）のほうで作られているのだと勝手に思い込んでいた。でも、今回の取材先は福井県。なぜ若狭《わかさ》なのに駿河炭なのだろうか……と思いながら、その地に向かったのだった。

迎えてくださった木戸口さんご夫妻は、にこにことして、お会いした瞬間に、ああ、仲のよいご夫婦なのだろうな、と思った。「いやぁ、いらっしゃるときに合わせて丁度《ちょうど》よくよい炭が焼けて本当によかったです！」と、うれしそうに言ってくださった笑顔になんだかほっこりとする。

木戸口さんによると、駿河炭と呼ばれる研磨炭の歴史は150年ほどなのだそうだ。ニホンアブラギリを原木とする製炭技術は、明治初期に静岡県で生まれ、改良の上、駿河炭という名前で全国の漆器職人に使用されるようになったという。当時駿河地方には、ニホンアブラギリが豊富にあったが、戦中から戦後にかけて燃料用として山の木が伐採されてしまう。原木が減少したため、研磨炭も原木が豊富にある福井県や石川県で生産されるようになったのだそうだ。若狭産の駿河炭の謎がするりと解けた。

戦前には20名ほどの生産者がいたといわれているが、やがて福井県名田庄村（当時）の東《ひがし》浅太郎《あさたろう》さんのみになった。その東さんの技術を引き継いだのが、木戸口さん。最近は福井県でも原木が少なくなってしまい、反対に静岡のほうで戦後に実生《みしょう》した樹齢60〜70年のニホンアブラギリが密集して育っているので、それを切りに行くのだそうだ。駿河産の原木を使って、若狭で生み出される駿河炭。それが歴史をそのまま物語っているようで、かえってよいのかもしれないと思ったのだった。

お話を聞いていて驚いたのが、木戸口さんがもともとは事務機械メーカーの営業マンだったということ。お父さまが炭焼きをされていたことから、炭には元来興味があり、趣味で炭焼きをしていたのだそうだ。20年後、30年後の未来を考えたときに、サラリーマンでいることへの限界を感じ、手に職がないとだめなのではないか、と、木戸口さんは駿河炭の職人の東さんの門を叩《たた》く。

結婚されたときはまだサラリーマンで、小さな子どもを抱えていたという奥さまに、「不安はありませんでしたか？」とうかがうと、「サラリーマンで終わる人ではないような気がしていたし。自然にかかわることをしたいんじゃないかと思っていたから、反対はしませんでした」とほほ笑まれた。東さんのところへも、夫婦そろって月1、2回、車で2時間ほどかけて通い、弟子入りを志願したのだという。最初は断っていた東さんが半年後に認めてくださったのも、こういう仕事は奥さんの助けがないと無理だし、これだけ奥さんの支えがあるのなら大丈夫ではないか、と思われたからだったそうだ。かっこいい奥さまだな、と頭が下がる思いがした。

駿河炭は、樹齢40年以上のニホンアブラギリを山で伐採するところから始め、それを窯に合わせて切りそろえ、2〜3年間野ざらしにして自然乾燥させる。そして、窯に隙間《すきま》のないように詰めて、温度を調整しながら木を炭化させるように焼く。作業は簡単そうに見えるが、木が育つところから考えてみると、おそろしい手間と時間がかかっているのだ。

炭出しの作業を見せていただいた。窯の中で炭が真っ赤に燃えている。熱いのだけれど、なぜか近くに寄って見たくなるような不思議な魅力を持った美しい火。真っ黒な炭が真っ赤な炎のマントをたなびかせているかのようにも見える。その真っ赤な衣装をまとった炭を、一気に引き出し、サイロという地面に掘った穴に入れ、蓋《ふた》をして酸欠状態にして火を消し、一晩おいて取り出すのだそうだ。

真っ黒になった炭を穴の上から見たとき、なんだかやはり切なくなった。命の火が消えてしまった気がしたのだ。でも、これからこの駿河炭は反対に、命を吹き込む役目をするようになる。漆黒《しっこく》の漆の上で、その漆黒をさらに輝かせ、漆器に生命を宿らせるものとして生まれ変わるのだ。黒々と輝く駿河炭を見ながら、「輪廻転生《りんねてんしょう》」という言葉が頭に浮かんだ。

木戸口武夫 きどぐち・たけお／昭和34（1959）年生まれ。高校卒業後、事務機械メーカーに16年間勤め、平成5（1993）年春から研炭《とぎずみ》の国選定保存技術保持者である福井県遠敷郡《おにゅうぐん》名田庄村（現大飯《おおい》郡《ぐん》おおい町名田庄地区）の東《ひがし》浅太郎《あさたろう》さんのもとに通う。同年10月に弟子入りの許可が出て、翌年3月、妻の和代《かずよ》さんとともにおおい町に移住。平成7（1995）年、東さんと「名田庄総合木炭生産組合」を設立。平成11（1999）年、独立し、組合を引き継ぎ、「名田庄総合木炭」を開始。不定期で小学生や親子などを対象にした炭焼き体験も行う。

【P.375、376】木戸口武夫さんの炭焼き窯。乾燥させた原木のアブラギリを詰めて点火。全体に火が回るように温度を調整しながら焚き続け、ほぼ密閉した窯で炭化させる。材料の原木と、炭の注文が集まり、窯に火を入れることができるのは1年に数日間のみ。木戸口さんの駿河炭を全国の漆職人が待ち焦がれる。

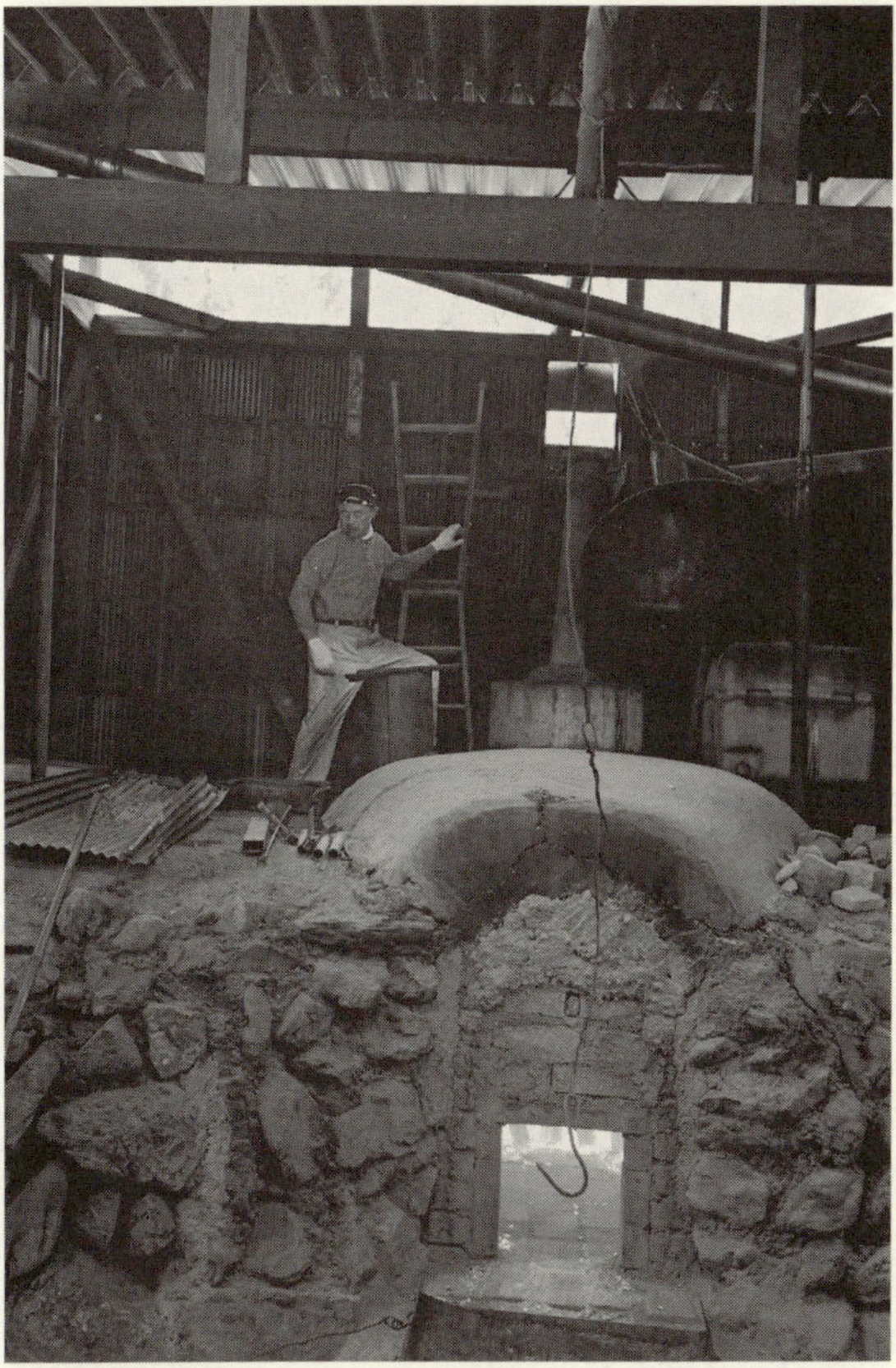

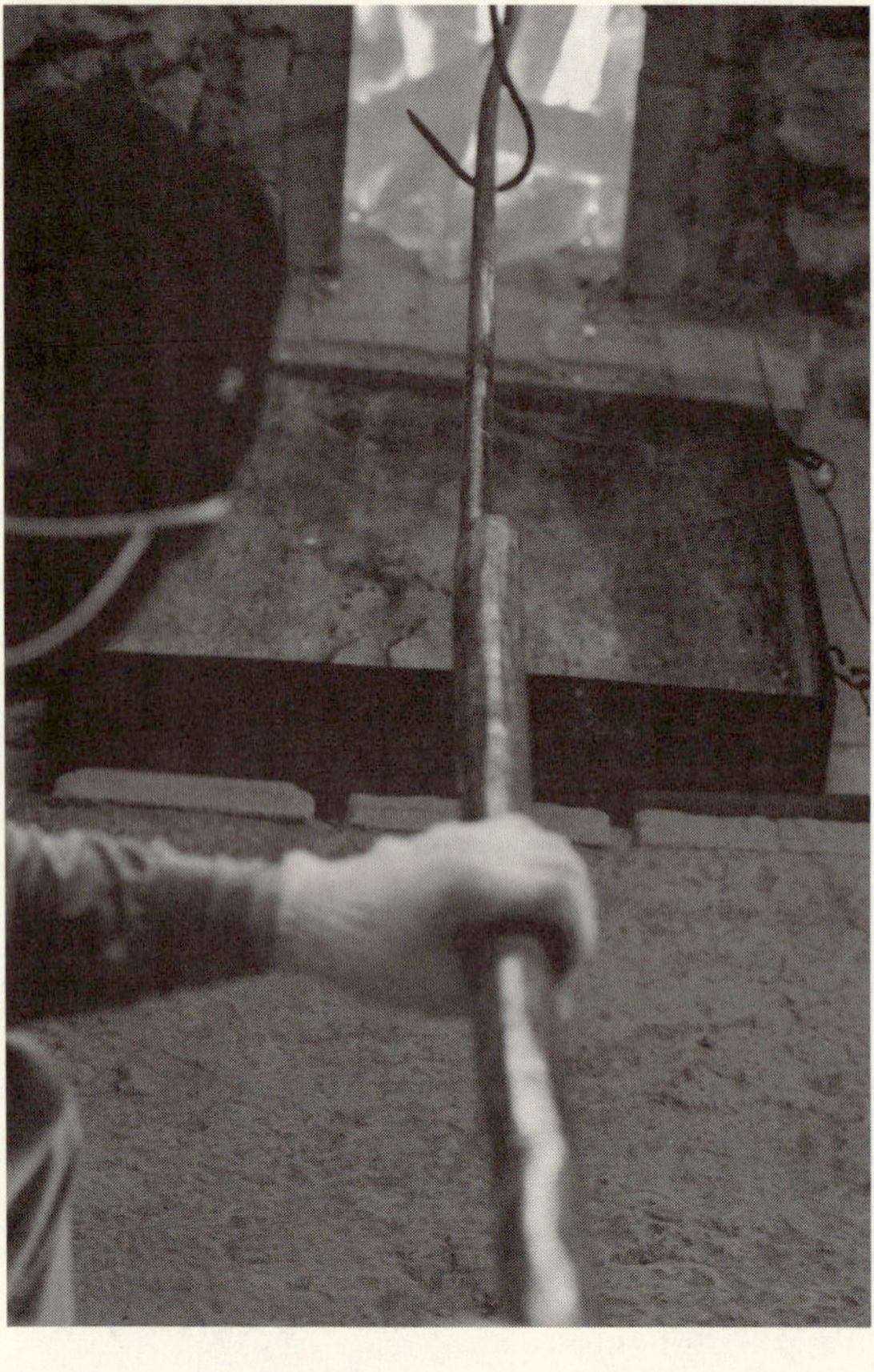

熊本城復元事業

職人　熊本城総合事務所（熊本県熊本市）

平成28（2016）年3月。私が一番信頼していた側衛《そくえい》さんが、突然の異動を余儀なくされた。あまりに辛すぎて、その事実を受け止めることができず、茫然《ぼうぜん》自失《じしつ》状態で過ごしていた4月。熊本地震が起こった。家族思いで、故郷をこよなく愛している彼の生まれた場所。いつもとてもうれしそうな顔で思い出を語ってくれていたその土地が受けた壊滅的な被害。その様子に言葉を失い、テレビの前から動けなくなった。

そこからはさらに苦しい日々が続く。本人とは連絡が取れず、誰も様子を教えてくれない。ご家族やお友達はご無事なのか、おうちは大丈夫だったのか、故郷の状況にどれだけ心を痛めているだろうか……心が張り裂けるような思いで、毎日ニュースを見つめることしかできなかった。

気持ちがふっつりと切れかけていたひと月後。人づてに彼のご家族のご無事と被害状況を聞いた。ただただ安堵《あんど》の思いで、ひと月分の涙が止まらなかった。

それから1年。熊本の地に降り立ち、そのときの気持ちが久しぶりによみがえってきた。

熊本県民の誇り、熊本城。加藤清正《かとうきよまさ》が築いた不落《ふらく》の名城は、地震で大きな大きな傷を負った。櫓《やぐら》や門など重要文化財に指定されている13の建築物すべてが、深刻な被害を受けたのである。

発災直後、慌てて市庁舎に戻った大西一史《おおにしかずふみ》熊本市長は、ライトアップされ、赤く浮かび上がる熊本城の天守《てんしゅ》が、土煙の中揺れている姿に、これは大変なことが起こっているとおそろしさを覚えたという。毎日市長室の窓から眺めていた長塀《ながべい》は落ち、天守の鯱《しゃちほこ》も姿を消していた。崩れ落ちた石垣を前に、涙がぽろぽろと流れたそうだ。

これほどまでに大きく文化財が被災したのは初めてのこと。被災したのは痛ましい事実であったけれど、壊れたことで石垣や建物の構造がわかるようになったという。ピンチをチャンスととらえ、しっかり調査をして、仕組みを明らかにし、400年前の歴史を未来にしっかり残していけるように、スタンダードを作っていきますと言われる関係者の方たちのお顔は、皆熱意に溢れている。

東十八間櫓《ひがしじゅうはちけんやぐら》、北十八間櫓《きたじゅうはちけんやぐら》、五間櫓《こけんやぐら》の建築部材を回収した倉庫では、毎日気の遠くなるような作業が続けられている。

平屋の櫓が石垣ごと完全に崩れ落ちた。そのすべての部材を、小さな釘一本に至るまで、ひとつ残らずの気持ちで回収し、使えるもの、使えないものを選り分け、もともとはどの場所にあったのかを整理しながら格納して、今後の組み立てに備えているのである。

熊本城の本丸御殿《ほんまるごてん》など、数々の歴史的建造物の復元事業に携わられている島崎工務店の大工の松永孝一《まつながこういち》さんに、壊れてしまった部材を前に、何を思われるのか聞いてみた。返ってきた答えは少し意外なものだった。

「今までは、復元で新しい建物を造ってきたので、こういう建物は先生だったんです。分解することはできないし、見えない部分はこういう感じだろうと探りながらやっていたのが、今回古い部材の仕組みを見られることになった。今までやってきたのが間違いではなかったとほっとするような気持ちがありました。一所懸命当時と同じ建物を造るためにやっていたから、違っていたら困ったなと思わなければならないのが、同じだったから」と。その控えめながらも誇らしげな表情に職人の魂を見た気がした。

でも、通常の修復や復元と被災のときで何か違うことはあるか聞くと、その表情が少し曇った。

「今までは、自分たちで解体して、自分たちで修理して自分たちで組み立てるというのが当たり前だったけれど、今回は自分が生きているうちにできるかわからないから」と言われ、胸が詰まった。

今回の地震では、建物だけではなく、石垣ごと壊れてしまった場所が多い。石垣を修復して、建物を載せても大丈夫というお墨付きが出て初めて、建物を組み立てることができる。全部で10万個ほどの石垣を積み直さなければならず、倒壊せずに残った建物も歪みが出ているので、結局は解体して建て直さなければならない。どれだけの時間がかかるのか、まだ目途が立っていないという。

それでも、昔の人たちが一所懸命修理して残してくれたものを、自分たちの代でやめるわけにはいかない。どこまでが役に立つのかわからないけれど、先人たちの修理の仕方、保存の仕方を見ながら、誰が組み立てることになっても大丈夫なように、次の代に渡すための作業をすると口をそろえられる皆さんの意気込みに、なんだかこちらのほうが励まされてしまった。

熊本市役所には、発災から途切れることなく電話がかかってきたが、自分の家よりもお城が無事か心配される方が多かったのだそうだ。失って初めて、熊本の人たちにとって、熊本城がいかに重要なシンボルであり、精神的な支柱であったかを知ったと市長さんは仰《おっしゃ》っていた。だからこそ、このお城を復興することが本当の熊本の復興につながると信じ、今まであった建造物を復旧することはもちろんのこと、100年かけて江戸時代にあったといわれる49の櫓も復元していきたいと思っています、と。

地震が奪ったものは大きい。でも、何か生み出したものもあるのだ。たくさんの人たちの思いを乗せて、復興の石垣はひとつひとつ着実に積み上げられていく。

熊本城総合事務所 くまもとじょうそうごうじむしょ／熊本城は約400年前に加藤清正が約7年の歳月をかけて築城。明治10（1877）年に西南戦争の籠城《ろうじょう》戦直前で天守が炎上したが、難攻《なんこう》不落の造りが世に知られた。江戸時代の地震の記録は23回あり、明治22（1889）年7月にも石垣や建物が崩壊損傷する地震があった。平成28（2016）年の熊本地震で被災した熊本城の建造物は熊本市文化市民局が管轄する「熊本城総合事務所」によって、崩れた部材をていねいに拾い、仕分けして、分析を行ったのちに、復旧工事が進められている。

【P.382】熊本城の修復や復元に向けて、回収した建築物の部材や石垣を仕分けして調査する。次の世代へつなぐための大切な作業。【P.383】「武者返《むしゃがえ》し」など石垣の素晴らしさを讃えられてきた熊本城。修復には、およそ10万個の石を積み直さなければならないと想定されている。ひとつひとつの石に番号を付けて保管。【P.384～385】熊本城を象徴する右から宇土櫓《うとやぐら》、大天守《だいてんしゅ》、小天守《しょうてんしゅ》。瓦の落下、壁の亀裂や崩落など大きな被害を受けた。

北十八間櫓
根太
柱

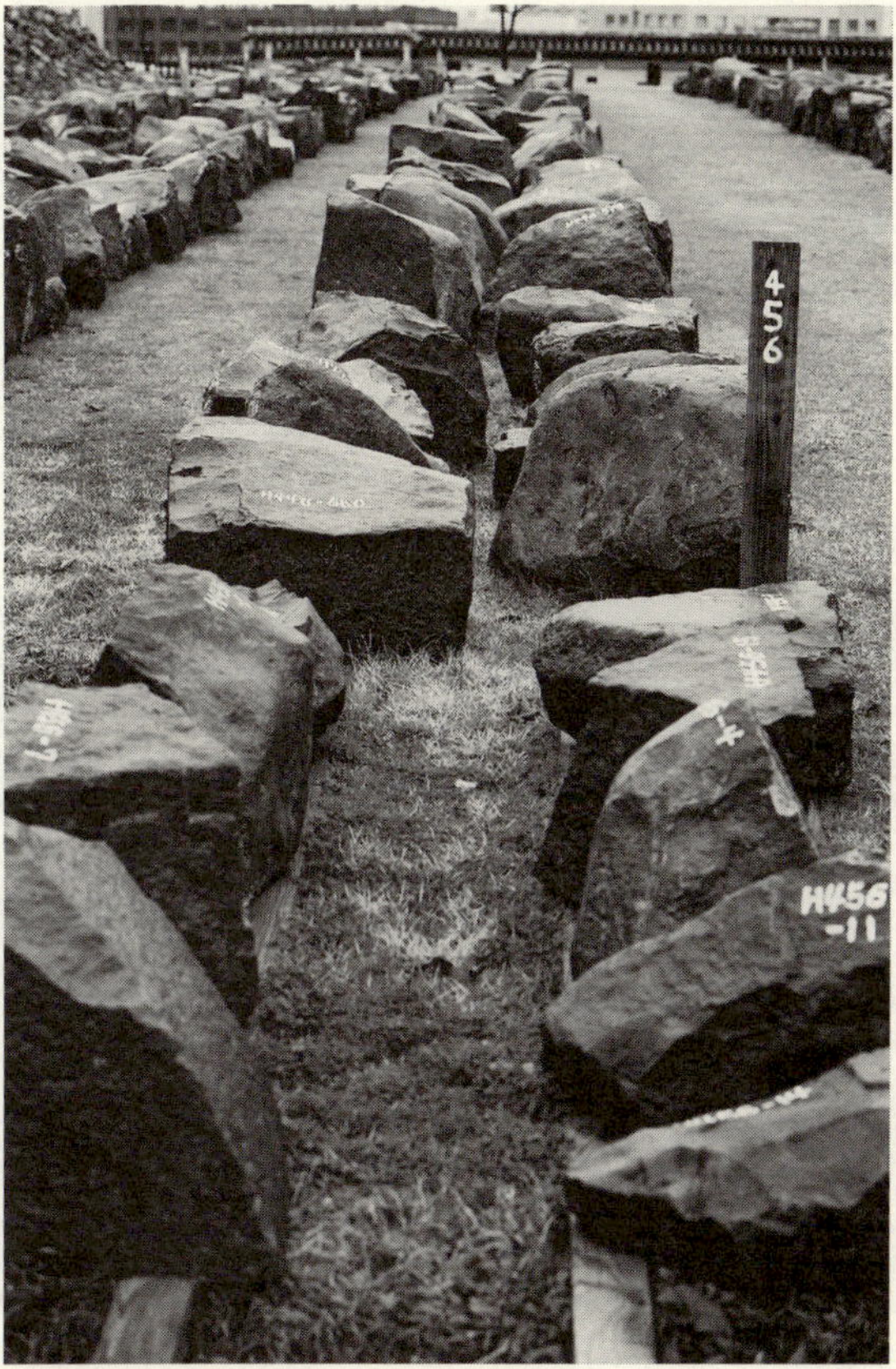
456
H456
-11

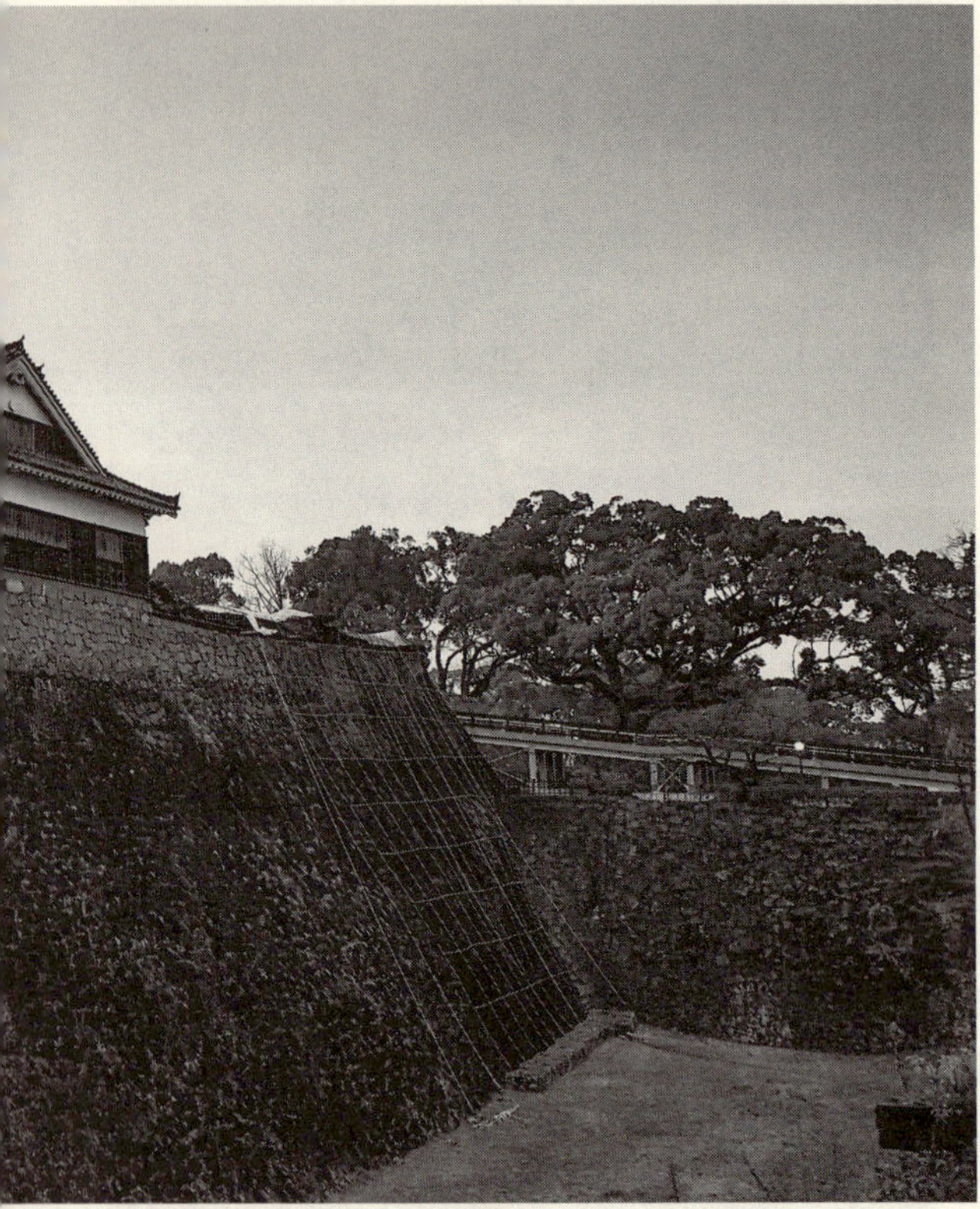

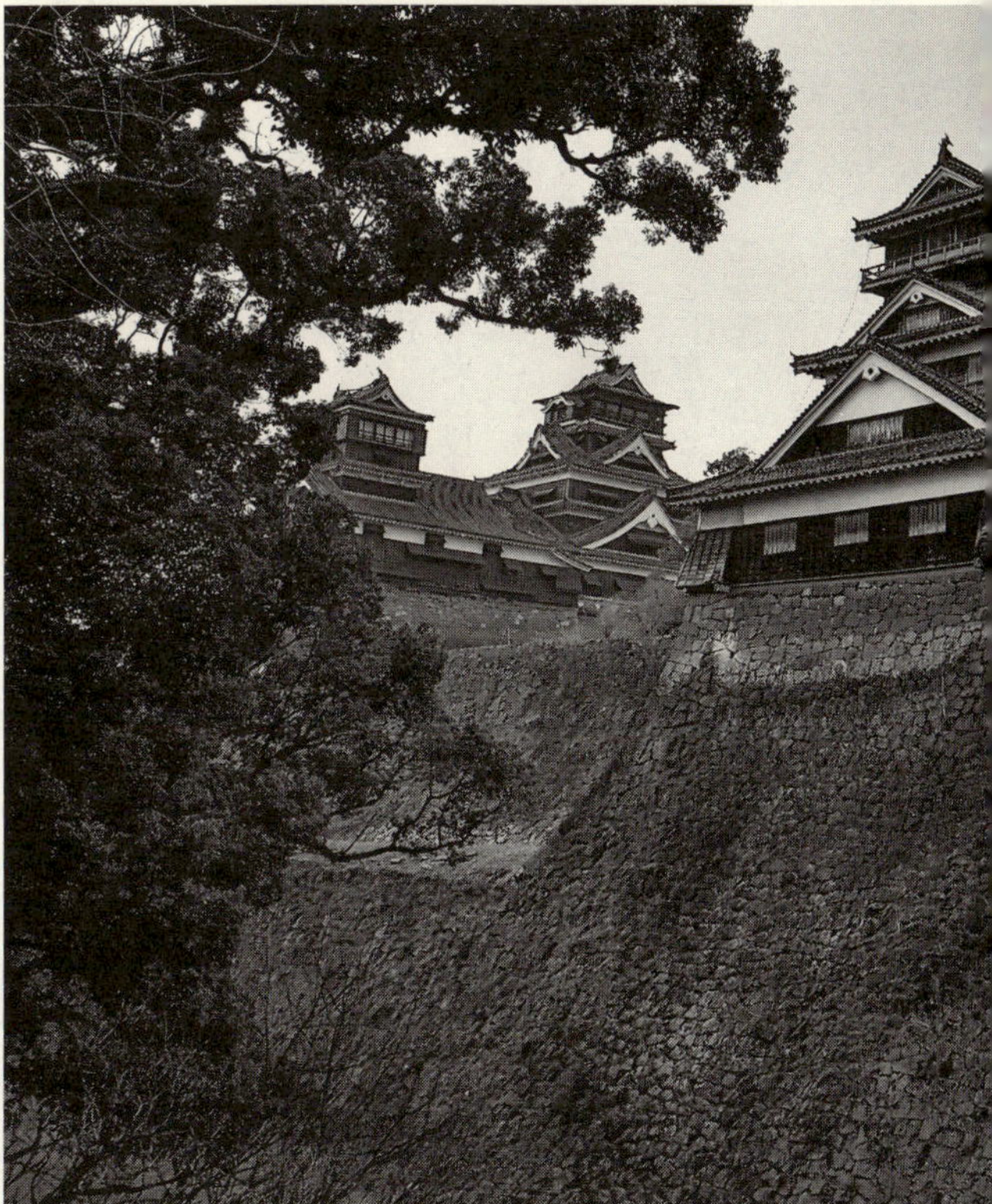

金平糖

職人 清水誠一さん・泰博さん（京都府京都市）

「タイムスリップして、歴史上の人物に会えるとしたら、誰に会いたいですか？」という問いに、いつも私は迷いなく「織田信長《おだのぶなが》」と答える。

私が研究している時代の人でもないし、中等科の歴史の授業が鎌倉幕府の成立で終わり、高等科の日本史の授業が戊辰《ぼしん》戦争で始まった学年だったので、正直信長のことも、戦国時代のこともきちんと勉強したことはない。けれど、昔からなぜか心惹かれる人だった。

「暴君」とか「ワンマン」とか、残虐《ざんぎゃく》なイメージもついてまわる人だけれど、残された手紙や史料などに触れると、とても純粋で、芯《しん》のぶれない人のように感じる。だから、会ってみて、その信念の源はなんなのか、直接聞いてみたいと思ってしまうのである。

そんなわけで、信長が登場する時代劇はつい見てしまうのだけれど、そのなかでよく登場するのが、信長がポルトガルの宣教師から金平糖《こんぺいとう》を献上されるシーンである。その宣教師、ルイス・フロイスの書簡によると、永禄《えいろく》12（1569）年4月16日、二条城に信長を訪ねたときに、ろうそくとフラスコに入った金平糖を贈ったことが記されている。

金平糖を口にした最初の日本人は、おそらく信長だ。少年のようにきらきらした目でガラスの器に入った金平糖をもの珍しそうに見つめ、うれしそうに「食べてみろ」と家臣たちに分け与える信長。もちろん現代の役者さんの演技にほかならないのだけれど、好奇心旺盛で、異国の文化を受け入れることに寛容であった本物の信長も、きっとこんな表情でほんのりと口の中で溶けていく金平糖を感動とともに味わったに違いない。信長の喜びが伝わってきて、見ているこちらもなんだかほんわかするようで、好きなシーンなのである。

信長のこの異国に対する関心や興味がなかったら、金平糖やカステラといった南蛮《なんばん》菓子が日本に広まることはなかっただろう。そう考えると、信長は日本における南蛮菓子の父といえるのかもしれないなぁと、時代劇を見ながらそんなことを思ったことがある。

信長が日本に残した金平糖。京都にある日本で唯一の金平糖専門店に、信長の時代から続く製法が脈々と伝わっている。

百万遍《ひゃくまんべん》の緑寿庵清水《りょくじゅあんしみず》の前を通ると、いつもふんわりとあまい香りが漂ってくる。買う予定はないのに、季節限定の味が楽しみで、今の時期は何の味が出ているのかな、とお店に入ってしまい、結局は手に紙袋を提げて出てくることがしばしばである。

弘化《こうか》4（1847）年創業の緑寿庵清水は、創業170年を数える老舗。現在は、4代目の清水誠一《せいいち》さんと5代目の清水泰博《やすひろ》さんが一子相伝で、手作りの金平糖を守り続けている。お店には何度も行っていても、足を踏み入れることはなかった工房。扉を開けると、あまい香りと熱気が押し寄せてくる。4台の釜が常時回っている工房の中は、時には50〜60度にもなるという。

朝7時から夜の7時まで、ほとんど休むことなく釜の前に立つ。蜜をかけるタイミングや、混ぜるコテの入れ方を間違えると、釜の中の金平糖すべてがだめになってしまう。今でも時折失敗してしまうことがあり、トラックの荷台にいっぱいの金平糖になるはずだったものを送り出すときは、本当に悲しい気持ちになるという。

にこやかに私の質問に答えてくださっている4代目も5代目も、片耳はずっと釜の音を聞いている。4台の釜からは、すべて違う音が聞こえてくる。ざーっざーっと流れる金平糖の赤ちゃんたちの声は波の音のようで、ころころと転がり続ける姿は本当に生きているかのよう。熱さも忘れて、ずっと釜の中の様子に見入ってしまった。

同じように見えても工程が違い、気候によって出来上がるまでの日数も違うので、レシピが作れず、すべては口伝《くでん》。音を聞きながら、どこにコテを入れ、どこに蜜をかけるかを体得していく。体で覚えるほかはないというお話に、思わずため息がこぼれる。

金平糖作りは、文字にするととてもシンプルだ。もち米を蒸して細かく砕いた「イラ粉《こ》」や玉あられを核として、その周りに少しずつグラニュー糖を溶かした蜜を手作業でかけて乾燥させていく。最初は濃い砂糖液から始めて、徐々《じょじょ》に薄く。砂糖の水分を蒸発させて、結晶化させる。釜の上から下に核が転がっていく過程で、鉄板に触れたところが固くなり、そこがわずかに出っ張ることで蜜がつきやすくなり、イガが生まれるのだそうだ。1日で1ミリにもならず、砂糖の金平糖でも14日間ほど、味つきだと20日ほどかかるものもあるという。

シンプルな作業に聞こえるけれど、「コテ入れ10年、蜜かけ10年」と言われ、砂糖の金平糖が作れるようになるまで10年。味がつけられるようになるまでさらに10年。よほどの忍耐力がなければできないお仕事である。でも、4代目も5代目も、口をそろえて「子どもを育てるみたいなもんですわね」とうれしそうな笑顔を見せられる。この方たちの愛情を一身に受けて育った金平糖がおいしくないはずはない。緑寿庵の金平糖をかじったときに、幸せな気持ちが広がるのは、こんな秘密があるからなのだろう。

新しい味の開発も日々続けられており、ひとつの味に大体2年、ワイン味の開発には10年を要したという。

「葡萄酒味《ぶどうしゅ》」の金平糖。織田信長公にお届けできたら、絶対にあの少年のような笑顔を見せてくれるに違いない。

清水誠一、泰博 しみず・せいいち、やすひろ／清水誠一さんは昭和16（1941）年生まれ。弘化《こうか》4（1847）年、京都・百万遍に初代・清水仙吉《せんきち》氏が創業した家業の「緑寿庵清水」を20歳のときに継ぎ、4代目に。砂糖に果物や酒などを加えると結晶化しないという常識を長年の試行錯誤を経て覆し、味のある金平糖を生み出した。5代目の泰博さんは昭和39（1964）年生まれ。PL学園高校、明治大学、社会人で野球を続け、30歳で家業に入る。苺《いちご》、マンゴーなど季節限定の金平糖をはじめ、現在90種類86アイテムが製造されている。

【P.391】大きな釜の中をゆっくりと回る金平糖の音を聞きながらコテを入れる清水泰博さん。【P.392】もち米を蒸して細かく砕いた「イラ粉」や玉あられを核にして、少しずつグラニュー糖をかけて金平糖を育てていく。1日1ミリも大きくならない、根気のいる作業。

緑寿庵
清水

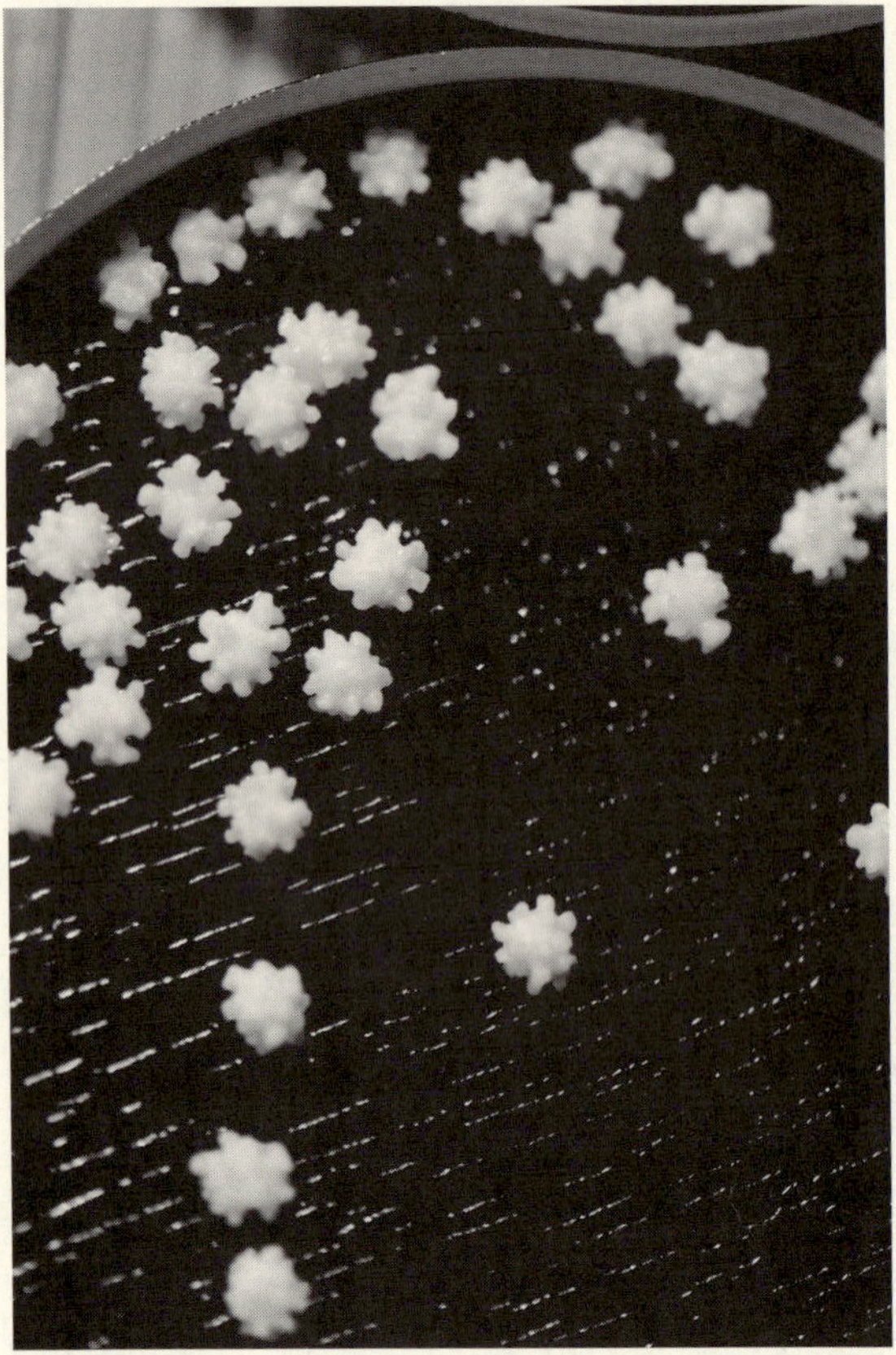

コロタイプ印刷

職人 便利堂（京都府京都市）

〝Collotype〟

私が唯一、外国人に意味を説明することのできる英単語ではないだろうか。

博士論文のなかで、コロタイプ印刷された法隆寺《ほうりゅうじ》の金堂壁画《こんどうへきが》の複製を扱っていたので、友人や先生と話をするときに当たり前のように「これはコロタイプで……」とか、「コロタイプ印刷だと……」などと「コロタイプ」という単語を使っていた。そうすると、かなりの確率で、「ちょっと待って、その話の前にまず……コロタイプってなに？」と言われるのである。

辞書に載っている英単語なのだから、当然皆知っているものだと思って普通に私は使っていたが、どうやらメジャーな単語ではないらしい。英語が母国語の人にもあまり知られていない単語。「あ、ごめんごめん、コロタイプっていうのはね……」と説明するときは、日本人である私が、彼らに対して少しだけ得意顔を見せられる瞬間だった。

コロタイプの「コロ」とは、コラーゲンと同じくギリシア語のkolla（膠《にかわ》）を語源としており、ゼラチンを意味する。つまり「ゼラチンを使った印刷」ということである。

撮影した写真から特色1色ごとのネガを作り、そのネガを、感光液《かんこうえき》が含まれたゼラチンを塗布して乾燥させたガラス板に密着させ、紫外線で焼き付けて版を作る。感光して固くなった部分は、膨張しない。感光しなかった部分は、水分を含んで膨張するので、光の透過量によって、ゼラチンの凹凸《おうとつ》ができるという仕組みである。その版を、印刷の機械にセットし、顔料のインキをつけて紙に転写するとコロタイプ印刷の出来上がりである。

コロタイプ印刷は、19世紀半ばのフランスで発明され、ドイツで実用化されて世界に広まった。日本にはアメリカを経由してもたらされ、昭和30〜40年代に全盛となる。当時は、各都道府県に必ず1軒はコロタイプの印刷所があったそうだ。しかし、オフセット印刷の広がりによって、コロタイプは徐々《じょじょ》に姿を消していき、単色刷りのコロタイプ印刷所は日本に1軒、多色刷りのコロタイプ印刷所は世界に1軒しかなくなってしまった。

世界で唯一の多色刷りのコロタイプ印刷の会社、便利堂《べんりどう》が創業したのは、明治

20（1887）年のこと。もともとは貸本屋として始まり、出版部門を翌年併設。明治38（1905）年にコロタイプの印刷所ができたのだそうだ。当時の印刷所は町家造りの建物であったそうで、そこから少しずつ改築しながら今の社屋になったという。階段を上がったり下りたりしないと目的地にたどり着けないという複雑な構造で、なんだか迷路のようでわくわくする場所である。

この社屋に、私は今まで何度足を運んできたのだろうか。博士論文を執筆していたときから、大切な資料をご提供いただいたりしてとてもお世話になり、京都に居を移してからは、研究仲間とともにたびたび見学にうかがわせていただいているが、いつも快く受け入れてくださる。顔なじみの社員さんもいつの間にか増えていき、「おっ、こんちは！」「お久しぶりです！」などと声をかけてくださるので、「ただいまー」と家に帰ってきたような気持ちになり、とてもうれしい。

便利堂の不思議は、何度同じ場所を見て、何度同じ説明を聞いても、毎回違う発見があること。そして、どんなお客さんを連れて行っても、皆が必ず目をきらきら輝かせて感動してくれることだ。それは、巨大なカメラの構造であったり、すさまじく繊細な色版の製作過程であったり、上半身裸にエプロンをしてゼラチン版を作る男たちの姿であったり。人それぞれ心動かされるポイントは違うのだけれど、「うおお！」とか「すげー」とか言いながら、食い入るようにその作業を見つめている姿を見ると、便利堂の人間でもないのに、「そうでしょう。すごいでしょう」と、自分がほめられているかのようににまにましてしまうのである。

今回は、便利堂は法隆寺の金堂壁画の原寸大の写真撮影を見せていただいた。昭和10（1935）年に、高松塚古墳《たかまつづかこふん》の複製の制作工程を見せていただいた。昭和10（1935）年に、便利堂は法隆寺の金堂壁画の原寸大の写真撮影を文部省（当時）からの注文を受けて実施する。金堂の火災後、そのときのカラーフィルムをもとに、壁画の再現模写が制作されたことから、文化財業界では名を轟《とどろ》かせていた便利堂。昭和47（1972）年に明日香村《あすかむら》の高松塚古墳で壁画が発見されたときは、他の業者に先駆けて便利堂にお声がかかり、古墳の戸が開いて4日後に便利堂の写真技師たちが出向いて、古墳内での撮影を行っている。突然「ちょっと来て」と呼び出され、準備もほとんどできぬまま、大人二人がようやくかがんで入れるくらいの狭い石室に機材を持ち込んで撮影をするのはさぞかし苦労の連続であったと思いきや、当時携わった技師さんから苦労話はほとんど聞かないらしい。これぞスペシャリスト集団、便利堂の底力なのだろう。

かびが発生する前の、本当にフレッシュな状態の西壁の《女子群像図《じょしぐんぞうず》》。色を分解して見てみると、赤や青の色が本当に鮮やかに残っていることがよくわかる。女性たちのやわらかな表情もはっきりと写し出されている。「うわぁ……」とひとことロから溢《こぼ》れてからは、言葉を紡ぐのを忘れた。白黒のスミ版だけで、人を感動させるには十分である。初めて壁画を発見した人の感激はいかばかりであったことだろう。

完成版は、8色くらいの色版を重ねて制作することが予定されているそうだ。それはきっと、昭和47年に戸が開いたときの高松塚古墳の石室の中に、私たちをタイムスリップさせてくれるに違いない。

便利堂 べんりどう／明治20（1887）年、中村《なかむら》弥《や》二郎《じろう》氏が京都で貸本業「便利堂」を創業。翌年、出版部門を設立。明治35（1902）年、絵葉書の企画販売を開始。明治38（1905）年、コロタイプ印刷工場新設以来、国宝や重要文化財など国内外の文化遺産の図録や複製を手掛ける。昭和41（1966）年、世界唯一のカラーコロタイプ技術により、大英博物館《女史箴図《じょししんず》》を原寸大完全複製。書画の完全複製が本格化する。熟練のコロタイプ・プリンターである山本《やまもと》 修《おさむ》さんによる「便利堂コロタイプ・アカデミー」も開設され、国内外から受講者が集まっている。

【P.398、399】コロタイプはゼラチンを使った印刷。感光液が含まれたゼラチンを、特殊なガラス板に塗布、乾燥させてゼラチン版を作る。蛍光イエローに輝くゼラチン版と画像を写したネガフィルムを密着させ、紫外線を照射することにより、画像を焼き付け印刷用の版ができる仕組み。

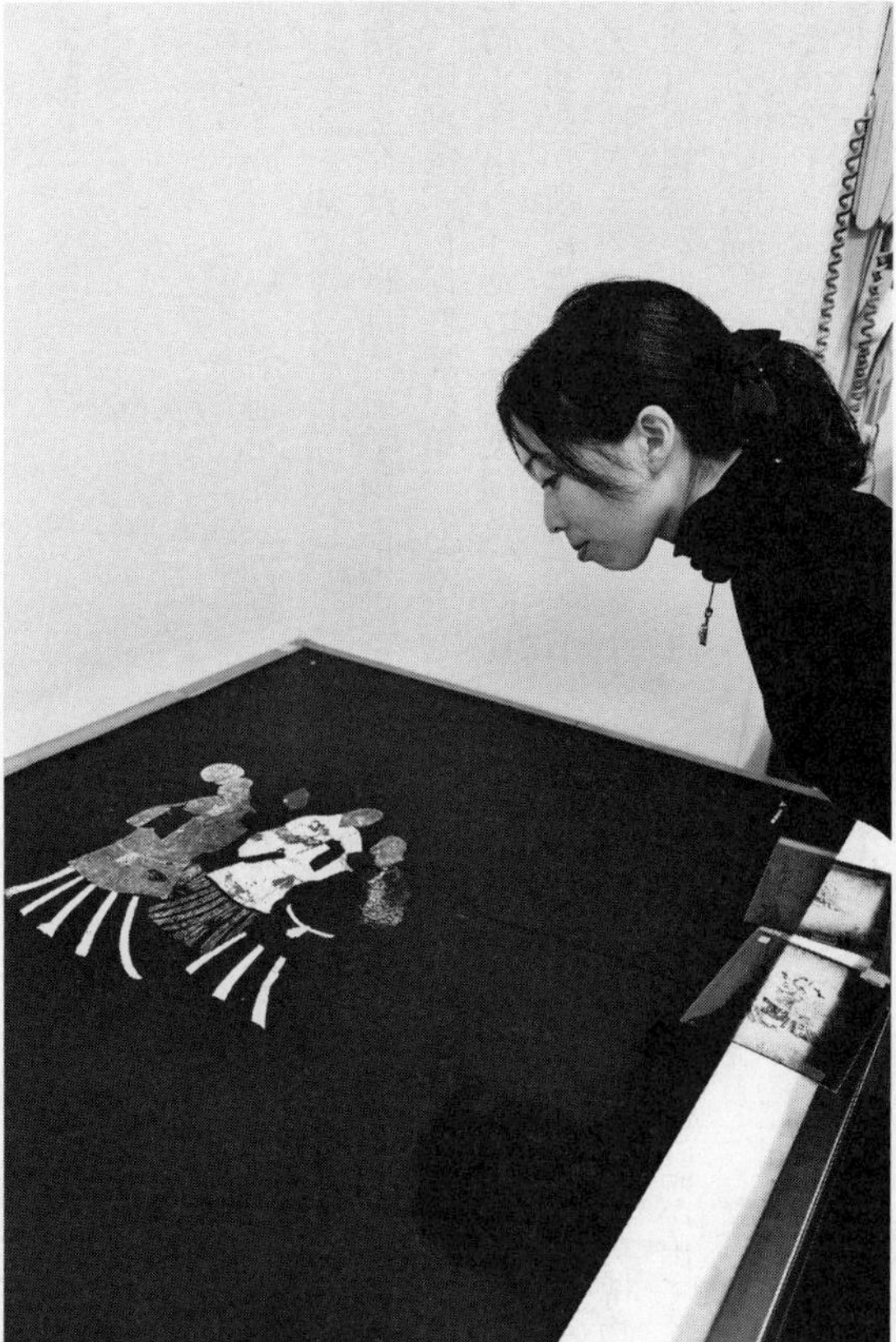

文化財修理

職人　美術院　国宝修理所

新納忠之介《にいろちゅうのすけ》、という名前を聞いてぴんとこられた方は、相当の日本美術通でいらっしゃると思う。

新納忠之介は、東京美術学校（現東京藝術大学）で高村光雲《たかむらこううん》に師事して彫刻を学び、彫刻家、仏像修理の第一人者として名を成した人物である。私が新納の名前に初めて出会ったのは、英国留学時代。大英博物館の民俗学部に法隆寺の百済《くだら》観音《かんのん》の複製が所蔵されており、それを日本ギャラリーのリニューアルに合わせてアジア部日本セクションに移し、展示するという話を聞いたときだ。大英博物館になぜ百済観音があるのか経緯が気になって調べてみたら、面白い話が出てくる出てくる……結局私の博士論文の中で重要な役割を果たす発見となった。この百済観音を制作したのが新納忠之介だったのである。

日本で一番能力の高い、仏像を彫れる彫刻家として、海を越えて英国にまで名を轟《とどろ》かせた新納。その若きころの新納が設立に携わったのが、日本美術院である。

東京美術学校を離れた岡倉天心《おかくらてんしん》が新しい日本美術の研究団体として明治31（1898）年に創設した日本美術院の国宝修理部門を任されたのだ。明治39（1906）年、国宝修理部門は日本美術院第二部となり、天心没後の大正3（1914）年には美術品制作部門の第一部と分離して、新納忠之介を院長とする美術院として活動を継続。現在に至るまで100年以上の長きにわたり、文化財修理に従事している団体である。

若くして岡倉天心にその実力を認められ、生涯で2500体以上の仏像を修理したという新納忠之介。彼がゼロからその基礎を作り上げた団体が、いまだに変わらずに同じ活動をしているということに感動を覚えずにはいられない。

全国に5つある美術院の工房のうち、京都国立博物館の中にある工房を見学させていただけることになった。友人が同じ修理所内の別の工房にいた関係で、訪ねるときに前を通ってはいても入ることはなかった美術院の工房。扉がたまたま開いていたときにちらりと中を見ると、いつもおそろいの茶色の作務衣《さむえ》姿で、黙々と真剣なまなざしで仏像と対峙《たいじ》している人たちがいた。

その工房の扉を初めて開け、中に足を踏み入れると、広がっていたのはあのときと変わらぬ光景。修理が行われている仏像と見紛《みまが》うような柔和な笑顔で、茶色の作務衣の技師さんたちが出迎えてくださった。

美術院で行われる修理は、表面の彩色《さいしき》、漆箔《しっぱく》、截金《きりかね》の剝落《はくらく》止め、そして、虫喰《むしくい》、虫穴の補塡《ほてん》などで、あくまでも現状維持。たとえ手足が欠損していても、それを補うことはせず、そのままの状態で保存に耐えうる状態にするというものである。イタリアのフレスコ画のように、薬品で落として当時の彩色を復元するようなことはせず、作られて800年から1000年たった状態を安定させて次の世代に送っていくのが仕事なのだそうだ。

これまでも修理が行われてきたということは、今後も修理が必要になるときが来るということ。将来も修理がきちんとできるように、先輩に教えてもらった技法と新しい技法を組み合わせ、その作品にとって一番よい保存方法は何なのかを常に考えながら、今できる最善を尽くして修理にあたられているという。

修理が終わった最後の姿が想像できていないと修理はできないので、像一体はほぼ一人で担当する。つまり、漆、木彫、彩色など、すべてできる総合職として技師は育成されるのである。技術的に独り立ちできるまで10年。全体的なことを見通し、設計から修理方針を立てていけるようになるまでには30年かかるのだそうだ。それぞれの作品は個性が違うので、マニュアルは存在しない。忍耐力とやわらかい頭が必要とされ、対応力が試される。

その気が遠くなるような話を聞きながらふと思った。町のお医者さんも、内科、外科、眼科、小児科……と人体に関するすべての知識をひと通り知っていなければならない。なるほど、修理技師さんたちは仏像のお医者さんなのだ。普通のお医者さんと違うところは、患者がどのような症状なのか教えてはくれないこと。物言わぬ患者さんの症状をつきとめ、治療してあげなければならないのだから、一人前のお医者さんになるまでとてつもない時間がかかるということなのだろう。

そのような修業の日々を重ねると、新たな境地に到達される人もいるようだ。40年近く美術院で文化財の修理に携わってこられた小原良明《おはらよしあき》さんは、多くの文化財を修復した経験から、文様のパターンから、作られた当時の彩色が見えてくるのだとか。「まるで脳内CGですね！」と言うと、照れ笑いを浮かべられる小原さんは、いまだに作品と向き合うときの新しい発見に心躍るのだという。経験に驕《おご》ることなく、謙虚に仕事に取り組んでこられたからこそ見えるものなのだろう。

美術院の方たちは、皆さん「このほとけさんは……」とか、「以前修理させてもらったほとけさんの中に……」などと、父祖を敬うような穏やかな目をして話される。

仏像修理に生涯を捧げた新納忠之介は、どんな仏像を見ても「なかなかええほとけや」としか言わなかったという。新納家は代々禅宗であったのに、廃仏毀釈《はいぶつきしゃく》のときに薩摩藩の重臣であったために先頭に立って廃仏を実行しなければならなかった。そのたたりを自分が今背負わされている。それは、日本中の壊れた仏像に修理の手を加えて元の姿に戻ってもらうのが自分の使命であるという思いによるものであったのだろう。

新納のほとけさんを敬う心は、今も確実に美術院に受け継がれている。

美術院 国宝修理所 びじゅついん こくほうしゅうりしょ／明治31（1898）年、岡倉天心が創設した「日本美術院」の古美術修理部門が前身。古社寺保存法に基づき国宝修理を始める。組織変遷を経ながら一貫して国指定、都道府県指定の文化財修理を担ってきた。仏像、神像など木彫を主とする彫刻や、神《しん》輿《よ》、石燈籠《いしどうろう》などの大型工芸品が対象で、国宝・重要文化財の修理のほとんどを担当。京都、奈良の国立博物館の文化財保存修理所を中心に約40名の修理技術者が在籍。保存、公開までを見据え、修理技術の調査研究や後継修理技術者の養成も行う。

【P.405】修復中の、平安時代に制作された《木造文殊菩薩騎獅像《もくぞうもんじゅぼさつきしぞう》》（重要文化財、文化庁保管）。弱い部分はやわらかな紙で応急処置をする。【P.406】表面の剥離《はくり》や虫喰《むしくい》の穴を時間をかけて、丁寧に補塡していく。【P.407】保管に適した羽二重《はぶたえ》の布で包み、美術品をできるだけ負担がかからないように収蔵する。

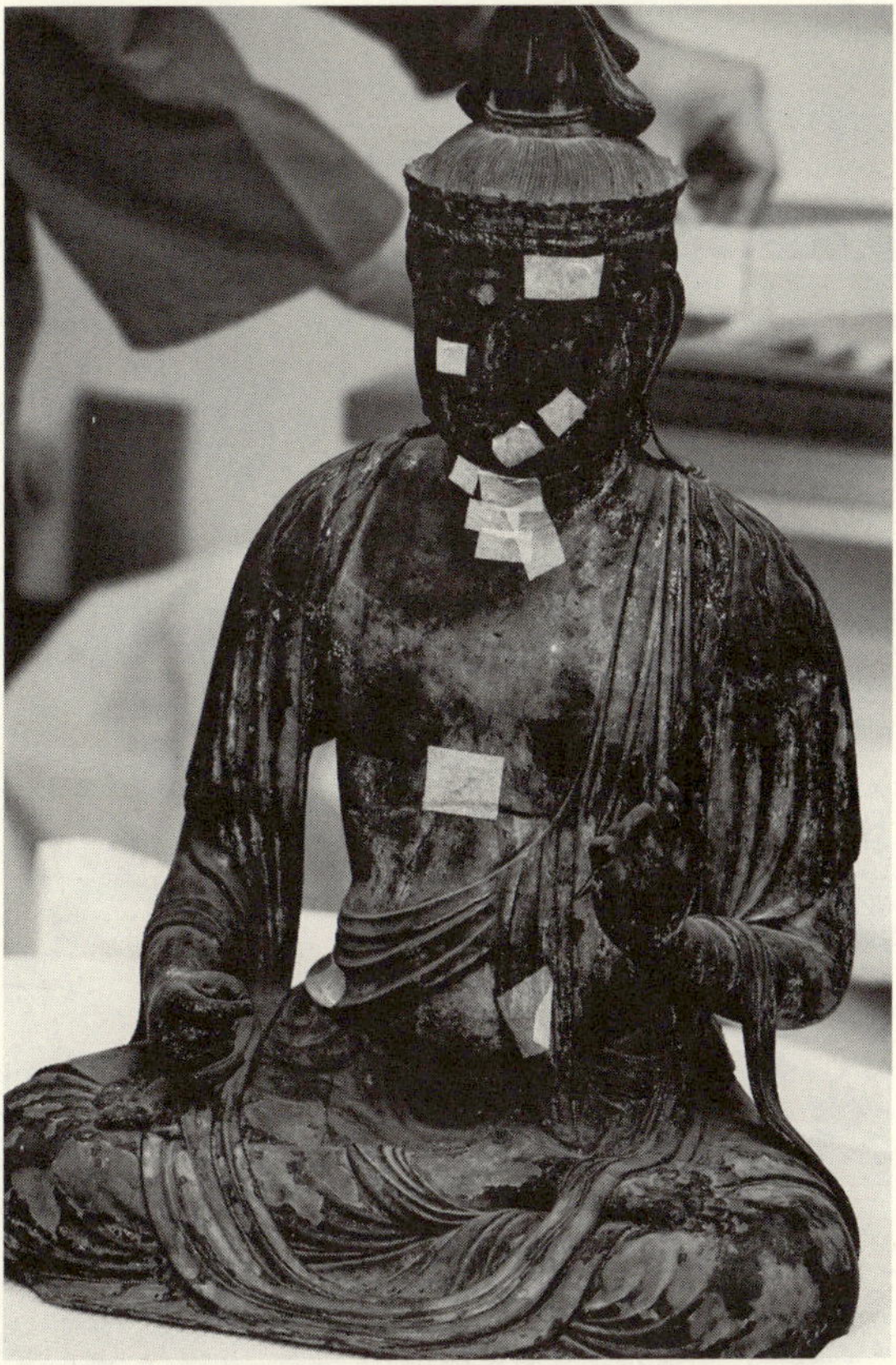

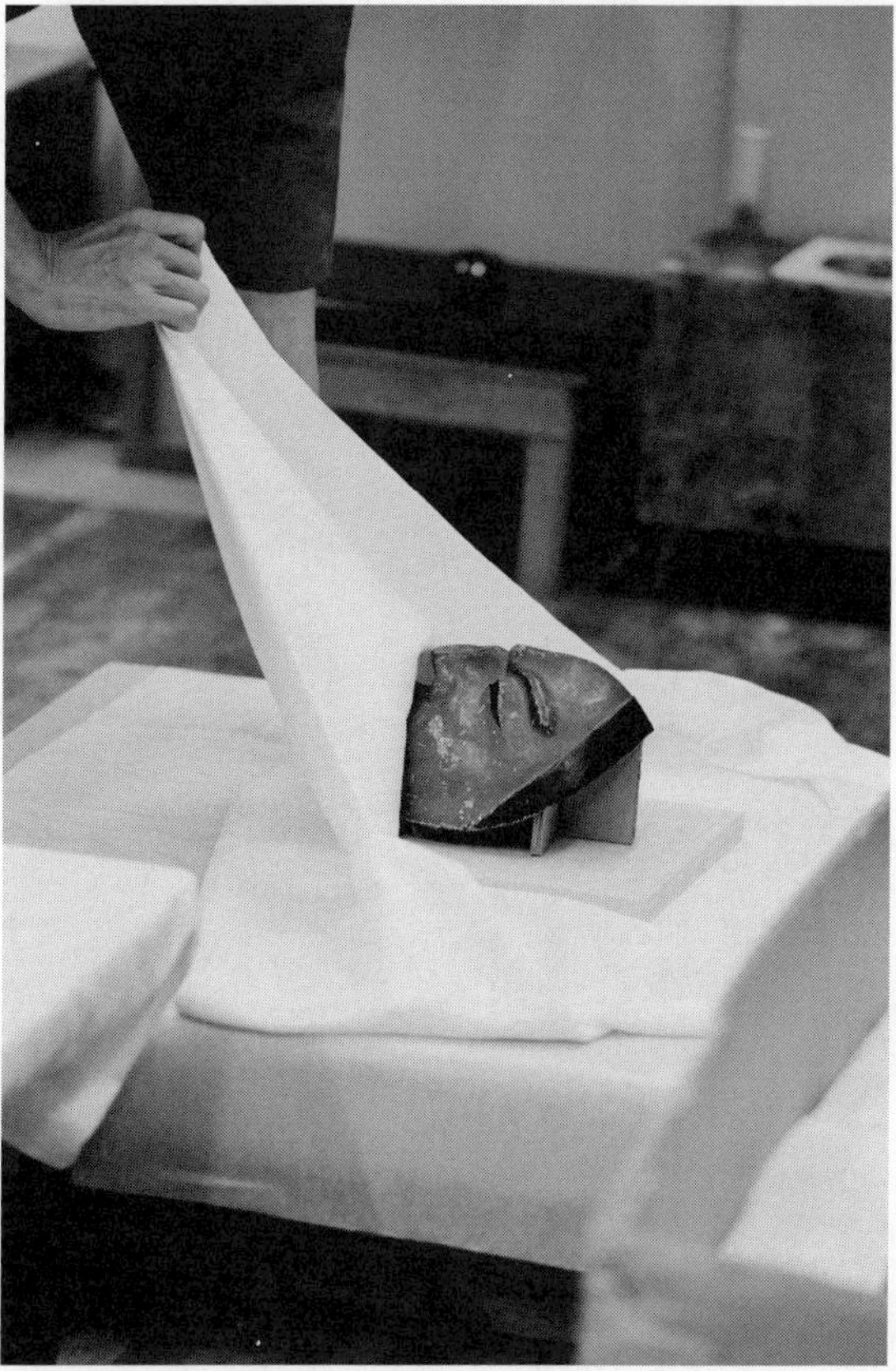

あとがきに代えて

文庫化にあたり、ひと通りすべての文章を読み直してみて、思わず笑ってしまった。こうしたエッセイを書くのが初めてだった私の試行錯誤と紆余曲折《うよきょくせつ》が目に見えてわかるからである。

英国留学を終えて帰国し、京都の大学に勤務するようになってから、私の日本美のこころを探す旅は始まった。

私は幸いにも、日本文化がかなり身近にある環境で育った。お正月、豆まき、ひなまつり、七夕など、季節ごとの行事は毎年きちんとやっていたように思う。子どもの頃は、書道の先生をお招きして、宮家職員も参加する書道教室が月1回開催されていた時期もあったし（なぜその頃もっと真剣に取り組まなかったのだろうか）、百人一首が流行っていた時期もあり、阿倍仲麻呂《あべのなかまろ》の「天の原ふりさけ見れば春日《かすが》なる三笠の山にいでし月かも」への反応が誰よりもお早い父から、いかにこの札を死守するかで壮絶な攻防戦が繰り広げられたものだった。

そのため、自分が知っていることは、他の人も普通に知っていることだと思っていたのだが、意外とそうでもないことがたくさんあるらしいということを次第に知るようになった。伊勢の神宮にお参りさせて頂くときの決まり事、今まで参列させて頂いた神社のお祭りのこと、伝統工芸のこと、皇室に伝わる独特な文化のことなど、お話ししてみると、「初めて知りました!」とか、「そんなに手間がかかるものだったのですね」などと興味を持ってくださる方が多くおられる。それまでの私は研究者として、研究論文を書くことしかしてこなかった。でも、日本文化を支えていくのは研究者ではなく、一般の方々。研究者だけに論文を通して発信していても限界があり、広がりはない。もっと多くの方々に、素晴らしい日本文化がたくさんあるということを知って頂くためにはどうしたらいいのかと考えていた矢先に、舞い込んできたのが雑誌『和樂』からの連載の依頼だった。自分と全く同じ研究をしている人はいない。だから研究論文は、どれだけ力を入れて書いても、その研究テーマに少し関わりがある方が読んでくださるだけ。フィードバックを下さる方もあまり多くはないし、書いてから出版されるまでの時間差もある。でも、雑誌は書き上げた1か月後には誌面になって世の中に出る。そのテーマに元々興味がなかったとしても、日本文化に興味を持っておられる方全般が読んでくださる。読者アンケートに書いてある感想を編集の方を通じてうかがうこともあるし、行事などでお目にかかる方や、街中でたまたま出会った方に「和樂の連載楽しみに読んでいます」などと声をかけて頂く機会が増えた。自分の声がきちんと届いていることを実感できることは、本当に大きな励みとなっている。

この連載をお引き受けしたころの私はとても気負っていた。日本美術の研究をしているとはいえ、日本文化の専門家ではない。でも小学館の方は、研究者である私に執筆依頼をしてくださったのだから、「研究者らしい」ことを書かなければいけないと思っていた。だから、専門外のことでも研究書を読み、元々知っていることかのように書かなければと思っていたし、歴史的な史料の文章を一部引用したりして、研究の一端をお見せするようにしていた。でもあるとき、当時副編集長だった高木《たかぎ》史郎《しろう》さんに言われたのである。「彬子様の文章は、研究者っぽく書こうとしなくても研究者っぽいから、研究者っぽく書こうとするのをやめてくれ」と。

高木さんは続けた。「読者は、彬子様の文章を読むことで、彬子様の経験されたことを追体験したいので、彬子様の思ったこと、感じたことをそのまま書いてくれたらいいんです」と。それを聞いて、気が抜けた。「なんだ、知らないことを知らないって言ってよかったのか」と。これ以来、私は文章を書くのがとても楽になった。「ここで初めてこんなことを知った」「こんなことに興味があったのでここに行ってみた」そんなことを書けるようになったことで、素直に自分の感情を表現できるようになり、より楽しみながら文章を書けるようになっていった。

「彬子様の文章は、その場の光景が目に浮かぶ」「彬子様の声で再生される」などと言われるのは、文章を通して追体験ができるようにと情景描写を細かめにしているからだと思う。高木さんの一言がなければ、今の私の文章はなかったと確信できる。私にとっては本当に天の導きのようなアドバイスであったと思う。

『日本美のこころ』は書籍化にあたり、連載時の時系列ではなく、テーマによって読みやすい順番に並べ直しているので、明確にどの時点で高木さんのアドバイスがあったかは、私もよく思い出せない。でも、これは黎明《れいめい》期、模索期、過渡期などと予想しながら文章を読み返していただくのも、意外と味わいがあるかもしれない。

『日本美のこころ』では新居典子《にいのりこ》さんが、『最後の職人ものがたり』では高橋亜弥子《たかはしあやこ》さん（通称めがちゃん）が、担当編集として愉快な旅の道連れになってくださった。新居さんは基本的には放任主義で、文章を送っても、あまりいいも悪いも言われない。だから、どんなことを書けばいいのかと試行錯誤をする大きな原動力になっていたと思う。そして、新居さんの不可能を可能にする突破力には本当に助けられた。多少無理な行程であっても、突然の取材依頼であっても、新居さんにかかるといつの間にか了承を得られている。新居さんのおかげで開いた新しい扉がたくさんあり、本当に多くの知識に触れることができたように感じている。

めがちゃんのサポートは反対にとても手厚い。寡黙であまり自分の話をされない職人さんが多く、私がうかがうとさらに緊張されてしまうということで、前もってお話を聞き、当日はさりげなく合いの手を入れて、様々な興味深いお話を皆さんから引き出してくれた。そんな情報をまとめた「めがメモ」をいつも作ってくれるので、原稿を書くときにどれだけ助けられたことだろう。そして、原稿を送ると「いいお話でした」「ここに感動した」などと必ず感想をくれるので、こういう文章を書けばいいのかという自信になり、少しずつ自分のスタイルが定まってきたように思う。

私はいつも、ノープランで文章を書き出す。正確に言うならば、書き出しだけは考えている。冒頭部分が面白くなければ、読み進めようと思われなくなるはずなので、どんな話だったら興味を持ってくださるだろうかと、そこだけはいつも頭を悩ませている。ただ、起承転結や何を書くかは全く考えずに書いているので、書き終わってから「こんな話になる予定ではなかったのに」「あの話を入れようと思っていたのに入れそびれてしまった」ということがよく起こる。それでも、どこに着陸するかわからない私の原稿を、3人はいつも笑顔で受け止め、面白がり、そして大切にしてくれた。そのことが「研究者」ではなく「物書き」としての私を育み、成長させてくれたと思う。編集者としても、友人としても、今までもこれからも支えてくれている3人に心から感謝したい。

連載開始当初は、カメラマンやヘアメイクの方は固定ではなかったが、途中からはほぼ固定メンバーとなり、愉快な一座の旅を楽しませていただいた。『日本美のこころ』では永田《ながた》忠彦《ただひこ》さんと伊藤《いとう》 信《まこと》さん、高城裕子《たかしろひろこ》さん、『最後の職人ものがたり』では三浦憲治《みうらけんじ》さんとご一緒し、数々の忘れ得ぬ思い出を共有した。今でも皆さんと和樂の撮影の枠を越えてお付き合いを続けられていることは、この連載を通していただいた宝物だと思っている。

私の日本美のこころを探す旅は今も続いている。この本のカバーデザインになっている雪の結晶は、一つとして同じものはないといわれるほど多様性がある。日本文化も、地域ごとに様々な異なった文化があったり、カレーやラーメンなど、海外の文化が日本文化として形を変えて根付いていたりと、多様性があり、私には雪の結晶と日本文化が重なって見える。掌《てのひら》にのったらはかなくも消えてしまう雪のように、この先失われてしまう日本文化もたくさんあるのだと思う。でも、その刹那的な美しさを記録に、そして記憶にとどめていくために、これからも旅を続けていきたいと思っている。この本を手にしてくださる方たちに、たくさんの日本美のこころが届くことを祈りつつ。

２０２４年10月

宵闇の虫の声に秋の訪れを感じながら

【カラー口絵写真解説】最初のカラーページからP.1 朝香宮孚彦《あさかのみやたかひこ》王《おう》の成年式を記念してつくられたボンボニエール。筑波家所用。学習院大学史料館所蔵。／P.2～3 植物染めで知られる染司《そめのつかさ》よしおかの工房で反物を曙色に染める。／P.4～5 真珠庵方丈で室町時代に描かれた曾我蛇足《そがだそく》筆の水墨画《破墨山水図》をご覧になる彬子女王殿下。／P.6、7 斐伊川和紙は、薄いながらもこしのあるやわらかな風合い。紙の原料となる楮《こうぞ》に、雁皮《がんぴ》を加えることで粘り強い紙ができあがる。／P.8 岩手県山田町大杉神社の境内で大漁萬作、商売繁盛、家内安全を祈り、神楽や舞などが次々と奉納されてゆく。／P.9真綿を指で縒《よ》り、久米島《くめじま》紬《つむぎ》の糸がつくられる。／P.10～11 日本建築の金具として使われる横山金具工房の和釘。／P.12 嘉勢照太さんによって技術が受け継がれている豪華絢爛な長崎刺繍。／P.13 便利堂のコロタイプの技術で制作された法隆寺金堂壁画の再現模写。／P.14～15 古式の本藍染の技法を守り続ける森 義男さんによって染められた美しい藍色の糸。／P.16 久米島紬の糸取りの名人、山城《やましろ》ハツさん（取材時95歳）と彬子女王殿下。

本書は2015年に出版された『日本美のこころ』、および、2019年に出版された『日本美のこころ 最後の職人ものがたり』（共に小学館）を加筆修正のうえ、文庫として一冊にまとめたものです。本文中の肩書や年齢等は取材時のものです。

小学館文庫

日本美《にほんび》のこころ

著者　彬子女王《あきこじょおう》

二〇二四年十二月十一日　初版第一刷発行

発行人　稲葉成昭
発行所　株式会社 小学館
〒一〇一-八〇〇一
東京都千代田区一ツ橋二-三-一
電話　編集〇三-三二三〇-五一一八
　　　販売〇三-五二八一-三五五五
印刷所――――大日本印刷株式会社

ISBN978-4-09-407413-0

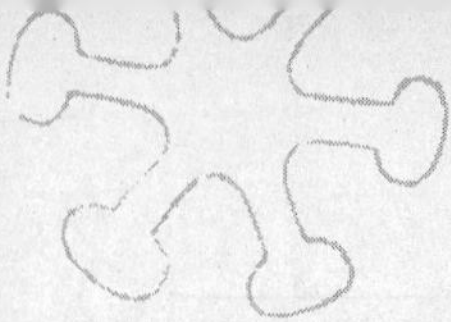